特吕弗的电影课

FRANÇOIS TRUFFAUT
LA LEÇON DE CINÉMA

[法] 让·科莱、杰罗姆·普里尔、若泽·玛丽亚·贝尔佐萨 _ 采访
[法] 贝尔纳·巴斯迪德 _ 编订
夏燕 _ 译

上海文艺出版社

目　录

面对摄影机的电影艺术家 　　1

淘气鬼 　　15

四百击 　　27

射杀钢琴师 　　39

儒尔与吉姆 　　55

柔肤 　　69

华氏451 　　79

黑衣新娘 　　93

偷吻 　　103

骗婚记 　　107

野孩子 　　115

婚姻生活 　　125

两个英国女孩与欧陆 　　129

美女如我	135
日以作夜	141
阿黛尔·雨果的故事	153
零用钱	161
痴男怨女	169
绿屋	177
爱情狂奔	199
最后一班地铁	207
隔墙花	221
"办公室职员的日子"	**227**
参考资料	**245**
特吕弗电影目录	**253**
合著者简介	**275**
致谢	**276**
附:部分手迹与打字稿释文	**277**

面对摄影机的电影艺术家

当一位过去的影评人接受访谈,面对三位誓要打破砂锅问到底的迷影者,会发生什么?当一名伟大的当红电影艺术家走到镜头的另一边,同意思考他的(几乎)全部作品时,会发生什么?

1981年7月,49岁的弗朗索瓦·特吕弗,前电影记者,编导电影21部,坐在若泽·玛丽亚·贝尔佐萨(José Maria Berzosa)的摄像机前,回答让·科莱(Jean Collet)和杰罗姆·普里尔(Jérôme Prieur)的提问。与让·科莱的友谊让他心情放松。他观看了自己所有电影的片段,并一一评论。科莱介绍说,访谈中,他评点"自己的作品,一丝不苟,极其清醒,仿佛那是他人的电影。他如同观众一样评论屏幕上发生的事情,没有纠缠于公众不感兴趣的理论和大道理"。[1]这期聚焦于弗朗索瓦·特吕弗的精彩的"电影课"(Leçon de cinéma)后于1983年在法国电视一台(TF1)分两部分播出。本书中,我们将向读者献上此次访谈的全部内容,这也是其完整版首次面世。

让·科莱是访谈发起人。1981年的时候,这位记者、评论家与将来的大学教授无疑是最了解弗朗索瓦·特吕弗电影作品的人之一。自1960

年代初以来，他写了许多有关特吕弗的文章、评论，对特吕弗做过多次访谈，发表在从《电影手册》（*Cahiers du cinéma*）至《电视广播电影周刊》（*Télérama*）等众多期刊上。1976年，他借鉴罗兰·巴特的符号学，完成了第一篇以特吕弗为课题的博士论文，后以《弗朗索瓦·特吕弗的电影》（*Le Cinéma de François Truffaut*，Lherminier，1977）为题出版。1984年特吕弗去世之后，他撰写了一部新的专著，一部真正的"特吕弗电影世界与其所有电影的导论"[2]，以《弗朗索瓦·特吕弗》（*François Truffaut*，Lherminier，1985）的简明标题出版。

但是，科莱在成为电影艺术家特吕弗的专家之前，曾是迷影记者特吕弗的崇拜者。更准确地说，那个在1950年代，与其"《电影手册》派"的伙伴（夏布洛尔、里维特、侯麦，等等）"发明了电影人访谈这种采访仪式"[3]的特吕弗。那是一种随着滋养自与悬念大师长时间交流的《希区柯克论电影》（*Cinéma selon Hitchcock*，Robert Laffont，1966）的出版而臻至完美的仪式。科莱后来写道："这些对谈所关注的，不是希区柯克想要传递什么信息，而是一种技艺。特吕弗从来不问：您想表达什么？而是：您想做什么？以及：您是怎样做到的？"[4]

---

1. Jean Collet, « La Leçon de cinéma : François Truffaut »，媒体宣传资料，1983。
2. Jean Collet, Philippe Roger (éd.)，*Après le film*，Aléas，1999，p.28。
3. Jean Collet, « Une affaire de morale »，载Jean-Luc Douin (éd.)，*La Nouvelle Vague 25 ans après*，Éditions du Cerf，1983，p.46。
4. 同上。

这本书颇具化育之功，它被翻译至全世界，启迪了诸多电影记者和电影史家。1977年末，科莱向特吕弗提议与他一道制作一本访谈录，被果断拒绝。[5] 几年之后，1980年，让·科莱晋升国家视听研究所（INA）所长[6]节目顾问，重提之前的方案，但改为视听媒体的形式。"INA当时刚出品了（米尔德里德·克拉里［Mildred Clary］的）一套名为'音乐课'（*La Leçon de musique*）的节目，专注于音乐创作。于是在《新法兰西杂志》（*Nouvelle revue française*）评论家、杰出迷影人、一只脚已经踏进INA的杰罗姆·普里尔[7]的协作下，我提出了'电影课'的建议：每期节目时长一个小时，关注一名从事电影工作的人（导演、演员、编剧、摄影师、剪辑师、技术人员，等等）［……］。邀请特吕弗本人第一个试水、扮演希区柯克的角色回答我们的问题再合理不过。"[8]

一个著名范本

这一次，科莱借鉴了另一个著名范本：简宁·巴赞（Janine Bazin）与安德烈·S.·拉巴尔特（André S. Labarthe）开电视节目

---

5. 1977年12月31日，让·科莱写给弗朗索瓦·特吕弗的信，以及弗朗索瓦·特吕弗1978年1月6日的回信，法国电影资料馆特吕弗文献收藏藏件。
6. 伽伯里埃勒·德布罗意（Gabriel de Broglie），1979—1981任法国国家视听研究所所长。
7. 事实上，当时杰罗姆·普里尔已在INA全职工作了四五年，并即将出版 *Nuit blanches, essais sur le cinéma*（Gallimard, 1980）一书。
8. Jean Collet, « Lektion in Kino », 为德语版"电影课" *Monsieur Truffaut, wie haben Sied as gemacht ?*（VGS, Koln, 1991）所作的序。

阐释电影之先河的系列节目《我们时代的电影人》（*Cinéastes de notre temps*，1964—1972）。无疑是出于对其精神之父安德烈·巴赞（André Bazin）[9]的怀念，特吕弗欣然参与了其中两期，《弗朗索瓦·特吕弗或批判精神》（*François Truffaut ou l'Esprit critique*，1965）与《弗朗索瓦·特吕弗，十年十部影片》（*François Truffaut, dix ans dix films*，1970），两期节目均由他熟悉与喜爱的评论家让-皮埃尔·沙尔捷[10]执导。"这两期节目当初我只在它们播出时看过一次。"科莱后来吐露，"做完'电影课'后，我有机会再次观看，我发觉它们不知不觉中影响了我们对于放给弗朗索瓦·特吕弗看的电影片段的选择。"[11] "电影课"出品的背景本身有点特别。它由INA出品，却是为在TF1播放。为什么会有这样的"合作关系"？1974年，法国广播电视局（ORTF）被取消之后，INA被赋予了三项从此不再由三个电视频道负责的主要使命：档案保存、职业培训，以及视听创意与研究。由皮埃尔·舍费尔（Pierre Schaeffer）创建的原法国广播电视局（RTF）研究部并入INA。该部门一部负责自主、自由出品各频道必须播出的所谓"特别"节目，与此同时，部门联合负责人克洛德·吉萨（Claude Guisard）负责制作每年30小时的创意

---

9. 1918—1958，法国影评人，《四百击》（1959）的题献对象。他的《著作全集》（*Écrits complets*）于2018年由马居拉出版社（Macula）出版。
10. 让-路易·塔莱内（Jean-Louis Tallenay，1918—1978）的化名，他是《电视广播电影周刊》前身《广播-电影-电视》（*Radio-Cinéma-Télévision*）的联合创始人，特吕弗在1953—1954年间曾与之合作。
11. Jean Collet, « Lektion in Kino », 前引。

与研究类节目,这部分节目由三大公共电视频道"定制"并资助。[12] "电影课"即属于这第二类范畴。1980年,特吕弗原则上同意了参加"电影课"的拍摄,那将是一期52分钟的访谈,穿插着他本人的电影片段。但是,委托哪位导演来执导呢?"我们认为如果让特吕弗自己选择,他在节目中会更适意。"科莱写道,"而确实是他本人提议由若泽·玛丽亚·贝尔佐萨[13]执导。出于一个令人惊讶的原因。贝尔佐萨是1970年代法国电视纪录片杰出导演之一,当时刚刚制作了四集关于军事独裁下的智利的纪录片《智利印象》(*Chili impressions*)[14]。他争取到了与军政府领导人会谈的机会,完成了皮诺切特将军在法国电视上的唯一画像[……]。特吕弗看过这些片子,很是欣赏。他半认真半打趣地向我解释:'既然贝尔佐萨能让皮诺切特开口说话,那他肯定也能让我说点什么……,'"[15]

1981年初,《最后一班地铁》的巨大成功及其十二项凯撒奖提名一下打乱了原来的计划。"我不能同意在此时制作一档关于我的工作的节目。"特吕弗写信对科莱说,"我必须让媒体忘了我,因此,1982年之前不上电视。"[16] 接下来的一个月,科莱卷土重来,这一次他赢了。特吕

---

12. 笔者2020年12月10日对克洛德·吉萨的访谈,他曾任INA创意与研究类节目负责人(1974—1999)。
13. 1928—2018,移民法国的西班牙电视导演。
14. 四集标题分别是:《总统先生》《将军乐园》《右翼尽头的旅行》《圣地亚哥消防员》。
15. Jean Collet, « Lektion in Kino », 前引。
16. 1981年1月9日的信,法国电影资料馆特吕弗文献收藏藏件。

弗同意等4、5月份拍完他的新片《隔墙花》之后参加节目录制。"我们因此可以考虑在6月15日到7月底这段时间里制作您的节目［……］。没有必要在新片上映[17]的那个月播出。我们可以设想在年内稍后播出，以避免显得是在给新片做宣传。"[18]

出乎所有人意料，拉丁人贝尔佐萨选择了一种略显单一的场面调度。"他，带着一种超乎寻常的诚实和谦逊，决定在不采用任何场面调度手法的情境下拍摄特吕弗。"科莱解释道，"特吕弗将在一个真正的放映室里，坐在一把扶手椅上，一个人面对他的影片。从头到尾采用一个固定镜头，取景范围足够大，不会妨碍到他。不用特写，不用反拍。我们的问题处理成画外音。观众看不到我们。"[19]与此相对，画面外，节目的三位合作者可以轮流自由提问。

1981年5月10日，弗朗索瓦·密特朗当选为共和国总统，很快导致各频道总裁的例行任免。此后不久，特吕弗写信给科莱："我已经回到巴黎，《隔墙花》拍完了，两位演员非常出色。如果您/我们的电视节目计划在共和国新总统的执政下依旧有效的话，我愿为您效劳。"[20]

拍摄最终于1981年7月连续两天在马恩河畔布里（Bry-sur-Marne）

---

17. 《隔墙花》后于1981年9月30日上映。
18. 1981年2月26日，特吕弗给让·科莱的信，法国电影资料馆特吕弗文献收藏藏件。
19. Jean Collet, « Lektion in Kino »，前引。
20. 1981年2月26日，特吕弗给让·科莱的信，法国电影资料馆特吕弗文献收藏藏件。

INA的放映厅进行。"谁也没有料到，当时身体已经很虚弱的特吕弗刚刚做了一个相当大的牙科手术。"科莱写道，"以其人尽皆知的职业觉悟，他拒绝改变拍摄日期。他毅然面对这漫长的两天，明明剧痛缠身，却一点都没表露出来。"[21]此外，特吕弗当时在心理层面同样是精疲力竭的状态：《隔墙花》的拍摄唤醒了他心中一段未了旧情的幽灵。

选择朴素

看到节目，首先使人震惊的是朴素的场景与简单的机制。特吕弗着衬衣，系领带，牢牢占据屏幕中央，端坐在一把巨大的黄色皮质扶手椅上，依次回答对话者从画面外提出的问题，或是实时点评自己的电影片段。他要求惊喜，不想事先知道会给他播放哪些片段。即兴反应是"游戏"的一部分。

使人震撼的是，特吕弗尽力以电影语汇来回答提问，但拒绝采取真理在手、信念坚定、头头是道、无所不知的电影人的姿态。相反，他进行着一种大声的思考，试图借助一系列不断调整摸索出恰当的表述。"我不知道……我没法回答您……五年前，对您的问题我肯定会是另一个答案，五年后，我的回答肯定也不一样……"忠实于自己的一贯秉性，面对贝尔佐萨的镜头，特吕弗不谈理论，而是谦逊地分析、解释自

---

21. Jean Collet，« Lektion in Kino »，前引。

己的实践，一点一点地揭示他的场面调度与电影书写原则：他对文学评论（《儒尔与吉姆》）和"未完成过去时小说"（《射杀钢琴师》）的偏爱，他对匪徒与制服人物的掷弃（《华氏451》），他在执导儿童（《四百击》《零用钱》）、用图像延展时间性（《柔肤》）方面的乐趣。他明确拒绝难免发生在这类节目中的自夸自擂，而是相反，对其电影进行了一次评判性解读：《儒尔与吉姆》的结果是个"异数"，《黑衣新娘》"摄影上极度缺少神秘感"，对于《爱情狂奔》他"很难以积极的方式看待"……面对《骗婚记》，特吕弗被影片的"画外空间"——他与该片女主演的痛苦决裂——遮蔽了双眼，批评尤为激烈，让人恍惚想起他为《艺术·演出》（Arts-spectacles）[22]撰写的那些投枪般的评论。"我觉得这个场景太糟糕了，惨不忍睹。不，真的，今天我不会再这样做了！一无是处！"他在观看路易与下船的朱丽初次相遇的场景时嘟囔道。

拍摄结束，科莱热情高涨。"若泽·玛丽亚·贝尔佐萨会告诉您我们对节目样片多么满意。我和INA与TF1商定，制作两期一小时的节目。会很棒。"[23]但特吕弗更为谨慎，他写信告诉科莱："我很遗憾同意了这档节目，特别是在身体与情绪低潮状态下参与拍摄。我不想看样

---

22. 参见François Truffaut，Bernard Bastide（éd.），*Chroniques d'Arts-spectacles 1954-1958*，Gallimard，Paris，2019。
23. 1981年7月28日，让·科莱给特吕弗的信，法国电影资料馆特吕弗文献收藏藏件。

片，也不想读文字转录稿，但是，为了遵守承诺，我会一直配合您直至最后。"[24]

电影人特吕弗于是让步于独立制片人、马车影业（Films du Carrosse）掌门特吕弗，他在多年前创建了这家制片公司，出品或联合出品他自己的、有时则是他欣赏的少数电影人的电影。他的公司是电影片段使用权艰难谈判的商谈方——在一部关于电影的纪录片中，电影片段使用费占据相当一部分成本。特吕弗对于此事的经济意义很清醒，锱铢不让。"我不会在商定的每分钟5000法郎的价格上让步，即便是我拥有版权的自己的电影，因为马车影业的运营成本很高，而合理付酬使用电影片段的政策是电影–电视之战的一部分。"[25]对于另一些片段，因为必须直接与掌握特吕弗某些影片版权的美国公司交涉，谈判更是持续多月，有时让作为作者与导演的特吕弗甚是厌烦。"我给哥伦比亚电影公司写了一封短信，寻求《美女如我》的许可权（1分31秒）。但是，对于《日以作夜》，我不能要求5分59秒（否则就得写6分钟！）的许可，因为我几乎肯定他们会拒绝。"[26]

"[1982年]9月初，您将终于能看到我们那几场大刑的成果"，贝尔佐萨写信告诉特吕弗。[27]事实上，一直等到12月才完成混剪。"上

---

24. 1981年8月5日，特吕弗给让·科莱的信，法国电影资料馆特吕弗文献收藏藏件。
25. 同上。
26. 1983年2月5日，特吕弗给让·科莱的信，法国电影资料馆特吕弗文献收藏藏件。
27. 1982年8月21日，若泽·玛丽亚·贝尔佐萨给特吕弗的信，法国电影资料馆特吕弗文献收藏藏件。

个星期，我最终看到了贝尔佐萨制作的两期电视节目，我们将交给TF1播放。"科莱在给特吕弗的信中写道，"我很遗憾，陷入'改朝'动荡的INA未能让节目更快播出［……］。您随时可以要求观看，来布里看原始录像带（2英寸），或者我们给您送一份四分之三英寸录像带的拷贝（质量不是极好，但或许这样您就不用跑一趟了）。"[28]特吕弗借口"没有时间看节目"[29]，把这事又耽搁下来。1983年4月——在播出前的一个月——他终于决定在自己的办公室观看拷贝了节目的录像带。出乎意料，他兴高采烈。"万分抱歉 a）因为我的怀疑 b）因为我延迟观看'电影课'。节目极好，贝尔佐萨的工作极出色，片段的选择OK，也看不出我正从牙龈手术中恢复；我甚至时不时感觉他把我拍得既热情又智慧！"[30]

如何阐释这种突然的转变？"拍摄结束后，估计特吕弗觉得自己表现不够好，"科莱解释道，"他害怕回看自己，故而推迟这一时刻的到来。克服了这个障碍之后，他一如既往地诚实道出自己的想法，并承认他担心过度了。"[31]

---

28. 1982年12月14日，让·科莱给特吕弗的信，法国电影资料馆特吕弗文献收藏藏件。
29. 1983年2月5日，特吕弗给让·科莱的信，法国电影资料馆特吕弗文献收藏藏件。
30. 1983年4月5日，特吕弗给让·科莱的信，法国电影资料馆特吕弗文献收藏藏件。
31. Jean Collet, « Lektion in Kino », 前引。

一次延迟的播放

拍摄结束近两年之后，计划终于完成。"预定播放'电影课'的TF1遭遇了批评，就像每次播放INA出品的节目时那样，人们先验地觉得这些节目太学究气。"科莱解释道，"最终，节目定在1983年5月5日和12日——在戛纳电影节期间——22点15分播出。"[32]两部分各以特吕弗的一句话为标题。第一部分，从《淘气鬼》（1958）到《美女如我》（1972），题为"我不想再看我的电影"。第二部分，从《日以作夜》（1973）到《隔墙花》（1981），题为"我没法再看我的电影，除了《日以作夜》以后的"。第一部分收视率6.7%，第二部分3.3%。

报刊方面，褒扬不竭。吉尔贝·萨拉沙斯（Gilbert Salachas）认为，"这不是——幸亏如此！——教学意义上的电影课。弗朗索瓦·特吕弗像工匠一样谈论自己的工作。他从头至尾清晰、睿智，而且他拥有电视荧屏上极为罕见的亲和力与沟通禀赋。"[33]贝尔纳·乐索（Bernard Le Saux）认为，"特吕弗'教授'的课程起初显得有点严肃。然而，不知不觉［……］我们最终沉迷在他的魅力之中，仿佛被特吕弗作品令人不可抗拒地想到的轻柔室内乐所陶醉"[34]。只有少数特吕弗神庙的守护者，比如杰罗姆·托奈尔（Jérôme Tonnerre），发表保留意见，

---

32. 同上。
33. « La Leçon de cinéma de Truffaut » : dossier établi par Gilbert Salachas，*Télérama*，1983年5月4日。
34. Bernard Le Saux, « La Leçon du Professeur Truffaut »，*Les Nouvelles littéraires*，1983年5月5日。

特别是针对让·科莱。"《弗朗索瓦·特吕弗的电影》（Lherminier，1977）一书的敏锐性至今无人媲匹。恰恰基于这个原因，科莱或许不是理想的对话者。他满足于在大道上徜徉。如果选择一个更为'天真'的提问者，譬如贝尔纳·皮沃（Bernard Pivot），肯定能辟出没人走过的新路与隐秘的死胡同。"[35]

凭借这些好评，制作者希望这第一堂"电影课"成为大量续作的先声。他们失望了！"陪伴弗朗索瓦·特吕弗的只有内斯托·阿尔门德罗斯（Nestor Almendros）[36]。TF1与INA都放弃了。可以为他们开脱的是，必须指出，在电视上播放电影片段花费昂贵。"[37]

1984年，弗朗索瓦·特吕弗的突然去世赋予这堂"电影课"一个遗言维度，这是有关他的任何书籍报章都不具备的。节目没有重播，[38]也未制成DVD出版——因电影片段高昂的使用成本而无法实现，但很快转化为图书——"古滕堡星系"的终极嘲弄。在关于节目制作的档案中，有一则手写记录："将脚本（文字转录稿）寄给以下二人：罗伯特·菲舍尔（慕尼黑），路易吉·斯庞齐利（米兰）。"前者是特吕弗书籍的御用德语翻译，后者是意大利蒙达多利出版社的总编。两人之

---

35. Jérôme Tonnerre, *Cinématographe* n° 89, mai 1983, p.77. 这位作者现在是编剧，他15岁时与特吕弗相识，后在 *Le Petit Voisin*（Calmann-Lévy, 1999）一书中讲述了与特吕弗的友情。
36. 《内斯托·阿尔门德罗斯的电影课》于1983年5月25日22时05分在TF1播出。
37. Jean Collet, « Lektion in Kino », 前引。
38. 除了1989年在英国文化频道Channel 4上播过一个55分钟、英语字幕的压缩版。

中，只有罗伯特·菲舍尔实现了这个项目。他以 *Monsieur Truffaut,wie haben Sie das gemach?* [39]为书名出版了一本精美的图文书，录入了弗朗索瓦·特吕弗在节目中的所有言论，让·科莱为该书专门作了序。

  尽管多次尝试，但近二十年之后，该书依然没有法语版。2020年5月，在全力准备弗朗索瓦·特吕弗的一部文学通信集的时候，我与杰罗姆·普里尔取得了联系。在一封电子邮件中，他提及这一"电影课"，制作节目的三人如今只有他还健在。在他的帮助下，我们迅速接触到委托给当代出版记忆研究所（IMEC）保管的 230 页原始打字稿，内含访谈的完整文字转录，一份比在电视上播出的64分钟与57分钟两期剪辑长得多也细致得多的资料。我们现在向您献上的正是这份资料，经过重新编排，以使阅读更加流畅，但始终以尊重特吕弗的气息、节奏与思想为前提。在特吕弗的著作理所当然地重新得到出版界的重视，热度为其逝世之后所仅有（出版书籍与套装DVD，作品在奈飞［Netflix］流媒体平台上播放，等等）的当下，这一《电影课》不啻一剂青春药，一场对特吕弗杰出教导之源的回归。

贝尔纳·巴斯迪德
2021 年 8 月至 9 月

---

39. 字面意思是：特吕弗先生，您是怎样做的？戏仿了《希区柯克与特吕弗对话录》（*Hitchcock/Truffaut*）德语版口袋书的标题 *Mr. Hitchcock, wie haben Sie das gemacht?*，Wilhelm Heyne Verlag，1993年出版。

1957

淘气鬼
LES MISTONS
（短片）

一部对电影的无知无畏同时也是发现之作

> 儒弗的姐姐太漂亮了。漂亮得让我们无法忍受。她总是穿着飘逸的裙子骑车，而且肯定不穿衬裙。
> 伯纳黛特对我们意味着迷人的发现，发现如此之多的模糊梦境与隐蔽想象。她是我们的觉醒，她为我们开启了光彩夺目的感官享乐之泉。

您的短片《淘气鬼》的画面配有文学性非常强的旁白。您是否认为从这第一部影片开始，您的电影艺术已经成型？

旁白其实不是我写的，是莫里斯·庞斯（Maurice Pons）写的。电影由短篇小说《淘气鬼》改编，选自《贞洁集》（*Virginales*）[1]。我要为

弗朗索瓦·特吕弗："拍摄孩子们我就自在得很……"图为达尼埃尔·里柯与迪米特里·莫雷迪（淘气鬼）偷看伯纳黛特（伯纳黛特·拉冯饰）骑行在尼姆的街道和加尔水道桥的公路上。

这个文本负责,即使今天我觉得它太造作。自己过去做的事情总得认账……什么都不懂的时候,我们会尝试许多事情,边试边看。这部电影中,有令人惬意的自行车前行镜头。能拍成这样,我们就知道一切顺利:这是电影与运输工具之间的奇妙谐和。只要某物在画面上前进——无论是汽车、火车还是自行车——我们就知道它的推进将参与电影的整体推进。问题在于,我们不能一个半小时只拍自行车。总得在某一刻开始讲故事,所谓"制作场景"(faire des scènes)。对我来说,《淘气鬼》是一部对电影的无知无畏同时也是发现之作。因为这个原因,所以我今天并不太想再看这部片子……

怎样才能学会拍电影?您是怎样学会拍电影的?

要什么都尝试一下,我想,然后,要去想想为什么结果很糟糕。我们会在这时候想:本应该做这,做那。本应该后退一点,继续拍某个人。本应该在室内拍,而不是去室外。本应该夜里拍,而不是白天拍……通过不断自我批评,锤炼出一种助您前行的规则。但是当时,在拍《淘气鬼》的时候,我的规则还未锻造出来,什么都没有。

---

1. Éditions Julliard,Paris,1955。Christian Bourgois再版,Paris,2001。

Raccords

× 1/ Gerard G.P : " le premier que j'attrape, je le démolis"
☐ 2/ Peur de Bernadette
   Baiser de Ricault
~~3/ Travelling latéral sur les titres de Paris~~
~~4/ belle quinzaine~~
~~5/ cri Ricault sur Bernadette~~
× 6/ plan muet de la grande scène
× 7/ G.P. améliorés " " " "

A refaire :
  1/ cri de Ricault
× 2/ Travelling sur arènes etc... ~~3/ l'arroseur arrosé~~
~~3/ ...~~
~~4/ ...~~
  5/ ralenti sur Ben

A tourner

1°/ 5 travell. voitures Bernadette
2°/ de cinéma
3°/ Sortie du ciné. (sortie du cadre par là?)
4°/ insert du gardien des arènes

Réfléchir à :
~~1/ ...~~
~~2/ ...~~
~~3/ ...~~
~~4/ l'arroseur arrosé~~

在《淘气鬼》的拍摄过程中，特吕弗列出待拍的衔接短镜头与不满意、需要重拍的场景。

您正是靠"什么都尝试一下"取得了《四百击》的成功,这是您的第一部长片,它获得了商业成功……

《淘气鬼》的经验肯定对《四百击》是有帮助的。《淘气鬼》片长二十五分钟,叙述尼姆的五个孩子纠缠一对情侣的故事。因此,我一会儿拍恋人场景,一会儿拍五个孩子的场景。有时,二者在一个场景里。比如拍孩子们骚扰情侣,他们出现在同一个画面。很快,我意识到拍摄情侣使我厌烦,但是,拍摄孩子们我就自在得很。我同样意识到孩子的行为本身几乎就构成一个主题,这个主题实在比现在的主题更好。《淘气鬼》的经验鼓励我将《四百击》的剧情集中到主要的孩子安托万·杜瓦内尔和他的伙伴勒内身上,并且决定让成年人处于次要位置。在我看来,《四百击》里没有任何革命性的东西,只是与过去的法国电影相比,它有一种新意。过去的那些影片——除了让·维果(Jean Vigo)的《操行零分》(*Zéro de conduite*)——重点总是集中在一个明星身上:《不系项圈的野狗》(*Chiens perdus sans collier*)[2]中让·伽班(Jean Gabin)与少年犯,《强盗大佬》(*Le Grand Chef*)[3]中费南代尔(Fernandel)与被绑架的孩子,等等。所有这些影片中,占据首要位置的不是孩子,而是成年人。

---

2. 让·德拉努瓦(Jean Delannoy)导演(1955),根据吉尔伯·塞斯博隆(Gilbert Cesbron)的小说改编。
3. 亨利·韦纳伊(Henri Verneuil)导演(1959)。

1957年8月,在尼姆的竞技场拍摄《淘气鬼》。弗朗索瓦·特吕弗:"我不想被人旁观。竞技场很大,里面没有一个闲人。"从左至右:埃米尔·卡萨诺瓦,简称卡萨,记者;弗朗索瓦·特吕弗(摄影机后立者);罗贝尔·拉什奈(戴帽者);阿兰·让内尔(推摄影机者);伯纳黛特·拉冯与热拉尔·布兰(饰情侣)。

而且《淘气鬼》里孩子们一边哼着"不系野狗的项圈……"一边撕掉让·德拉努瓦《不系项圈的野狗》的海报,您为什么和让·德拉努瓦过不去?!

我不太清楚……这挺幼稚,新手经常这样!他那部影片有很多地方让我看不惯,我还在《艺术·演出》里写过一篇非常负面的影评[4]。文章发表之后,我收到许多读者来信:一些人捍卫我,另一些人抨击我。我对那部电影的主题特别敏感,因为我自己也在少年犯管教所待过……

《淘气鬼》里还有一点,后来一直伴随着您:使用画外音、旁白的需要……

这是尤其和雅克·里维特(Jacques Rivette)[5]一起,我们秉持的一些理论在银幕上的展示。我们批评当时法国电影对《红与黑》(*Le Rouge et le Noir*)、《肉体的恶魔》(*Le Diable au corps*)或者《上帝需要人类》(*Dieu a besoin des hommes*)[6]之类的经典文学著作、小说的改编从来不使

---

[4] 特吕弗认为,该片"不是一部失败的影片,是根据某些规则犯下的罪过",*Arts* n°541,1955年11月9日—15日。收录于 *Chroniques d'Arts-spectacles:1954-1958*,Gallimard,Paris,2019。

[5] 1928—2016,影评人,后从影。特吕弗于1949年在巴纳斯影映厅(巴黎十四区)与之相遇,并且立刻将其视为"最好的朋友"。

[6] 三部电影,分别是克洛德·奥当-拉哈(Claude Autant-Lara)对司汤达小说的改编(1954),克洛德·奥当-拉哈对雷蒙·拉迪盖(Raymond Radiguet)小说的改编(1947),让·德拉努瓦对亨利·凯费莱克(Henri Quefflec)小说的改编(1950)。

用旁白。而且今天，电视在改编福楼拜或司汤达作品时也经常这样[7]。"尤其不要旁白，电视观众会厌烦！"但事实上，尤其在电视上，旁白有点像作者直接对观众说的话。有一个偏见，现在依然存在，认为去除一部文学作品的所有文风、最终转化为某种戏剧——含括六十个、九十个或者一百二十个场景，比起让表演场景与旁白场景交替出现，会是一种更能吸引观众的媒质。我不知道雅克·里维特现在是怎样想的，但是，就我而言，三十年来，在这个问题上我从未改变观点。如果要对一个文学文本进行电影改编——或许原创一个剧本会来得更简单、更勇敢——我倾向于在影片中点明自己喜欢这一文本的原因。如果相关文字卓雅不凡，例如要合格地改编《肉体的恶魔》的话，我认为应该在某些时刻听见这些文字，拉迪盖的文字蕴含着非凡的诗意意象，无法译成对话。我们在1950年代有一些喜欢的改编作品，它们实际上成为我们的范本——科克多（Cocteau）和梅尔维尔（Melville）改编的《可怕的孩子》（*Les Enfants terribles*），布列松（Bresson）改编的《乡村神甫日记》（*Journal d'un curé de campagne*），而与此对立的是被改编成戏剧的小说，像奥朗什（Aurenche）和博斯特（Bost）的电影……

---

7. 著名的例子有马塞尔·克拉维纳（Marcel Cravenne）根据福楼拜小说改编、让-皮埃尔·莱奥（Jean-Pierre Léaud）主演的《情感教育》（*L'Éducation sentimentale*, 1973）；克洛德·奥当-拉哈根据司汤达小说改编、布鲁诺·加尔桑（Bruno Garcin）主演的《红与白》（*Lucien Leuwen*, 1974）。

1957年9月初,在尼姆教士会街与司法官邸街拐角处拍摄《淘气鬼》(这一场景在剪辑时被删去)。
从左至右:伯纳黛特·拉冯(左二)与热拉尔·布兰(左三)。中间,三个"淘气鬼"小姑娘,让-路易·马里热(屈膝者),让·马里热(摄影机后下蹲者),其后为阿兰·让内尔,弗朗索瓦·特吕弗(靠墙者),以及围观的尼姆路人。

这应该就是我从《淘气鬼》开始便使用旁白的原因。但是，必须理解这一切也与制作经费有关。我们有一位来自蒙彼利埃的摄影师[8]，他向我们出借器材、摄影机，而我们之所以选择这个故事，是因为它完全发生在室外。《淘气鬼》中没有室内场景，故事发生在灿烂的阳光之下，胶片是唯一的开销。重点放在了视觉元素上：一座网球场，奔跑的孩子，一个骑自行车的女孩。我想对于这部在十来天里拍完[9]的二十五分钟的电影来说，我们的力量基本都投在了这三个要素上。

当时的方案是将这个故事纳入一部更大的电影，它将包括五个儿童故事。而且我印象里有几个故事不是已经写完就是有了梗概。但是，《淘气鬼》的拍摄给我上了一课，使我改变方向，我选择了让它作为故事短片单独成片。

依然有一个室内场景发生在电影院里……

是的，当时应该是找了一些照明装置来拍这一场景。在这一段里，银幕上突然出现一些调度痕迹很浓的镜头，来自另一种电影，雅克·里维特的第一部短片《棋差一招》（*Le Coup du berger*）里的镜头。我觉得有一种强烈对比，一方面是我那些画面的无序，然后突然，雅克·里维特

---

8. 让·马里热（Jean Malige，1919—1998），《淘气鬼》的摄影师。
9. 特吕弗美化了他的回忆：《淘气鬼》拍摄于1957年8月2日—9月6日。参见Bernard Bastide，*Les Mistons de François Truffaut*，Atelier Baie，Nimes，2015。

的那种井然有序，一切都各就各位……

但是我才注意到，在刚才看《淘气鬼》的片段的时候，女主角名为伯纳黛特·儒弗……而在我的最新一部电影[10]里，一个关键人物叫儒弗夫人[11]。我之前给这个人物起名时完全没有意识到竟是出自这里……

10.《隔墙花》（1981），录制访谈时还未完成。
11. 这一关键人物由韦罗尼克·西尔韦（Véronique Silver）饰演。

« À quinze heures, Antoine se présente dans la cour de récréation = son professeur eu ~~les sournois~~ baforaille : "ma mère, ma mère..." — Eh bien qu'a-t-elle encore votre mère ? — elle est morte ! "

1959

四百击

LES QUATRE CENTS COUPS

> 这个孩子，或许在影片里自始至终被拍成个动物，
> 其实有一种觉悟，一种对事物的见解

这或许是您第一次拍摄撒谎吧？

很可能是的。我们拍电影时并不按照故事发生的时间顺序来拍。《四百击》的所有学校场景都被集中在最后拍摄。影片的其他部分不是同期声，是后期配音合成的，但我想这一系列学校场景用了同期声，所以它们更有意思。但是，您拎出撒谎这段，我猜您主要想说镜头数量？事实上，这里的分镜头吸取了几周前犯下的一个错误的教训。当时，我拍了安托万与同学旷课，在克里希广场遇见他的母亲与情人的那一段镜头。分镜头设计得很糟糕。只有一个母亲拥抱情人的镜头与另一个孩子们的镜头。

"她死了！"
安托万·杜瓦内尔（让-皮埃尔·莱奥饰）对语文老师"小叶子"（吉·德孔布勒饰）撒谎。

安托万看见母亲，马上拉着同学的胳膊，从人行横道快速穿过马路。我记得那个时候，我们已经开始边拍边剪辑合成了，就像今天的做法。在剪辑台前，我立刻发现自己没有拍摄足够的素材，特别是对不同元素分离不够。所以我想学校的这个场景，拍摄于克里希广场场景之后，应该吸取了教训。我对自己说："要小心，这一次！"

那时，我们在没有真正的分镜头剧本的情形之下拍摄。我相信所有新浪潮的伙伴都是如此。故事打印在纸上，有点像小说，一直到要拍了我们才决定要怎样拍。多亏了克里希广场场景之类的经验，我才懂得必须拿张纸依次列出我想得到的画面，以拥有数量足够的镜头。基于此，我想，撒谎的场景拍得基本上是合格的。

今天，您会准备细致的分镜头剧本吗？

不，还是不会。与此相对，我脑子里更多的是剪辑效果。我大约知道那些镜头将被怎样组织起来。

您不像希区柯克那样画分镜头吗，至少？

不，我从来不画分镜头……

在撒谎场景中，分镜头的运用实际上是为了维系一个悬念，不是吗？

是的，正是那样。对短暂情节的展开时段加以扩张效果会更好，而且其中应该包括反应的镜头。

您是想把观众更多地拉入其中吗？

是的，我的想法是引起观众的注意，就好像在文学领域连续使用几个短句那样。这里，鉴于轴线的选择取决于场景中的人物，所以这段不是从外而是由内拍。这样，比起从外以纪录片方式拍摄，可以让观众更多地参与到情节之中。拍完第一部电影你会发现，光靠真挚不够。带着真挚，你记录你想要记录的：生活的大戏，或者随便什么。你记录你认为的真实。然后，鉴于你要讲故事，你会在某一刻意识到，这一真实还是需要经过操作，要按某种规则组织元素。有时，你同样需要裁掉很多东西，以便能更好地被人们理解。

凭借《四百击》，您成了少数能调和影评与票房的电影人之一。您是怎样实现的？

我想当时评论与票房间并没有冲突：《四百击》迅速受到欢迎，即使它不是当年最商业化的电影。《黑人奥菲尔》(*Orfeu Negro*)[1]，与我们同年入围戛纳电影节，吸引的观众远比我们多得多。从票房来看，我想《四百击》恰好处于《黑人奥菲尔》与《广岛之恋》(*Hiroshima mon amour*)[2]之间，《广岛之恋》

---

1. 法国、巴西合拍电影（1959），马塞尔·加缪（Marcel Camus）导演，荣获1959年第十二届戛纳电影节金棕榈奖。
2. 法国电影（1959），阿兰·雷奈（Alain Resnais）导演，玛格丽特·杜拉斯（Marguerite Duras）编剧。

是一部质量非常高的电影。我指出这一点，因为这说明归根结底，我当时已经处在这种或许是我所理想的中游位置。

这是法国电影特有的境况。在意大利或者美国电影中，质量不总是伴随着商业成功……

然而罗伯特·布列松凭借诸如《乡村神甫日记》或者他的第一部电影《罪恶天使》(*Les Anges du péché*)之类的影片俘获了大量观众……知识分子或者迷影人为一方，普通观众为一方，这两者之间的分离是近年出现的。这一现象只有十五年左右的历史。我相信二十年之前事情不是这样的。

您是否有意识地照顾到迷影人与普通观众这两方面？您有一些程式吗，还是说您凭感觉来做？

即使在我的迷影时期，在我自己拍电影之前，我也从未想过一部电影要专为一部分观众制作。我喜爱不卖座的电影，比如《布洛涅树林的妇人们》(*Les Dames du bois de Boulogne*)或者《可怕的孩子》[3]。但我觉得它们与取得极大成功的电影，比如《乌鸦》(*Le Corbeau*)或者《天堂的孩子》(*Les Enfants du paradis*)[4]一样，属于同一类。我从不认为它们是另一种类型的电影……

---

3. 分别为罗伯特·布列松根据狄德罗作品改编（1945）、让-皮埃尔·梅尔维尔根据让·科克多作品改编（1950）的电影。
4. 分别为亨利-乔治·克鲁佐（Henri-Georges Clouzot）导演（1943）、马塞尔·卡尔内（Marcel Carné）导演（1945）的电影。

您很在意故事的清晰性吗？

是的，当然的，因为在电影这门艺术里，混乱防不胜防。我举一个例子：连续好几天在同一幢房子里拍摄，每一天的光线不一样。星期一拍过的房子到了星期三感觉就不像是同一幢。那么，要是你再不注意房子的形状，或者，片子里有两幢房子，你不加区分，混乱就会出现。

所有可以事先规划的或者事先想到的都必须规划好、考虑到，因为无论如何总会有意料不到的混乱出现。

然而您的电影值得赞赏的一点就在于您为观众提供不可或缺的信息，但从不把他们当傻瓜……

我真心希望他们不是……

提供太多信息有时会陷入哗众取宠……

这也发生在我身上，或许不至于哗众取宠，但我会呈现一些非常沉重或者天真的东西。影片的前十五分钟，我们会有一种倾向，想解释一些可能需要以另一种方式去理解的内容。但我不会特为去做什么。原因全在于我不理解别人的影片。我总是要在他人的陪伴下去看电影，因为，独自一人，我不理解故事。我混淆一切能混淆的东西。与此同时，要吃力地慢吞吞地展开情节让我很痛苦。我憧憬直接从一个激烈的场景开始一部影片。但做起来很难……

III Sexe etc...

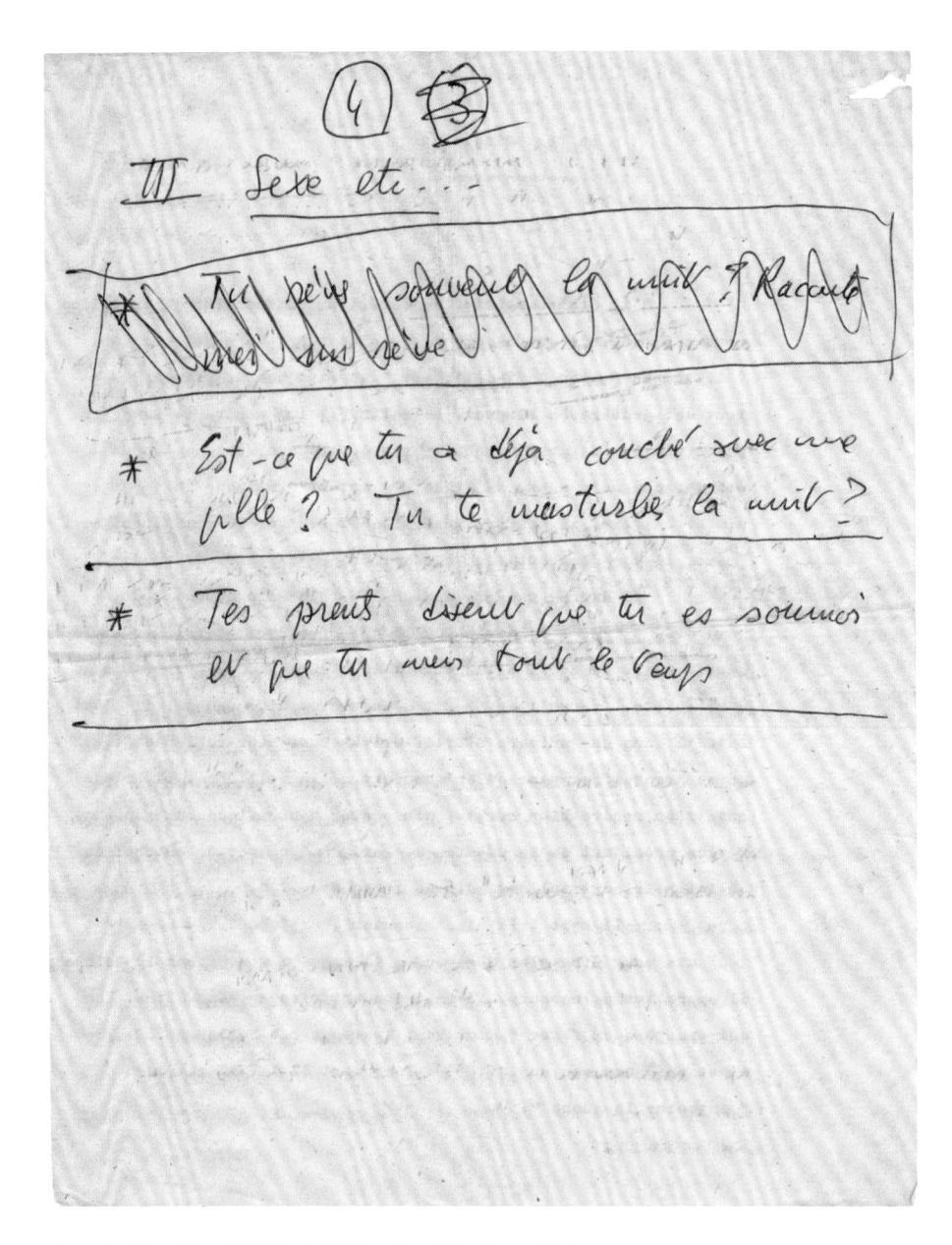

* ~~Tu peux souvent la nuit ? Raconte mes un rêve~~

* Est-ce que tu a déjà couché avec une fille ? Tu te masturbes la nuit ?

* Tes prents disent que tu es sournois et que tu mens tout le temps

女心理学家向年轻的安托万提出的问题。弗朗索瓦·特吕弗手稿。

安托万·杜瓦内尔（让-皮埃尔·莱奥饰）对这个问题感到尴尬，抬眼看着心理学家。

      安托万，双手并拢，坐在位于画外的女心理学家面前。

女心理学家（画外音）：你为什么不喜欢你母亲？

安托万：哦，因为首先我小时候寄养在奶妈家。后来他们没钱了，就把我送到外婆家……后来外婆她上了年纪，还有些其他的事，她没法再照顾我了。所以，这时候我就回到了父母家，可我当时已经八岁了！后来我发现我妈她不是那么爱我……她老是责备我，而且无缘无故……为了些鸡毛蒜皮的小事。所以……我还听……那是家里吵架时……我……我听见说我妈怀我时还是……就是说她是未婚妈妈来着！而且和外婆她也吵过一次……我那次才知道……她当时想把我打掉。（他抬眼看着心理学家。）而且，我能生下来全亏了我外婆！

这个场景是即兴创作的吗？

是的，但我一点不觉得有多精彩。它与刚才的撒谎场景相反，那一段靠的是对摄影机的操纵。这里，则是一位有天赋的演员，他不怕镜头，他的表演不是为了突出自身。这是一个少年，还不是一个职业演员。那是在拍摄的尾声，他了解故事的要素，我们对他说："你记得我们拍过一个场景，还有另一个场景……"他大致能猜到要问的问题，但具体会问什么他不知道。我们给了他一些答案的要素，然后就上了！这是一个完全实验性的场景，但还过得去，所以留在了片子里。实验性如此之强，我甚至没拍心理学家的反打镜头。出于什么原因？因为我不想要一个脸谱化的心理学家，即一个凶恶、生硬或冷酷的女人。我于是想

起我喜欢的唯一一个嗓音温润、热情的女性是安妮特·瓦德芒（Annette Wademant）[5]，当时她与雅克·贝克（Jacques Becker）[6]生活在一起。我就邀请她出演心理学家的角色。她不能，因为她怀孕了！其实这挺荒谬，因为戏里完全可以是一个怀孕的心理学家。既然没法拍她，那我就问她是否愿意把声音借我用用，她同意了。拍摄的时候是我向让-皮埃尔提问。但是，很可能因为拍板信号给得不好，问题之间缺少呼吸。出于这一原因，我们在剪辑时做了现在这种很快的溶出溶入。混音时，我

---

5. 1928—2017，在法国工作的比利时编剧。
6. 1906—1960，法国导演，《金盔》（*Casque d'or*，1952）是其代表作。

安托万·杜瓦内尔（让-皮埃尔·莱奥饰）被捕后被拍照存档。《四百击》剧照。

只需将我的声音替换成安妮特·瓦德芒的声音……怀孕的安妮特·瓦德芒！这一切，其实非常偶然。不过总体上给人自然、真实的感觉……

在这种情况下，偶然性很重要……

偶然性当然重要。但是，通过一个这样的场景，我还想做些弥补，因为让-皮埃尔·莱奥在电影中说话很少，他的对白极少。与影片上映后的观感相反，拍摄的时候，团队对这个人物的印象是负面的。好几个人对我说："您是一点不清楚您都让这个孩子做了什么啊！您每天净让他做些被禁止的、狡猾的或者欺瞒的事情。电影出来他会讨人厌的！"在拍摄将近结束时，我想这一与心理学家的场景能让他做些解释，可以终于一次性地听见他的观点了。别人会发现这个孩子，或许在影片里自始至终被拍成个动物，其实有一种觉悟，一种对事物的见解，这见解固然有些怪，但确实属于他自己。拍摄这一场景有点出于这种目的。其实，我身边这些人完全错了，因为他们低估了这种通常与青春期有关的天真无辜的观念。让-皮埃尔·莱奥在影片中做的所有让人斥责的事情，没人会为此斥责他，相反，影片因此而失衡。我一度认为自己制作了一部客观的影片，结果我意识到把父母拍得太坏了，特别是母亲。我对此并不完全满意，如果今天要拍这个女人，我不会那样拍。

这个母亲是您作品中少数令人憎恶的人物之一。

是的，也许，少数之一。

在您的电影中，您喜欢促成偶然还是避免偶然？

偶然与混乱一样，总会不期而至。因此，我会尽量加以控制，但我清楚知道它一定会出现。

路灯微光下意想不到的邂逅。希柯（阿尔贝尔·雷米饰）与陌生人（亚历克斯·若菲饰）。

  漆黑的街上只有几点路灯的光晕，汽车大灯迅速向前。伴随着马达震耳欲聋的轰鸣，一个身影沿着人行道没命奔跑。稍后，一盏路灯的光线让人看清男人的脸：希柯。疯狂奔跑中，他猛烈地撞到一根灯柱，面朝下摔倒在人行道上。一个身影走近他，扇了一动不动的希柯几耳光，将他扶起。

希 柯：我真不知道怎样谢您才好。我愣了吧唧地撞到了这根灯柱。

陌生人：好嘞，我要走了。她还等着我回家上床歇着呢……走啦……

希 柯：您结婚多久了？

陌生人：十一年。

1960

射杀钢琴师

TIREZ SUR LE PIANISTE

我不是要拍一部美国电影，我只想重现"黑色系列"小说的气氛、笔调、诗意。

希　柯：哦！我也很想结婚。

陌生人：您这话说得好像真想似的。

希　柯：真的啊，我真那样想的。

陌生人：结婚有它的好处。开始时我们差点离婚。有时，吃早餐时，我看着她，想着怎么摆脱她。但一会儿我对自己说："搞什么，是谁给了我这样的念头？"而且我从来没找到合适的理由。

希　柯：或许关系到自由？

陌生人：大概吧！我在一个舞会上遇见的她。我费了九牛二虎之力才真正和她谈上。她没有很多生活经历。而且您知道在巴黎这些事情是怎样的。我打赌那里的处女比任何一个城市都多，不过……至少按人口比例算……不过，请别误会……我不是因为这个才娶的她！

希　柯：那是为什么？

陌生人：我习惯了她。我们一起度过了愉快的时光。我不知道您是谁，我也许再也不会碰上您，所以……索性放开了说。我觉得有时在一个陌生人面前畅所欲言是件好事。

希　柯：这话有点道理……

陌生人：我最终对她有了感情。之前从未发生过。我们交往了一年，然后，有一天，我去买了一枚戒指。

希　柯：过程都是这样……

陌生人：不都是这样。我想我是在结婚两年后真正爱上了她。她当时在医院生我们的第一个孩子。我记得自己呆立在她床边。我看看她，看看婴儿，我想正是在那时候一切才真正开始。

希　柯：您现在有几个孩子？

陌生人：三个。

希　柯：三个，真不错。

陌生人：是的，他们是了不起的孩子。好嘞，我要右转了。那么，再见了，您……您自个儿保重。

他向右出画。

希　柯：我求之不得呢。谢谢……（他对他招招手。）祝您好运！

《射杀钢琴师》的开头与之前谈到的关于情节展开的所有见解背道而驰。这一段里，您没有提供任何将要发生什么事的信息。相反，观众在开场时看到的是一个完全脱离了影片的故事……

是的，确实如此，但我不知道怎样回答您，因为我不记得自己为什么那样做了……不管怎样，《钢琴师》是一部与《四百击》逆向而行的电影。我和《电影手册》的朋友们曾经如此不遗余力捍卫美国电影，所以我是第一个因自己这第一部故事长片鲜明的法国印记而感到惊讶的人。我拍摄《钢琴师》应该是想偿还美国电影的恩债。我不是要拍一部美国电影，我只想重现"黑色系列"小说的气氛、笔调、诗意。这个开头主要是用来定调的，想展现的是即使接下去会听见枪声，但影片的重点依然是呈现男女之间的关系，那些奇怪的离合方式。这是大卫·古迪斯（David Goodis）小说的基调，一个我极为喜爱的作家。当时，他还不是很出名，特别是在美国，拍完这部电影以后，我曾有幸见过他[1]。当时我读了他的几部小说，而这本《射杀钢琴师！》让我那样着迷，我有意把它拍成一部忠实于作者精神的电影。其实，电影改编不如原书口味那么清淡。古迪斯是一个有很多清规戒律的人，但我不是，与人们以为的相反。书中有很多物事、情感，不过我觉得电影更大胆。有人会说更"露骨"，但这就夸张了点，用这个词来形容《钢琴师》并不适合。

---

1. 特吕弗只见过一次大卫·古迪斯，1962年4月在纽约。

《钢琴师》里，我们有什么？一个羞怯、相当内向的男人，和一生中可能遇见的三种不同类型的女人产生的关系。好像这还不够拍一部电影似的，我们还有一个侦探故事，讲得极其随意，叙事稍显仓促。影片当中，有一段很长的闪回，大概占两三个胶卷，大约二三十分钟。但是，这个闪回出现的位置如此适当，以致奇怪得很，当它结束时，观众不觉得持续了三十分钟。这又是一个无法强求的例子，属于偶然……

您拍电影的时候，有时会不会只想满足自己，而不是优先考虑故事能否被看懂？

的确，在拍《射杀钢琴师》时，我沉浸在一种个人乐趣之中，我得以通过一个个场景，阐释我对"黑色系列"的理解。对我而言，这一系列有一种文学价值；它们不仅仅是用来吸引读者的故事。它们同样是一些小说，有扣人心弦的情景和行为激烈的人物。有一种我无法解释的魅力，也许来自它们仓促的翻译。因为"黑色系列"的书是由一些薪酬微薄的译者飞一样赶出来的，极低的报酬导致他们在文字上很不讲究。他们用录音机口授译文。

"黑色系列"是什么？美国流行小说、侦探小说，伽里玛出版社买下版权，集为丛书出版，命名为"黑色系列"。是雅克·普雷维尔（Jacques Prévert）想出来的。标志性的设计、封面也许不是，但丛书名称是他的创意。这些故事实际上散发着一种无法解释的强烈魅力。我看过一些改编自这些小说的法国电影——不是最好的小说，常常是詹姆斯·哈德利·契斯（James Hadley Chase）[2]的小说——故事总是被搬到蓝色海岸，驾着豪华敞篷轿车。结果不成功。我想过，为什么这些小说里的诗意没能呈现在银幕上。《射杀钢琴师》里之所以有那么多夜戏，是因为我觉得"黑色系列"的这种诗意在夜里比在白天更容易出来。我不知道为什么，我尝试重建这种感觉。我是一个极度依赖文字、文学的人，我在这些小说中看到了文学价值。比如，小说人物在谈到他们的过往时，每次都使用未完成过去时，这让我感触颇深。我记得《钢琴师》中也常常使用未完成过去时："你当时坐到这架钢琴前……你伸出手……你开始轻敲……"同时出现了简单过去时、复合过去时与未完成过去时。因此，我试着在银幕上获得这种效果：配合这些不同的动词变位时态制作画面。我想是这样的，我没有其他解释。

　　还有一种所谓有时一部电影只为一个画面而拍的想法。我记得在原著结尾，雪地里有一幢木屋，冷杉环绕，一条窄小的坡道通到那里。小说里写，我记得，汽车在这条路上滑行，听不到马达的声音。我知道我想拍出这个画面。我心想："啊！如果画面里有树、有窄小的坡道，还有下滑的汽车，听不到马达的声音，那就太开心了。"结果，这个镜头，我在电影

---

2. 1906—1985，英国小说家。1950年代，朱利安·杜维维尔（Julien Duvivier）、德尼·德拉帕特利埃（Denis de La Patellière）、亨利·韦纳伊都改编过他的小说，分别为《穿风衣的男人》（*L'homme à l'imperméable*, 1957）、《手柄反弹》（*Retour de manivelle*, 1957）、《欲海陷阱》（*Une manche et la belle*, 1957）。

中实现了！或许，正是为了这个镜头，以及这种氛围，这些情感关系，我拍了这部电影。事实上，《射杀钢琴师》是一部相当感性的电影……

您对工作做了周全的思考，但我们从来感觉不到把理论思考置于拍摄之上会带来的那种艰涩……

拍摄之前，思考主要针对主题的流畅性，概念是否协调。这是我与苏珊娜·席夫曼（Suzanne Schiffman）[3]常常谈论的事情。我对她说："听着，那地方，一下子，概念不见了，我不满意。"写剧本的时候，一旦远离故事我能感觉到。在这个基础上，我会回忆我经历过的场景或者我熟悉的人，我的街头所见，总之我打定主意要放到电影中的那些东西。我想合理化工作会稍迟进行……或者根本没有！

我们刚才看的这段《钢琴师》开头部分在电视上播放会很糟糕，因为所有夜里拍的东西在电视上播出效果都很差，不是吗？

您应该早就想到的！（笑）这两个男人步行的场景中，一个人物由导演亚历克斯·若菲（Alex Joffé）[4]扮演。我想他以前从未做过演员。我邀请他参演，因为我喜欢他讨喜的形象。然而他在那里胡念一气，他怎么也

---

3. 1929—2001。一开始是场记员，后来成为弗朗索瓦·特吕弗的导演助理，最后是联合编剧。
4. 1918—1995，法国导演、编剧。在《艺术》（*Arts*）报上，特吕弗是他的电影《轻骑兵》（*Les Hussards*, 1955）、《星期日刺客》（*Les Assassins du dimanche*, 1956）与《狂热分子》（*Les Fanatiques*, 1957）的虔诚捍卫者。

念不好这场戏的台词。拍这场的时候又刮风又下雨的。他对我解释这个台词问题，他说："可是在家排练的时候，我背得滚瓜烂熟的啊！"其实，他意识到了演员的一种体会：关起门来说台词和在外头说台词完全是两码事。在一部电影的拍摄过程中，演员无时无刻不在受苦，因为所有的场景，一场接一场，都会给他们带来预料不到的困难。演员排练了自己的场景，感觉良好，他两腿分开，稳稳站立，对自己充满信心。突然，导演要他到一个吧台后面去表演，挤作一团，还有其他人在他面前走来走去。总有些因素导致事情无法按预期发展。这是一种煎熬，演员必须不断尽力克服。

弗朗索瓦·特吕弗："决不能让匪徒变得更有魅力！"菲度·萨罗扬（理查德·卡纳扬饰）与绑架他的两个匪徒莫莫（克劳德·芒萨尔饰）和埃内斯特（达尼埃尔·布朗热饰）争吵。

两个匪徒，埃内斯特和莫莫绑架了菲度·萨罗扬。
在车上，埃内斯特用他的打火机点燃一支烟。响起一小段八音盒的乐声。

菲度（画外音）：这是什么？

埃内斯特：这是个音乐打火机！

菲　度：盖了帽了！

莫莫（对埃内斯特）：给他看你的手表……

埃内斯特：瞧瞧！好东西多着呢！我还有个会响铃的计时器，停车要付费时用。

菲　度：就这些？

埃内斯特（感觉优越地）：才不，我还有一支笔，New Snorkel，美国货，可收缩笔尖，自动吸墨，一根大洋洲的草编腰带，一顶抗热带气候的帽子。我这套衣服是伦敦造，澳大利亚羊毛呢的面料，我的鞋是埃及皮革，带空气调节功能。所以，理所当然，我无欲无求……我无聊死了！

莫莫（摸他的围巾）：就像我围巾，嗯，像是绸的吧。不对，其实是金属的！只不过是一种特殊的金属，很柔软。这是一种日本金属。（将围巾递向菲度）来，摸摸！

菲度（摸摸料子）：不可能，这怎么会是金属的，是布的！

莫　莫：我向你保证这是一种日本金属。

菲　度：不是，肯定不是……就算是日本的也不可能！

莫　莫：我向你发誓是真的。

菲　度：胡说八道也得有个边，嗯！

莫　莫：我发誓，我要是胡说，马上死亲娘。

　　在一个破败的房间里，一个老太太突然用手捂住心口，张嘴倒下，死得透透的。

菲　度：要这么说那我信！

弗朗索瓦·特吕弗:"一个羞怯男人与三种不同类型女人的关系"。
《射杀钢琴师》拍摄中的夏尔·阿兹纳沃尔与弗朗索瓦·特吕弗。

汽车这场戏有意思的地方在于原著里没这段。我记得原著里甚至没这个小男孩，我已经记不清了。扮演他的小演员是个让我很喜欢的亚美尼亚男孩，他在《四百击》里演过班里的同学。从我决定要给阿兹纳沃尔（Aznavour）加几个亚美尼亚兄弟时起，我就想到了这个孩子，他在拍《四百击》的时候让我乐得不行。我心想："把他也加上，这样，我们会有一个亚美尼亚家庭。"我记不太清书里是怎么写的了，但没必要为书里这些美国家庭寻找对等的法国元素，不会可信的。其实，我喜欢阿兹纳沃尔那种有点"超越国籍"的一面，因此我按照同样的思路选了其他演员：阿尔贝尔·雷米（Albert Rémy），《四百击》中的父亲，壮实的体格，让-雅克·阿斯拉尼安（Jean-Jacques Aslanian），一个真正的亚美尼亚人，理查德·卡纳扬（Richard Kanayan），那个小男孩……

孩子和绑匪之间的关系太出人意料了。他们的对话完全不像是出自警匪片。

是的，因为一想到要拍匪徒我非常为难……《四百击》的剧本里原来有警署场景。突然，我想到："警察怎么拍？"我很纠结，因为我很怕落入俗套。在电影中——当然在生活中也是如此——当我们进入警署的时候，闲着没事的警察也许正在玩扑克。这让我很伤脑筋。所以，作为一种逆反，在《四百击》中，我拍他们玩小马棋。这一点都不真实，因为小马棋是一种上流社会的游戏，是名门世家的孩子玩的。我感觉这样做便打破了一些俗套。[5]

对于《钢琴师》，我心想："这些匪徒，我不能把他们塑造成硬汉！"我很为难，因为我不喜欢匪徒。我在毕加勒街区长大，与那里满街的黑帮相反，我喜欢这个街区。所以，我这样盘算："决不能让匪徒变得更有魅力！同样，也不能丑化他们，但或许我可以凸显他们幼稚的一面。"也是在这段当中，我们看到老奶奶倒下死去这个完全实验性的镜头。实验性强到在剪辑的时候我不断把它拿掉又放回去。事实上，能够看到剪辑中的影片的都是电影工作人员，配音演员或者作曲家。有人对我说："我觉得老奶奶这段太傻了！"于是我把它删掉。另一个人看过之前的版本，对我说："啊，太可惜了，你把老奶奶死掉那段删掉了，那段太好笑了！"于是我把镜头再放回去。事实上，我当时不太知道自己在做什么。需要实验……

您很听合作者的话吗？

有时候我们因为不安而相当脆弱。在整个剪辑过程中，我尽量避免来者不拒。现在，我有一套相当完善的做法。我请两三个人来二十次[6]。

---

5. 扮演警察的人里有电影艺术家雅克·德米（Jacques Demy）。
6. 这些忠实的剪辑"顾问"里包括导演雅克·里维特与让·奥雷尔（Jean Aurel）。

每次给他们放一回新的剪辑成果，持续三个月，哪怕这会让他们厌烦。我就差没和他们签合同了！每次改变一个场景的位置，我都会问他们是更喜欢以前的版本还是现在的版本。

您能拍您讨厌的人物吗？

我不知道……在《钢琴师》中，我喜欢所有人。最终，这些匪徒，我以一种我可以喜欢他们的方式呈现，特别是芒萨尔与布朗热[7]，他们特别可爱，像两只大猫。我往这个方向去拍。我说："我们可以稍微把他们看作两只大猫。"一般来说，我不喜欢的人物，我会拍得很糟糕，一看就假得很。上个班然后把别人拍得很差，我对这事提不起什么兴趣。也许我可以做，但那必须是非常大而化之的，以免显得太狭隘。

必须以这样或者那样的方式让他们显得友好、好玩，或者可笑……

不是，那种情况下，得让他们有趣，这是关键词。如果他们令人反感，那么不应该使这一切过于简单。安排一段对话，让他们对着某人说点蠢话，那太容易了。有些演员演令人反感的人物特别好，因为他们保持着某种诗意。我想到迈克尔·朗斯代尔（Michael Lonsdale）[8]这样的演

---

7. Claude Mansard（1922—1967），Daniel Boulanger（1922—2014），他们扮演寻找查理的匪徒兄弟。
8. 1931—2020，法英双籍戏剧演员。出演过特吕弗执导的两部电影：《黑衣新娘》（1968）与《偷吻》（1968）。

员。我们完全可以分配他一个令人反感的角色，因为无论如何，他的滑稽与神秘不会变。特别是神秘。

这是一种赋予人物机会的方式，无论在怎样的情形之下。

对，就是这样。无论我们让这个人说什么，即使是最荒谬的话，在这个人身上，仍然会有一个隐秘的部分，某种神秘的东西……这是一些和权力甚至权力滥用相关的问题。因为拍电影让我们拥有某种权力，在什么情况下，是为权力的滥用？某种程度上，这也是我们给自己规定的"费厄泼赖"（fair-play）规则。比如，如果在一部影片中，能让一记耳光发挥出全部价值，那么我们就无权踢肚子。我一直认为，安排踢肚子意在弥补剧本的弱点或者某种欠缺，一种制作者未能传递的内在暴力。在我看来，让细微的元素更有力比有一些不痛不痒的宏大元素更好。

卡特琳（让娜·莫罗饰）疏远情人吉姆（亨利·塞尔饰），来到丈夫儒尔（奥斯卡·沃纳饰）的怀抱中寻求安慰。

山区木屋。卡特琳匆匆走出情人吉姆的房间，去敲丈夫儒尔的房门。

卡特琳（走进房间）：儒尔，我打扰你吗？

儒尔转向她，但未作回应。

卡特琳：我再也受不了了。你听见我们吵架了吗？

她坐到儒尔被褥整齐、没有睡过的床上。

儒　尔：没有，我一直在忙。

他走来坐到她身边。

卡特琳：我再也受不了他了。我简直要疯了。总算，他明天离开，这

1962

儒尔与吉姆
JULES ET JIM

一次将所有女人汇聚在一个女人身上的尝试

        下轻松了！

儒　尔：不要这么偏激，卡特琳……你知道他爱你。

卡特琳：我已经不知道了。我现在真的不知道了。他骗了我。他没敢和吉尔贝特分手。他不知道自己在想什么："你爱她，你不爱她，你最终会爱上她。"我和他没能有孩子，这总不是我的错。

儒　尔：你有烟吗？

卡特琳：你想抽烟？

        她递上一支烟，点上烟。

儒　尔：谢谢。你要我去和他谈谈吗？

卡特琳：别，千万别。我是一半和他在一起，另一半不耐烦他，但我希望他离开。我们决定分开三个月。你怎么想？

儒　　尔：我不知道。或许是个好主意。

卡特琳：你不想告诉我你怎么想。其实我很清楚，你鄙视我。

儒　　尔：不，卡特琳，我从未鄙视你。

　　　　他靠近她，抚摸她的面颊。

儒　　尔：我会永远爱你，无论你做什么，无论发生什么。

　　　　卡特琳扑向他的怀抱。

卡特琳：哦！儒尔，这是真的吗？我也一样，我爱你。（她吻他）我们两个以前真的很幸福，不是吗？

儒　　尔：现在也是啊……起码，我很幸福。

　　　　她哭起来，他吻她。

卡特琳：真的吗？是的，我们两个会一直在一起，像那些老头老太，萨宾娜也和我们一起，还有萨宾娜的孩子们。让我留在你身边。他走之前我不想回他那儿去。

儒　　尔：那你就留在这里……我去楼下睡。

　　　　他起身，走向门，然后突然回来，将卡特琳搂在怀里，吻她。

儒　　尔：我的小卡特琳！你总是让我想起我在战前看过的一出中国戏。戏一开场，皇帝就转身对观众说："你们看吧，我是最不幸的男人，因为我有两个妻子：第一个妻子与第二个妻子。"

在《儒尔与吉姆》中,我们有一个可称"英雄式"的人物:丈夫。而她,卡特琳,是一个理论性人物;我不认为这种人物真实存在,但很有意思。这部影片,我其实将它看作一次将所有女人汇聚在一个女人身上的尝试。要跟您谈这一点我水平太差,因为那正是原著的独特性所在。《儒尔与吉姆》是一位老人在他人生末期写的小说。[1] 而影片是由一个欣赏此书,但对这种人生全然不了解的年轻人拍的。和拍《钢琴师》的时候一样,我希望影片忠实于原著,能够反映出那六十年的间隔,故事从被经历到被写下之间这段惊人的时间距离。当您遭遇一场家庭悲剧时,所有人都在那里大叫。"太可耻了,我的女儿,你让我们颜面尽失!我们为你作了多少牺牲!"总之,当悲剧爆发时,家里头会说的那类陈词滥调。然后,过了三十年,拉开了相当的距离,您会意识到只有健康最重要。健康,诞生与死亡。正是出于这个原因,最理性的人往往是祖父母。那些阅尽千帆,能够拉开这种了不起的、必要的距离的人。这无疑就是《儒尔与吉姆》原著小说的独特之处:隔着五十年的距离,五十年的人生智慧,回望那几个关系充满张力的人物,难以置信的张力。因此我尝试制作一部蕴含着这五十年智慧的影片。这是一个愚蠢的赌博,因为拍这部片子时,我自己还不到三十岁。所以最后结果对我是个异数。当时做的许多决定现在在我看来荒谬之极。能留下来的——

---

[1]. 亨利-皮埃尔·罗谢(Henri-Pierre Roché,1879—1959)在74岁时出版了《儒尔与吉姆》(*Jules et Jim*,Gallimard,Paris,1953),他的第一本小说。

总还有些可取之处——能够解释我之所以对此感兴趣的，是亨利-皮埃尔·罗谢的文本之美，但还有让娜·莫罗（Jeanne Moreau）与奥斯卡·沃纳（Oskar Werner）[2]这两位演员的演技。当我们有幸在银幕上拥有这样的演员，结果不会平淡。

我想就这个从直升机上拍摄的山区木屋的镜头以及这句"应许之地一下远去"的字幕向您提问。您应该是非诗意电影（cinéma prosaïque）的支持者，但这里您非常抒情。您对此后悔吗？

我不喜欢这段一开始直升机拍摄的镜头，但我并不后悔。自己做过的傻事也得知道自己兜着。我琢磨通过这个镜头，我当时在追寻那种关键的距离，我提到的那种超越。这个镜头或许站得住脚，但是它的完成情况令我不满。如果一名导演可以重新翻拍自己的电影，我觉得他还是会犯大错，但和他在第一版里犯的错不一样。在一天或者一星期的拍摄中，一名导演要作出如此多样的抉择与决定，他不可能，等他稍稍跳脱出来一点之后，认可自己的工作。喜欢这里，但讨厌那里；又或者某个地方以后不会再这样拍。我们希望拍摄时一切都能自然流畅、圆满和谐，但现实只有一连串大大小小的打击。看着成片，我们心想："我怎么就让这条或者那条通过了？"这带来一种痛苦。但对于团队其他成员

---

2. 1922—1984，奥地利演员。特吕弗在马克斯·奥菲尔斯（Max Ophüls）的《劳拉·蒙特斯》（*Lola Montès*, 1955）中发现了他，并且两次邀他参演电影：《儒尔与吉姆》（1962）和《华氏451》（1966）。

而言，意义截然不同。因为他们与影片制作本身牵涉不多，只要初始意图与银幕所见能对上号他们就满足了。

既然我们谈到《儒尔与吉姆》，我觉得在这部影片与《射杀钢琴师》中，有一种新鲜感，一种即兴感，甚至一种您今天或许不再有的疯狂……

那对我真是太遗憾了！（笑）您知道，笨拙，我的影片总有笨拙的地方。上映两年，人们就会发现……

回到《儒尔与吉姆》，里面毕竟还有您个人的一个选择，一处艰难改动。您保住了片中人物的可信度，即使您删去了亨利-皮埃尔·罗谢原著中用以支撑故事的设定之一：同性恋维度，人物关系中的那种柔韧性。

我没法回答您……那时候，我对这本书烂熟于心，而现在，我已经有很长时间没有再读了。我不认为书中有明显的同性恋成分，但更有一种party的氛围倒是真的。[3]原著的大胆之处在于更多地把肉体之爱当成一场狂欢来刻画，而在电影中，三个人物之间的关系在持续紧张中变化、发展。不管怎样，一个二十八岁的男人代替不了另一个七十五岁的男人。这必然是一场豪赌，一个彻头彻尾的疯狂计划。或许影片就该反映出这一断裂，这一不可能性……

---

3. 小说中有个双性恋人物弗图尼奥，与吉姆和卡特琳同床而眠。特吕弗希望这个人物由雅克·德米出演；后者的拒绝导致他删除了该角色。

您对自己的电影批评很严……

哦，不，不是批评！五年前，对您的问题我肯定会是另一个答案，五年后，我的回答肯定也不一样。我现在到了一个没法观看自己已经拍了有七年或八年以上的影片的生命阶段。很可能是出于情感原因。某些演员的去世对我打击太大。[4]针对这些电影的评判不只受到干扰：我甚至没法再评判它们了。我可以重看八年前《日以作夜》以来的所有影片。更早的片子我看不了。如果我那样做，我会情绪激动、语无伦次……

那讲讲您在《儒尔与吉姆》中如何指挥演员是否更容易些？

这是一个令人惊讶的场景，因为它也是无声的。我想我第一次采用同期声是《华氏451》，我的第五部影片。所有这些影片都属于"新浪潮"运动，当时我们使用噪音很大的凯米福莱克斯（Caméflex）[5]摄影机拍摄。这一段，在卡特琳去找儒尔的那个小房间里，我们有两台摄影机同时运转：一台拍两张脸紧紧相贴的大特写，另一台拍更广一点的镜头。这两台摄影机的噪声如此之巨，让演员感觉和技术团队分开了，而有意思的是，这有助于他们表演，让他们演得更投入。您知道演员非常喜欢在玻璃电话亭、雨帘后，或者诸如此类的场景里拍戏。事实上，他

---

[4]. 特吕弗肯定想到了弗朗索瓦丝·多莱亚克（Françoise Dorléac），《柔肤》（1964）的女主角，1967年不幸去世，年仅25岁。
[5]. 埃克莱尔（Éclair）公司出品的胶片摄影机，1947年上市；因其在摄影棚外使用的便利性与反光取景方式而为"新浪潮"摄影师［亨利·德卡（Henri Decae），拉乌尔·库塔尔（Raoul Coutard）］所青睐。

们喜欢自己与设备之间有一个障碍物，这样他们就能自我构建一个空间。刚才，我提到演员一开始在自己房间排练一个场景，实拍时却要在酒吧的一个脚凳之后表演导致突然卡壳的那种不适。这种时候，如果我们为他构建一个小天地，甚至不需要一扇完整的门，只要一截子门，一个玻璃屏障，某个将他与技术团队分开的物件，就能激发他，帮助他表演。在我们现在讨论的场景中，是一样的现象。不是通过布景本身——演员看起来离我们很近——而是通过将他们隔离开来的噪音，两台正在运转的凯米福莱克斯摄影机的噪音。这给予他们的表演一种紧迫感，一种更大的张力，与使用静音摄影机、演员听不到胶片飞转的效果截然不同。但有利有弊，我们必须为这些场景配音，而配音有时或许就不那么熨帖，除非是像让娜·莫罗与奥斯卡·沃纳这样两位才华横溢的演员。配音时，他们两人的表现绝对魔性，以致根本感觉不到这个场景是后期配音的。

在我们刚才看的其他片段里，《钢琴师》的片段，我能听出后期配音的痕迹。但在这一段里，我必须努力回想才想起我们在窗口架设了凯米福莱克斯摄影机……事实上，我忘记告诉您了：在这幢木屋里，儒尔的卧室实在太小了，我们不得不在外面建造脚手架。所以两台摄影机都在房间外面，在脚手架的一层通道上，这样演员就被隔得更开，给他们一种真的在自己家里的感觉。要表演得好，演员不仅需要与技术环境稍稍隔离，还要稍微带有一些敌意——真真假假地。他们需要这样想：

"那边一群混蛋，净给我们添乱！出现在银幕上的是我们。是我们在表演！他们不了解我们的难题！"

这组镜头开始时，卡特琳与吉姆在一起，这是一个非常悲伤的场面，一个分手场景。让娜·莫罗先是用姑且称作"布列松式"的方式说台词，随后她痛哭流涕。哪怕有摄影机的噪声也依然可以达到这一结果吗？

我认为这是一个打动让娜的场景，因为原先的剧本里没有这段。我在最后一刻加了进去。原来有许多三人一起的场景，以及一些卡特琳与吉姆一起的场景；相反，很少看到卡特琳与丈夫一起。我觉得这不合常理，于是一个星期天，我写了这一场，拿给让娜看。对让娜而言，这一场更有新鲜感，因为是新写的。另一方面，它不太忠实于罗谢的原著，它是以另一种思路来写的……

这两个场景您是连着一块拍的吗？

不，我记得不是。此外我发现让娜·莫罗走进吉姆房间的时候，她的发型不一样。我真的觉得那是另一个女人……

68 — Couloir CHALET – JOUR

Jim et Catherine se rencontrent dans le couloir, ils se caressent un peu, debout contre un mur puis s'embrassent dans le cou. Finalement, ils se séparent, Jim donne à Catherine la cigarette qu'il fumait. Chacun repart dans sa direction.

卡特琳（让娜·莫罗饰）和吉姆（亨利·塞尔饰）在走廊里相遇：剧本手稿节选与该场景剧照。

弗朗索瓦·特吕弗:"某一时刻,我们会感到需要来点直白、明确的东西。"
儒尔(奥斯卡·沃纳饰)没有表情地看着卡特琳与吉姆被火化。

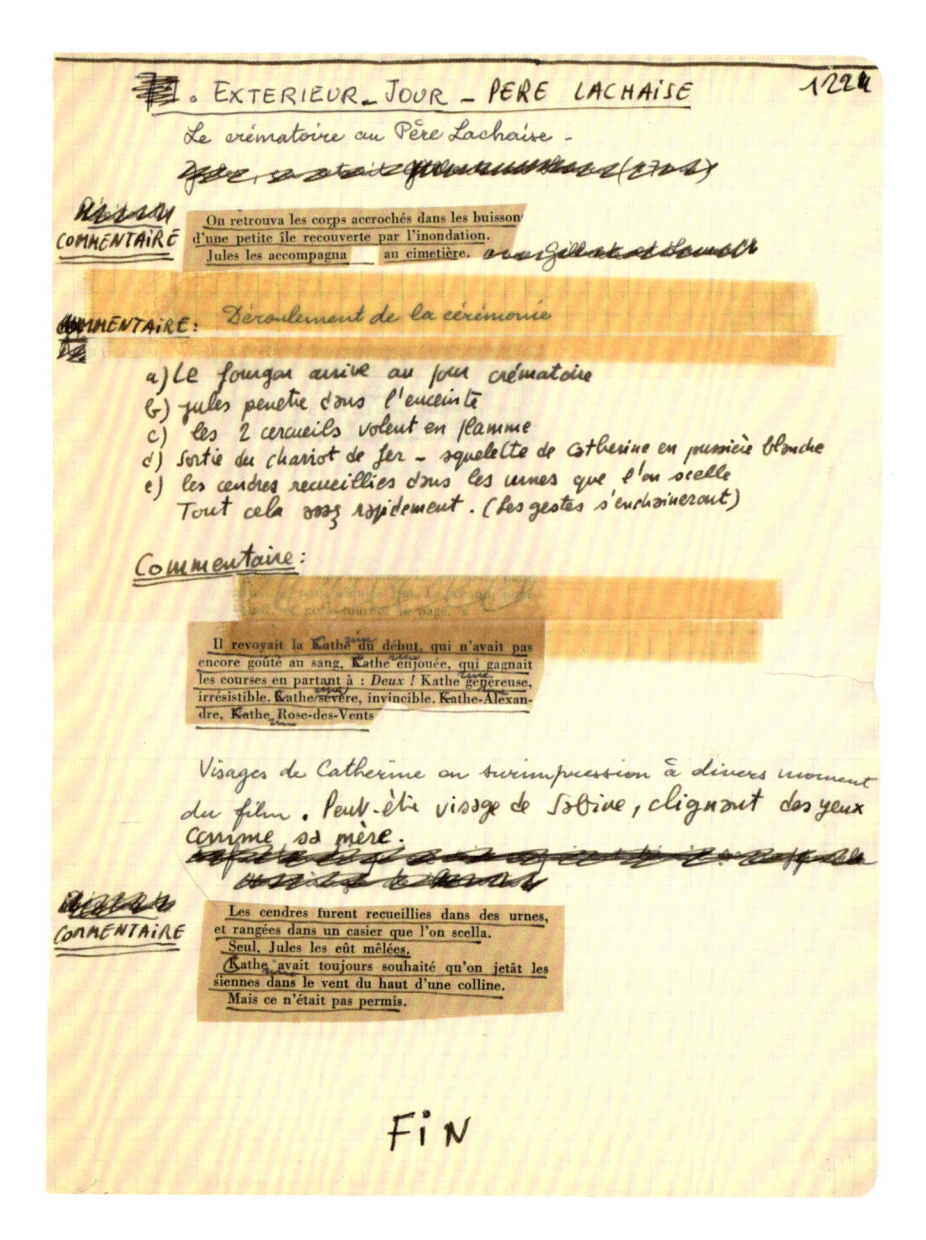

1. EXTERIEUR - JOUR - PÈRE LACHAISE

Le crématoire au Père Lachaise -

COMMENTAIRE
> On retrouva les corps accrochés dans les buissons d'une petite île recouverte par l'inondation.
> Jules les accompagna au cimetière.

COMMENTAIRE : Déroulement de la cérémonie

a) Le fourgon arrive au four crématoire
b) Jules pénètre dans l'enceinte
c) les 2 cercueils volent en flamme
d) sortie du chariot de fer - squelette de Catherine en poussière blanche
e) les cendres recueillies dans les urnes que l'on scelle
Tout cela très rapidement. (les gestes s'enchaîneront)

Commentaire :

> Il revoyait la Kathe du début, qui n'avait pas encore goûté au sang, Kathe enjouée, qui gagnait les courses en partant à : Deux ! Kathe généreuse, irrésistible. Kathe sévère, invincible. Kathe-Alexandre, Kathe Rose-des-Vents.

Visages de Catherine en surimpression à divers moments du film. Peut-être visage de Sabine, clignant des yeux comme sa mère.

COMMENTAIRE
> Les cendres furent recueillies dans des urnes, et rangées dans un casier que l'on scella.
> Seul, Jules les eût mêlées.
> Kathe avait toujours souhaité qu'on jetât les siennes dans le vent du haut d'une colline.
> Mais ce n'était pas permis.

FIN

《儒尔与吉姆》剧本的最后一页：混合了剪贴的小说片段（旁白）以及弗朗索瓦·特吕弗与联合编剧让·格吕奥手写的场景。

这一场震撼在它的纪录片色彩。火葬场的画面粗暴得令人无法忍受。但我想原著小说并没有以如此临床的方式来写这段。

原著提到骨灰瓮,但没提炉火。我已经记不太清了,但是一部这样的影片,风险在于太多愁善感。某一刻,我们会感到需要来点直白的、明确的东西。观众看到人物在银幕上活蹦乱跳,如果不用几个画面呈现他们的骸骨,那么他们的死亡对观众而言将是抽象的。

这一段既简略又非常直白……

当时的法国电影中有很多葬礼场景,都有一点雷同:灵车,马,潮湿的路面,前往墓地的送葬队伍……出于逆反,我展现了被碾碎的骨灰与骨灰瓮(它们真的是一些小盒子)。为什么如此展现葬礼?不是蓄意冲击观众,确切地说是为了唤醒观众。我们试图用物质元素与情感元素形成对位。科克多有一句话可以在这类工作中指引我们:"任何不直白的东西只能是装饰。"[6]有时候,即使不喜欢冲击观众——这是我的情形——我们也必须以一定的直白来避免装饰化。一个这样的结尾,如果不靠这些意料之外、略显直白的镜头,装饰化是免不了的。

您不怕文字和画面意义重复吗?

---

6. 引自《鸦片:戒毒日记》(*Opium.Journal d'une désintoxication*,Librairie Stock,Paris,1930)。

哦,不,我不怕!(笑)对我而言,说出一件事并不构成重复,而是一种加强。音乐也一样:它从来不是重复。它可以得到强化、被护持,或否。这里没有重复,首先因为旁白里说的在画面上并没有展示。"儒尔再也没有从第一天起便开始的这种恐惧了,先是怕卡特琳对他不忠,后来只是怕她死掉……因为都已成真。"这必须要说出来。有时,的确,旁白讲述的正是画面呈现的。例如,如果旁白说"他盖上棺盖",而且同时可以看到人物盖上棺盖的话。但是,如果您讲的是三十秒之后观众可以在银幕上验证的事,那么当您讲述另一件不能在银幕上验证的事情时,观众也会相信。所以我认为应该讲述一个事实,以让人接受并非事实的东西……这一整段旁白里也有一种中立的意愿。这几句话由米歇尔·叙波(Michel Subor)[7]用一种很冷漠、相当无动于衷的口吻道出。同样道理,这些词语、句子如此触人心弦,如果演员也用一种感人的声音,那就陷入重复了。因此必须要有这种文字本身和平淡、正常的言说方式之间的错位。

---

[7]. 法国演员,出生于1935年,在让-吕克·戈达尔(Jean-Luc Godard)的《小兵》(*Le Petit Soldat*, 1963)中走到幕前任主演。特吕弗总是喜欢这些中性的配音,这让他想起1940—1950年代为美国影片配音的法国演员的声音。

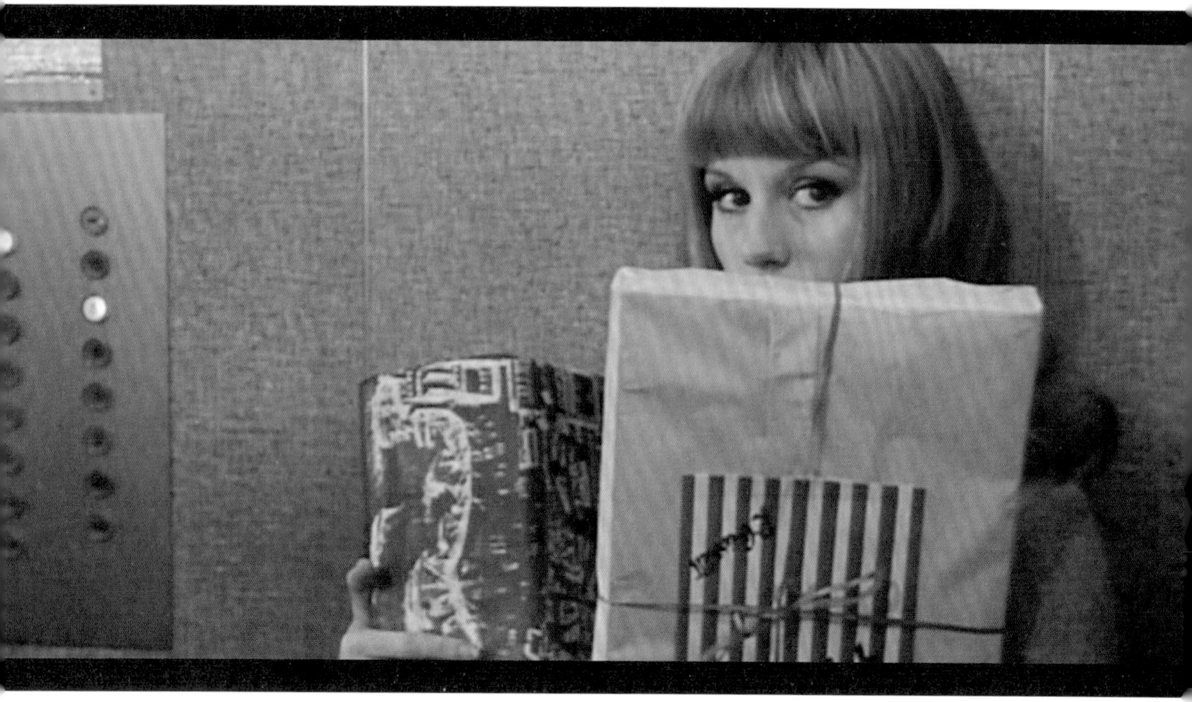

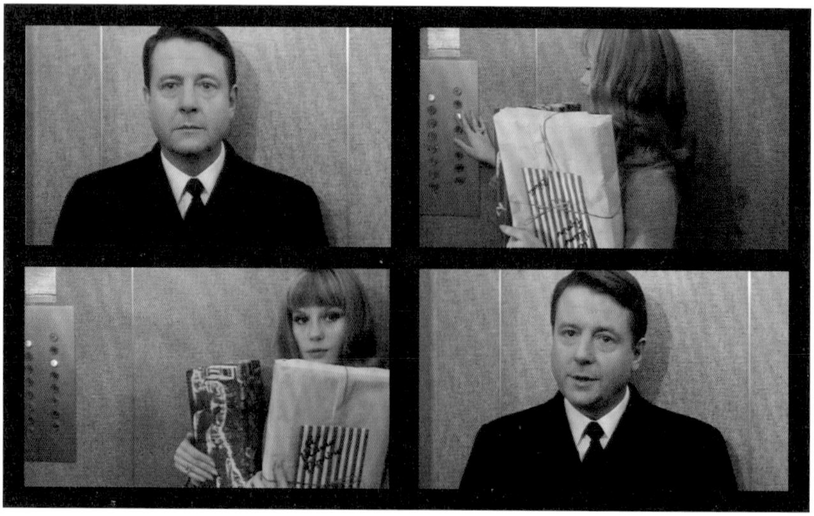

1964

柔肤
LA PEAU DOUCE

一部冷静、临床的影片，其核心是
一个发展成社会新闻的爱情故事

这一段有几点值得说说：首先，这趟电梯之旅很长。

是的，电梯之旅的时间与真正的时长不符……在那个阶段，每次拍新片，我感兴趣的是做以前没做过的事情，或者换种做法来做。这段电梯场景，如果放到两年之前，我会把两个人物合到一个画面、一个镜头里。那就会非常短。《儒尔与吉姆》，我的上一部电影，是一部一直有人在说话的影片，从头至尾：对话—音乐—旁白，对话—音乐……那么对于《柔肤》，我想这一次不要那么多对话，而是拍一些很长的无声场景，尽量地往长里拍。在场记[1]的配合下，我用秒表计时。每次一到无

弗朗索瓦·特吕弗："我绞尽脑汁想办法加镜头……"
在电梯里，妮可（弗朗索瓦丝·多莱亚克饰）用灼热的目光看着皮埃尔·拉什奈（让·德塞利饰）。

声片段，我心里就想我得把它拉长。在电梯这段戏里，我绞尽脑汁想办法加镜头：钥匙的特写镜头，电梯按钮的特写镜头，等等。还有一件有趣的事情……您一定注意到这个电梯有一扇玻璃门，今天大多数电梯都没有玻璃门了。为了给观众留下真实的印象，往往需要做手脚。今天，坐电梯时，不再有任何显示您在上行的迹象：没有颤动，没有天窗，看不到外面。电梯内的光线因此保持稳定，这给我造成了很大困难。生活中，我完全能够接受。但在电影里头，我需要电梯上升的视觉证明。即使没有玻璃门或小圆窗，我依然会——正如我在这一段里做的那样——向楼层按钮和三个演员脸上打一束微光来作弊。

更宽泛地看，这提出了不断变化的生活的问题。我给您举个例子。我觉得现在的监狱，比如弗勒里-梅罗吉斯（Fleury-Mérogis）监狱，都是如此现代化，都快赶上医院了。我没法在这类监狱里拍摄。对我而言，一个监狱场景，即使故事发生在今天，也必须在一幢房子的地窖里拍摄。我需要石墙、木门，诸如此类。然后，我在混音时加进一个音效，让观众以为胶合板栅栏是铁质的。事实上，我拒绝拍摄现实，如果那一现实无法产生我们在那一刻所需要的真实感。

《柔肤》的拍摄也让我发现在布景上做手脚可以达到什么程度。因为两人走进酒店这一段，外景是在里斯本拍摄的，进去则是巴黎卢泰西

---

1. 苏珊娜·席夫曼。

亚酒店的大堂。电梯里的镜头是在一个电梯厂拍的，我记不起牌子了，因为真正的电梯不够宽敞，没法拍正反打镜头。最后，他们经过走廊，我想那又是在卢泰西亚酒店。这些分镜头玩得我很开心。我觉得《柔肤》应该是我导演的分镜头最多的影片之一。超过一千个镜头，十有八九是对"新浪潮"、对我们最初那些影片毛片过多的一种反动。而且我觉得当时必须开始真正面对这件事了……

在我看来，这是您第一部希区柯克[2]式的电影。您在拍《柔肤》的时候想到他了吗？

是的，很可能是这样。希区柯克一直在我的思想里，甚至在《柔肤》之前。我在拍《儒尔与吉姆》的时候就想到他。但很可能是在拍《柔肤》时我有了以稍稍临床、分析的方式去做、营造紧张气氛的想法。

---

2. 阿尔弗雷德·希区柯克（Alfred Hitchcock, 1899—1980），英国裔美国电影导演。特吕弗是这位悬疑大师的虔诚崇拜者，写了一本著名的访谈，《希区柯克与特吕弗对话录》（*Hitchcock/Truffaut*, Gallimard, Paris, 1993）。

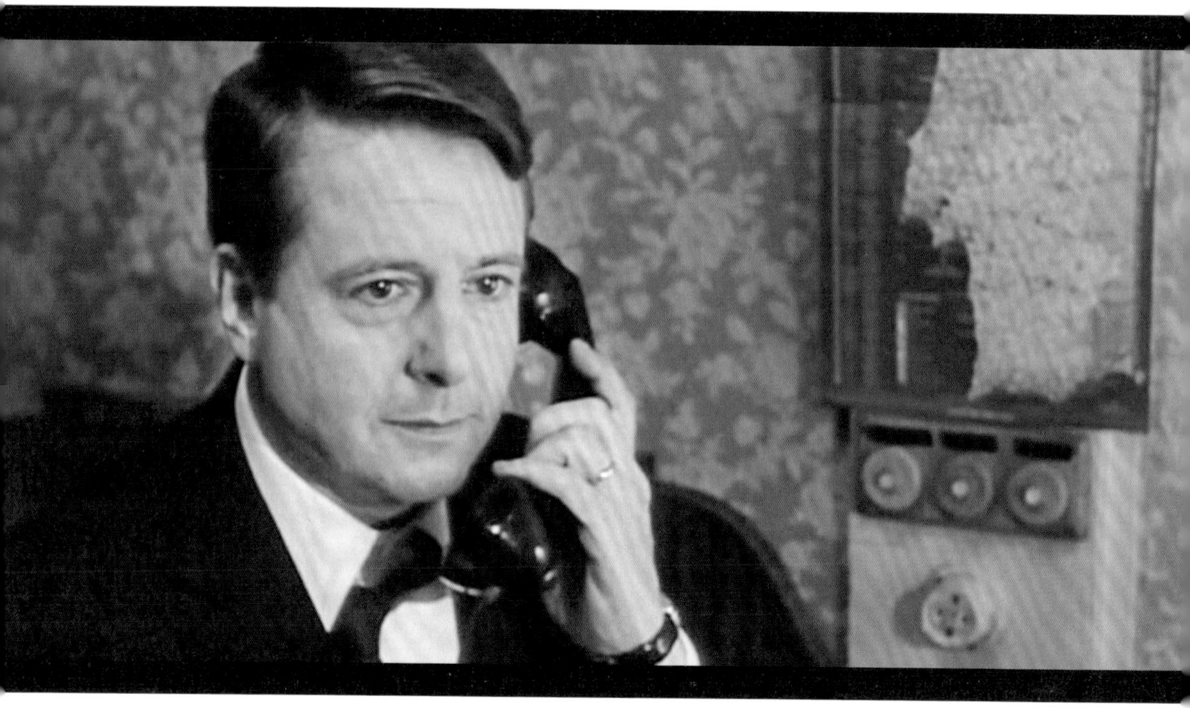

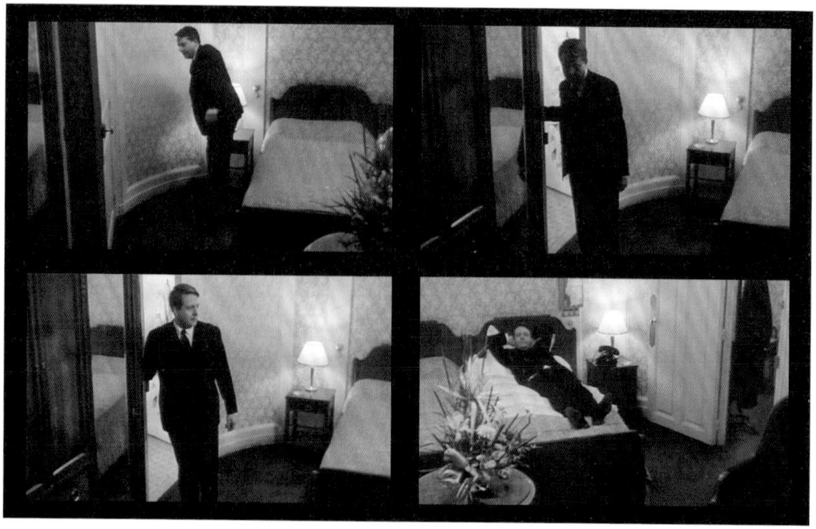

皮埃尔在他幽暗的酒店房间里焦急地踱着步。突然，电话铃声响了。皮埃尔急忙走向电话，取下听筒，坐在床沿上。

妮可（画外音）：您好！拉什奈先生？

皮埃尔：是我……

妮可（画外音）：您听我说，我在想……总之，我刚才对您不太友善……毕竟，您好心好意给我打电话。总之，如果您希望我们明天喝一杯，我很乐意。

皮埃尔（愉快）：是的，是的，非常好。明天早上吗？

妮可（画外音）：啊，不，不。明天早上，我和一个朋友去购物。不，不，明天傍晚更好。您可以吗？（略停）不行吗？

皮埃尔：可以，可以，当然可以。

妮可（画外音）：那好，明晚六点，酒店酒吧见，可以吗？

皮埃尔：很好，很好。

妮可（画外音）：那好吧。祝您晚安。

皮埃尔：嗯，我也祝您晚安！……再见。

妮　可：再见。

皮埃尔放回电话。他起身，一边在房间里踱步，一边一盏一盏地打开所有能开的灯，然后，和衣扑到床上。

弗朗索瓦·特吕弗："我坚持要非常精确，日光、夜光、电灯光……"谈妥与妮可（弗朗索瓦丝·多莱亚克饰）的约会后，皮埃尔·拉什奈（让·德塞利饰）喜不自胜，打开套房里的每个灯。

这一片段中，您试图用无声的画面拍出情感：先是电梯里的拘束，接着是房间里的快乐。用开灯来象征幸福，非常有意思。

这里也一样，是对《儒尔与吉姆》的一种反动。您还记得让娜·莫罗与吉姆在床上的那个场景吗？它很抽象。看不出是白天还是黑夜，布光不透露任何信息。总体来说，《儒尔与吉姆》里的用光没有真实性，很可能是因为我们的手段极其有限。有意思的是，《儒尔与吉姆》其实是一部低成本影片，在艰难的条件下拍摄完成。出于这个原因，我对灯光、照明，对布光的真实性没太在意。很可能为了反着来，在《柔肤》中，我坚持要非常精确，日光、夜光、电灯光，有多少个电灯开关，光从哪一个灯罩里映过来，等等。这一段，我一下子有了一种对精确性的极度需求。

光线是您表达内容的一部分……

是的，不过这一场景，就我刚才看到的效果而言，我觉得其实更适合让-皮埃尔·莱奥，而不是让·德塞利。我感觉这个场景的对白挺杜瓦内尔的……

您当时和现在喜欢这一人物吗？

《柔肤》是一部我对其中的主要人物进行批判性描绘的影片，或许因为我与扮演角色的演员没能完全契合。我们当时没什么冲突，但在拍摄的时候，我感觉需要向他投去略带批判、讽刺的眼光，那并不完全是我的风格。我不喜欢这样做。

  剧情本身的灵感来自好几方面：一则当时非常轰动的社会新闻，雅谷事件，以那位日内瓦律师的姓氏命名，一个讨厌但挺有意思的人，他出于对一个女人的爱，把自己卷入一个匪夷所思的故事，结果被送上重罪法庭。[3]这个人物吸引我的，是他的社会地位和他据说犯下的罪行之间的那道鸿沟。我在影片里把这个人物改成某种文学评论家，所以我也参考了一个相当有趣、充满激情的人，不时能在电视上看到他，亨利·吉耶曼（Henri Guillemin）[4]。我的人物是两者的综合。至于电影本身，当时理想是——我不记得是否是有意识的——能够像西默农[5]的一部小说。也就是说一部冷静、临床的影片，其核心是一个发展成社会新闻的爱情故事。有意思的是，我在拍《隔墙花》时给了自己同样的命题，这部电影和《柔肤》很接近。

---

3. 1958年，瑞士律师公会会长皮埃尔·雅谷（Pierre Jaccoud）被控谋杀了农业机械经销商夏尔·尊巴赫（Charles Zumbach）。1960年1月经重罪法庭审理，他被判有罪，处以7年监禁，后于1963年3月30日被有条件释放。
4. 1903—1992，法国文学评论家、讲演人，19世纪专家。1960—1970年代，他为瑞士法语区电视台（TSR）和卢森堡电视台录制了一系列文学和历史节目。
5. 乔治·西默农（Georges Simenon，1903—1989），比利时作家。特吕弗后来有多个改编西默农作品的计划，从未实现：《黑人街区》（*Quartier nègre*, Gallimard, Paris, 1935）,《曼哈顿的三个房间》（*Trois chambres à Manhattan*, Les Presses de la Cité, Paris, 1946）和《埃弗顿的钟表匠》（*L'Horloger d'Everton*, Les Presses de la Cité, Paris, 1954）。

166 INTERIEUR RESTAURANT.
Franca entre. Un serveur la
reconnait: "Bonjour Madame
Lacheney."
— Elle avance (dans la salle) et nous la précédons
en gros plan - travelling - arrière ; elle
regarde droit devant elle.
— Ce qu'elle voit : Pierre en train
de lire, en fumant. ~~Travelling~~
~~avant subjectif vers lui~~
— Travelling subjectif vers Pierre
- avant, sur
— On repasse sur Franca qui avance
— Pierre lève la tête et la voit Franca.
Il est surpris   met la main
— Franca le regarde et ~~baisse sa~~
~~imperméable~~
dans la poche droite de son imperméable.

《柔肤》的最后场景。嫉妒得发狂的弗兰卡·拉什奈（内莉·贝内德迪饰）走进餐厅，冷血地射杀她的丈夫（让·德塞利饰）。弗朗索瓦·特吕弗的手稿（上图）和剧照（右页）。

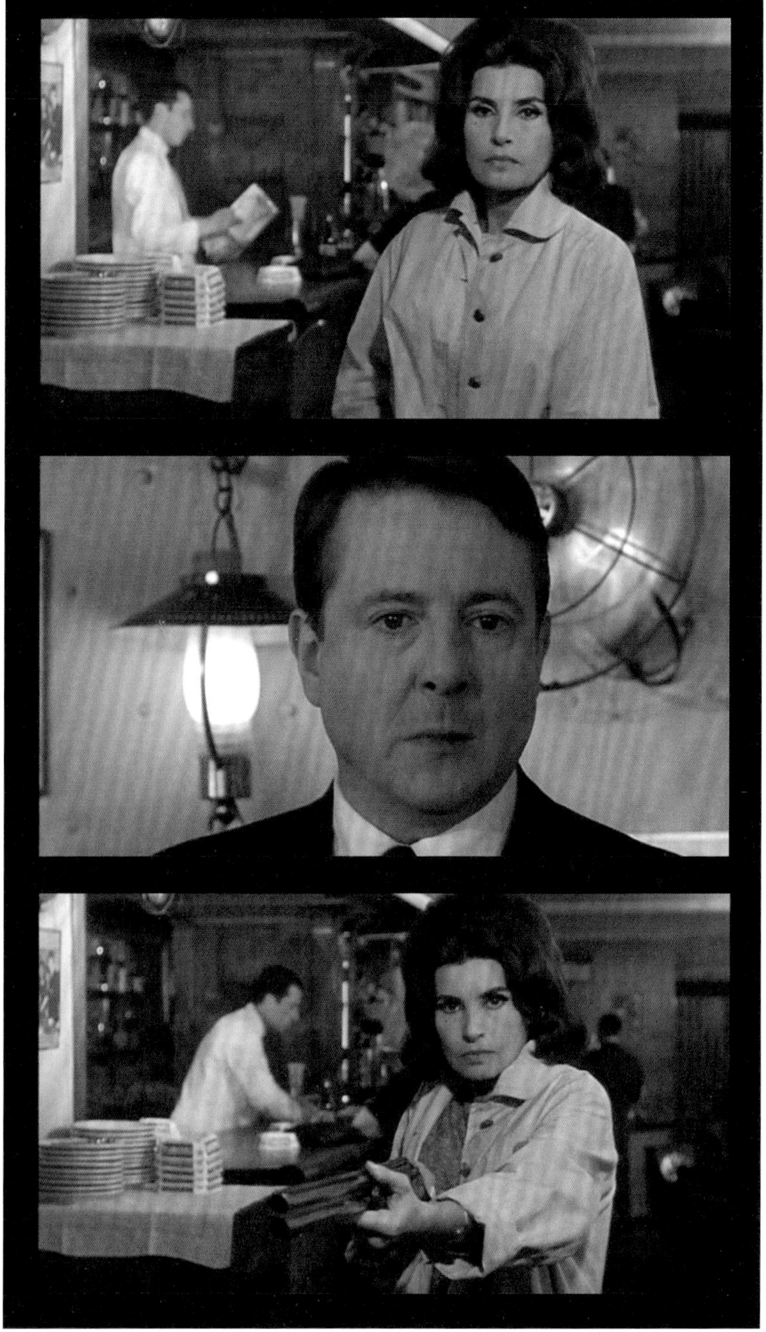

La brigade se trouve embarrassé et Fabian remarque que Montag manque de cœur à l'ouvrage. On appelle le Capitaine qui sous la menace du revolver tente vainement ~~de faire sortir~~ d'obliger la femme à ~~quitter~~ ~~sortir de~~ la maison.
quitter.

1966

华氏451

FAHRENHEIT 451

**我那时想拍一部关于书籍的电影，
我想事情就是这么简单**

虽然谈论意义和意图有些无聊，但老太太在自己的一地藏书中自杀是想表达些什么吧，对不对？

布拉德伯里的书[1]里就是那样写的我记得……因为难以将整个故事集中在书籍的悲剧上，我觉得这一片段，一下子引入极具冲击力的人的元素，会对我们有所帮助。而且，老太太的自我牺牲很可能有助于我们进入下一部分……除此之外，我对这一段没有特别的说法。我只是在拍布拉德伯里书里的东西而已。

弗朗索瓦·特吕弗："老太太的自我牺牲……"
《华氏451》剧照与弗朗索瓦·特吕弗手稿。

原著小说和这部电影都是幻想性质的。我们看到电视逐渐取代当前的书籍文化……我不知道面对视听艺术的进步您的态度是怎样的，但我觉得影片带有一种批判性，至少是一种怀旧……

啊，很可能……我不清楚布拉德伯里写这本书的确切时间[2]，但当时应该带有批判成分。我是1966年拍的这部电影，我不记得那时人们是不是常看电视。不管怎样，就算看得多也不太谈论。估计是有一种批判，但比较肤浅，没什么深度。大约是这一时期，或许有人开始将书写文明与图像文明对立起来。至于我，我没有关心过。我一直喜爱书籍，我不会想到将书籍与电影对立起来。我那时想拍摄一部关于书籍的电影，我想事情就是这么简单。至少在我的想法里是这样……

我刚才想让您谈谈对视听艺术的总体看法，特别是对电视的看法。您怎么看待这种视听文化对书写文化的取代的？

不存在取代，而是两者之间的互补。对我而言，只要存在互补，我就没意见。我是一个狂热的观众，一个铁杆的电视观众，我喜欢所有的节目，但我还没有看出电视有艺术性。也就是说我将电视节目当成一种补充信息。比如，我喜爱收看一档关于作家的节目，因为它延伸了我对

---

1. 雷·布拉德伯里（Ray Bradbury）的小说《华氏451》，1953年在美国出版，1955年在法国出版（Denoël）。
2. 该书写于1952年，灵感来自雷·布拉德伯里1947年以后写的十几部短篇小说，特别是《明亮的凤凰》（*Bright Phoenix*）、《行人》（*Le Piéton*）与《消防员》（*Le Pompier*）。

文学的兴趣。电影影片是一个物件，但我很难将电视产品看作一个物件。或许因为伴我长大的是电影而不是电视。我需要知道胶片分装在十来个铁盒子里……

我给您打个比方，也许不完全准确。我最先接触的是传统摄影——也就是说拍照，拍完后把胶卷送去店里，一周之后去拿冲印好的相片——因此对拍立得技术就很难提起兴趣。我很难认为电视中的所为能构成一部作品。我看不见这个物件在哪里，因为看不见它流通。我们觉得一切发生在里面，在电视机后面。对于电影，我能理解胶片有点过时；在电影诞生八十年后，一部用35毫米胶片拍的影片依然重达几十公斤[3]，这并不正常。我甚至觉得到今天一个导演还无法扛起自己两个多小时的影片[4]简直匪夷所思。而鉴于我们达到的文明程度，我觉得让别人背负胶片是不合适的。这也是我有时劝说雅克·里维特用的理由之一，我恳求他别让影片时长超过两小时十分钟！我对他说："听着，换你自己背你又背不动！……"拍一部影片，我感觉是在制造一个物件。如果有一天，我要为电视工作——我肯定会的，因为这让我很感兴趣[5]——我不知道这个物件在哪里。估计我得放弃这个制造物件的念想，因为电视就连载体都是神秘与暂时的。

---

3. 35毫米胶片是胶片电影时代使用最多的胶片；而2000年代初以来，数字电影已经取代了胶片电影。
4. 放映时长两小时的35毫米胶片重约25公斤。
5. 弗朗索瓦·特吕弗最终从未直接为电视工作，即使他的某些影片由电视频道联合出品，比如TF1之于《最后一班地铁》(1980)。

您在电视上看电影吗?

哦,是的!我不属于那些说"我没法在电视上看电影!"的人。我在电视上看电影,我完全能接受。

和在电影院看电影感觉一样?

不是所有影片,但有些确实一样。我会在电视机前沉浸进去,或者偶尔被感动。电视对我不是问题……

我想回到老太太在藏书围绕中自焚的场景……刚才,我们已经在《儒尔与吉姆》结尾的火化场景中看见了火。《四百击》中,我们也看到供奉巴尔扎克肖像的小壁龛起火。我们还会在《绿屋》中看到火……简而言之,火在您的影片里经常出现,我想问问您对火的这种迷恋来自何处?

我真的不知道……对于《华氏》,这是影片剧情所在,不过有时只是因为以此来推进故事比较顺当。火带有紧急性:一切变得更快,必须把火扑灭……我解释不太好,但可以肯定,这有助于推动情节发展。

您这么一说我倒想起来了,《隔墙花》[6]中也有一个着火的场景。一位女士在炸薯条,炸锅起火了,有个人来把火灭了。坦诚地说,我不记得我为什么拍了这一段。我想我想起了灭火器的巨响。经常,在着火的

---

6. 访谈时电影已经拍摄完成,但尚未公映。

时候，在场的人不是那么害怕。但您一旦打开灭火器，由于这些装置恐怖的噪音，每个人都惊慌失措。我在《隔墙花》里让炸锅起火只是为了获得这种噪音。我当时需要将女主角置于某种兴奋状态，以让她随后做出一些不理智的事情，比如趴在草地上。因此单就这一例来说，我是更多地被噪声引导，而不是火焰本身的画面。

但我们现在聊的《华氏》的这一场里，情况似乎相反：开头是水枪的镜头，水枪引出了火灾。开头有一种令人恐惧的暴力，而进入火灾之后，反而没了紧急性……

人物这样行动是因为音乐。这里的处理相当悖论。《华氏451》里其实有许多悖论的地方。例如，我觉得伯纳德·赫尔曼（Bernard Herrmann）[7]的音乐很美妙，但与电影的精神并不完全一致。我非常喜欢这位作曲家，我感激他认真严肃地对待我的电影，而我则感觉自己没把工作做好。他的音乐带来一种广度，把影片变成了某种野性的歌剧，至于我，我只不过做了个有点幼稚可笑的东西。

但这种广度有时还会出现在您的影片里，像是一种惯例……

---

7. 1911—1975，美国作曲家和指挥家，曾为阿尔弗雷德·希区柯克1950—1960年代的大部电影作曲，因而成名。特吕弗两次求助于他：《华氏451》（1966）与《黑衣新娘》（1968）。

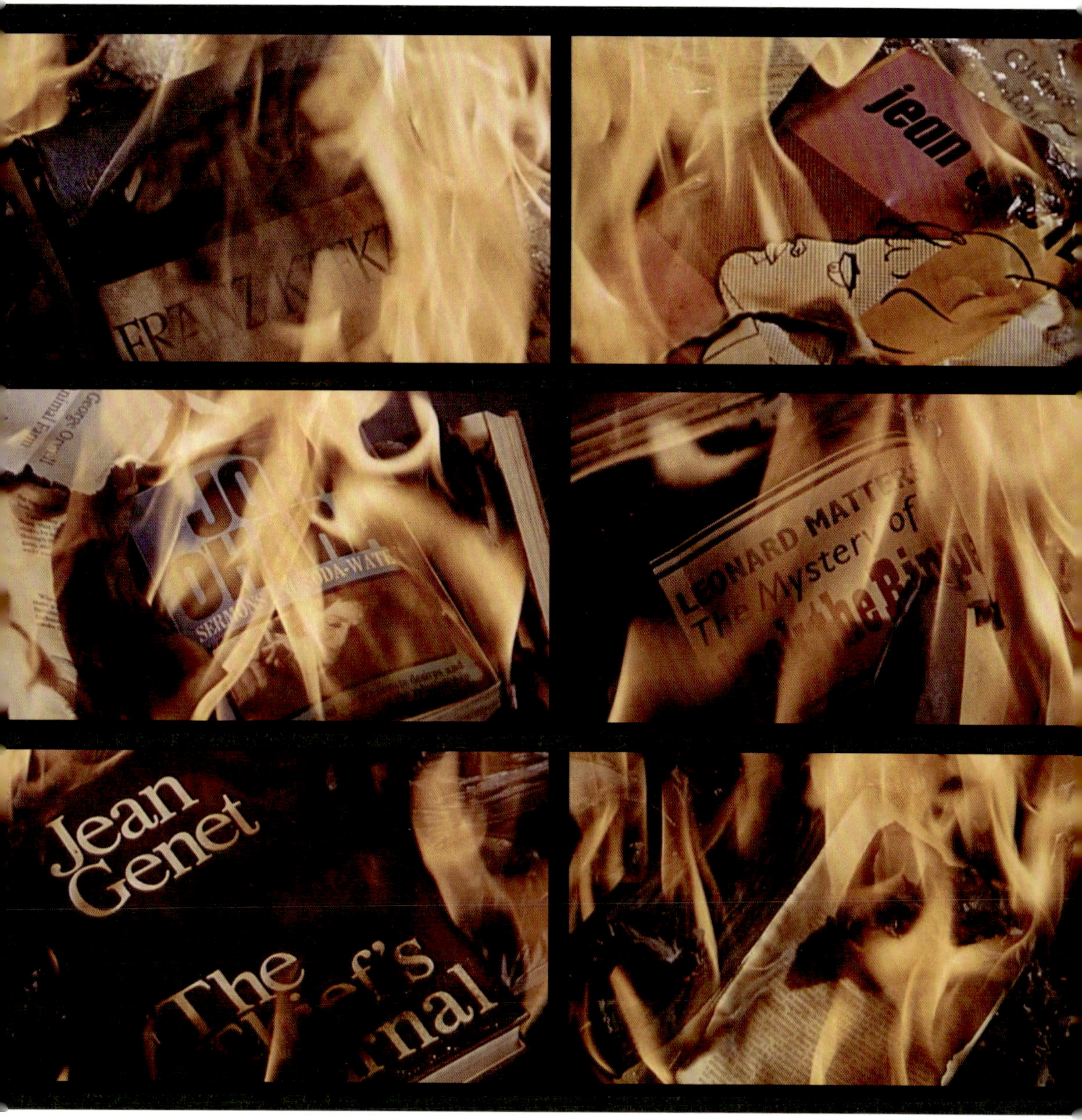
The Mystery of
Jean
Genet

消防员在《华氏451》中烧掉的几本书的特写镜头：保罗·热戈夫（Paul Gégauff）的《字谜》（*Rébus*）、J.·D.·塞林格的《麦田里的守望者》、雷蒙·格诺的《地铁姑娘扎姬》、达尼埃尔·笛福的《瘟疫年纪事》、让·热内的《小偷日记》、弗拉基米尔·纳博科夫的《洛丽塔》……

啊！我喜欢惯例，因为对于场面调度行得通。刘别谦[8]与斯特劳亨[9]的电影的共同之处在于两人都有各自的惯例。仿佛您在某个宫廷，在一个想象的国度，有人给您拉门。惯例是最初的场面调度，有助您完成自己的场面调度。虽然我不太信教，但仍希望哪天拍一部故事发生在修道院里的影片[10]。有些世界蕴含自己的场面调度，它们能保着您。就比如一个您让他在音乐中表演的演员。他会觉得自己长了翅膀，开始起舞，而不是行走。我猜测对场面调度也是一样，虽然在我的情形中有一点悖论。因为拍《华氏451》让我决定以后永不拍摄穿制服的人。那些穿得一模一样的消防队员让我心情非常压抑。我守住了誓言：那以后我再没碰过士兵！《华氏》中的消防队员自然不能和走进乡村酒吧的农民一样拍。当他们许多人走进同一个房间，必须安排某种顺序。马上就有一种上下级关系要遵循，因为他们的世界明显有自己的惯例……

---

8. 恩斯特·刘别谦（Ernst Lubitsch，1892—1947），德裔美国电影人。特吕弗非常欣赏他，为他写过一篇文章：《王者刘别谦》（"Lubitsh était un prince"，*Cahiers du cinéma* n°198，1968年2月），后收录于弗朗索瓦·特吕弗的《我生命中的电影》（Flammarion, Paris, 1975, pp.71—74）。
9. 埃里希·冯·斯特劳亨（Erich von Stroheim，1885—1957），奥匈裔美国演员和导演。他的无声电影包含好几部电影经典作品，如《情场现形记》（1921）、《贪婪》（1924），或《凯利女王》（1928）。
10. 1960年代初，特吕弗曾计划改编巴尔扎克的《朗热公爵夫人》，其中一部分情节发生在一个修道院。

弗朗索瓦·特吕弗："我的确想要保持极度真实，在所有细节上……"
假电视机变成了书籍的藏身之处。《华氏451》剧照。

我记不清在电视机里发现藏书这一场景是原著就有的还是您发挥的。

我想原著里没有这段，因为小说中已经没有了电视机，墙体就是电视。当时，我给影片中蒙塔格家设计的电视机看上去很大。现在，我觉得它看起来很小。我当时有些拘谨。我不想做得更大，因为我这样想：如果我和小说里一样，弄出一部墙一样的电视机，鉴于我们很少拍摄人物全身和布景在一起的全景，那么当他们说话时，就会像在透明里一样。这就是为什么我还是想给电视加一个框，即使原著几乎在暗示墙壁能说话。我认为，小说中的确有一个设定：如果你生活富足，如果你晋升了，那么你就能给自己买第二面墙！第二面会说话的墙的设定读起来很美妙，但用画面表现，也许会得不偿失或者过于抽象。我不是说我就是正确的，不过我总是害怕一切都能实现的电影。我害怕那些才放了十分钟，观众就会因为某个人物突然打开一扇窗户飞出去而放飞思想的电影[11]……《华氏》里的处理肯定忠实体现出这一考虑。影片里，我的确想要保持极度真实，在所有细节上，只留一个反常的地方：书籍被禁止，被焚烧，并如同影片最后一部分所呈现的，被一些人熟记于心。以至于科幻小说爱好者、布拉德伯里的读者或者《华氏》原著的书迷会觉得，相比之下，影片太规矩了。但是，影片甘愿规矩，因为那是我的核心理念：把我所有的注意力集中在书上。发生了什么？围猎书籍！所以就有了这类展现我刚才说的那些思路的场景：在剧本撰写阶段，与合作编剧一起，我们尽力尽可能地扩张这些无声时刻。我们寻思："他们会把书藏在什么地方？"那就来吧！暖气片、电视机，等等。然后我们把这些镜头全拍出来，我们就是来干这个的……

这一场里有个奇怪的细节，一只苹果从一个人物手里被夺走，接着扔在地上。

对，我已经不太清楚为什么了……吃苹果的人一声不吭，因此必须赋予他一个可视的反应。我觉得需要一个情节来给观众留下深刻印象。此外，我好像记得这个苹果在为影片结尾铺垫；有一段和朱莉·克里斯迪（Julie Christie）[12]的故事……但是，在这个意义上，《华氏》的处理

---

11. 特吕弗一定是暗指理查德·唐纳（Richard Donner）的《超人》（*Superman*），该片于1978年1月在法国上映。
12. 1940—，英国女演员。她在大卫·莱恩（David Lean）《日瓦戈医生》（1965）中扮演的拉拉为她赢得了国际声誉。

不完全是我的风格。通常，我致力于人物的研究，我被一个人物吸引，想要拍他，像是《柔肤》里的那人，或是《儒尔与吉姆》里那几个。但这次，我的出发点真的就是拍一部关于书籍的电影。这不常见，因为这显然是一个极度抽象的方案。因此，如果说《华氏》有哪些不足的话，十有八九是这些人物，他们也许不够生动。拍的时候，我心想："我们试着把书当成生物来拍。"有一些场景里，它们几乎就动了，活了起来……对我来说，这是一场赌博："我们可以拍一部只聚焦于此的电影吗？"鉴于伯纳德·赫尔曼的音乐在这里占据一个重要的位置，我想让影片近似于某种歌剧。也许是属于一个孩子气宇宙的歌剧，因为影片里有某些故作稚嫩的东西。孩子们非常喜欢玩消防站的拼装积木，小玩具车之类。影片里，"图像"方面有一整块是失控的。[13]虽然与法国出品的电影相比，《华氏》算得豪华，但是，对一部在伦敦、在松林制片厂用英语拍摄的电影而言，它还算不上大制作。[14]所以我无法如我所愿地对这一项目进行视效控制……

这幼稚的一面，我们在《射杀钢琴师》里已经遇到，侦探小说被引向童话故事。我认为这是您的一个一以贯之的态度。

13.特吕弗此处影射当时在没有艺术指导的情形下进行彩色拍摄。结果，一些控制不佳的元素（布景、物件等）混入影片，影响了整体效果。
14.该片耗资约150万美元（数据来源：互联网电影数据库［IMDb］）。

我不知道为什么，我被童话深深吸引。例如各种三个一组，我很喜欢……关键在于要让观众觉得童话是可信的。如果一开始就被投入一个完全不真实的宇宙，观众将拒绝进入其中。必须借助现实的东西先把观众吸引进来，然后，一点一点带……

《华氏》里，您一开始就进入非现实领域，或至少可以说是幻想的未来。您导演一个科幻故事的基本原则是什么？

想法是尽可能塑造正常的角色，一种归根结底类似于平日的生活。主角蒙塔格一会儿在家——所以有他与妻子在一起的正常场景——一会儿在工作，在消防站。我希望电影中没有任何令人惊讶的事情。除了对书籍的迫害。但我和主演奥斯卡·沃纳产生了冲突，他想以一种特别的方式表演。他不想扮演我希望他成为的普通人。这导致了一种微小的错位，即使他的古怪感不是我造成的。我也不是说他没有道理，但这里的情形就是导演与主演的看法完全对立。

在您关于这部电影拍摄的日记[15]中，您写道奥斯卡·沃纳总想演得更感性，而您阻止他这样做……

---

15. 弗朗索瓦·特吕弗，《日以作夜，附〈华氏451〉摄制日记》(*La Nuit américaine*, suivi de *Journal de tournage de Fahrenheit 451*, Seghers, Paris, 1974)。

啊，对，对于某些场景是这样的。事实上，影片里有两个女人，琳达是合法的妻子，克拉丽斯是小学教师。对于后者，我不惜一切代价避免"情妇和情人"的一面。因此，与第二个女人的关系绝对是贞洁的，而且整部影片也是如此。我不希望奥斯卡·沃纳区分他在面对两个女人时的表演，合法妻子或另一个年轻女子——后者由同一个女演员朱莉·克里斯迪扮演，只是戴了顶短的假发。是她将蒙塔格引入森林世界，书籍世界……我觉得如果蒙塔格和妻子在一起时表现出鄙视，和另一个年轻女性在一起时却大展魅力，那就陷入了电影里的一种套路。正是我前一年刚在《柔肤》中用过的那种！很可能我想把《华氏451》拍成一部与《柔肤》相反的电影，而奥斯卡·沃纳相反，带着他对人物的理解，想把我拽回去。可能就是出于这个原因我们才产生了冲突……

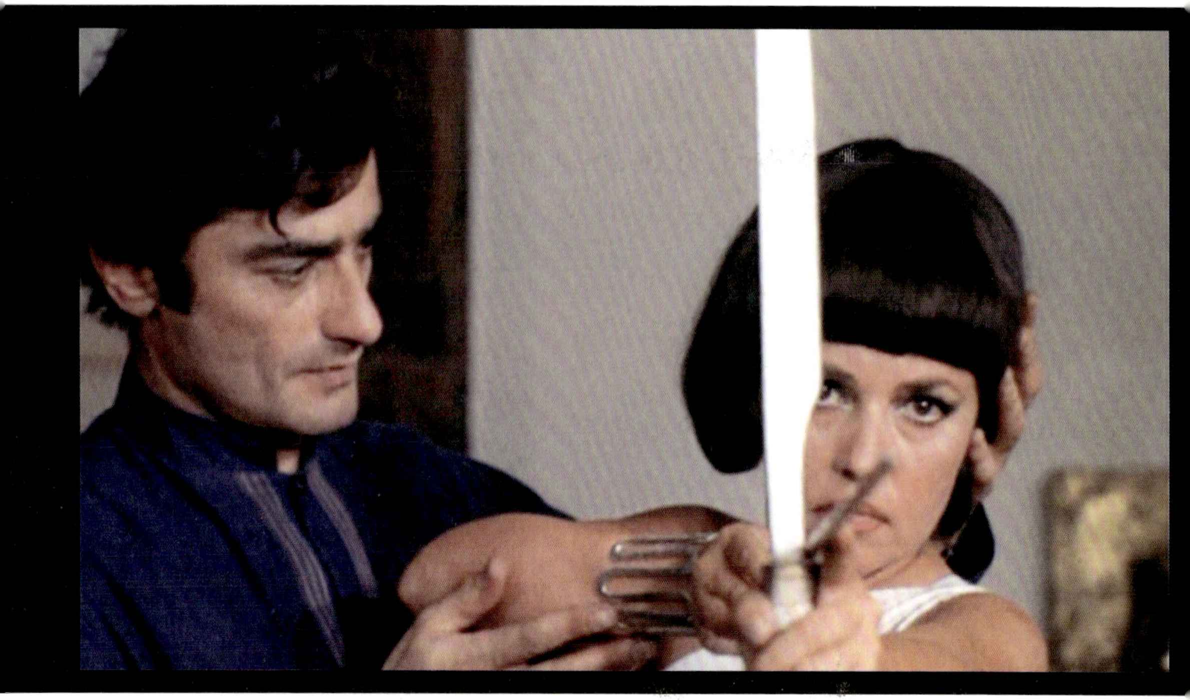

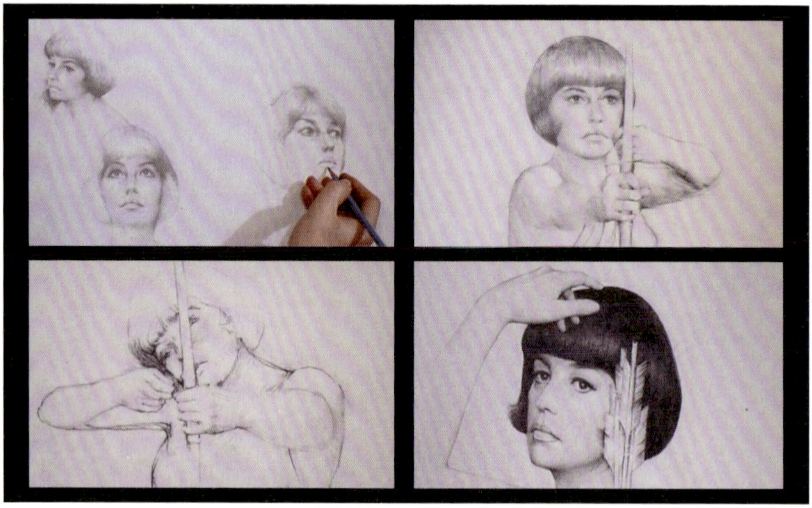

1968

—

黑衣新娘
LA MARIÉE ÉTAIT EN NOIR

—

影片在情感层面上比小说更精确：
我强化了爱情的一面

朱丽为画家弗格斯摆出狩猎女神狄安娜的造型，手里张弓搭箭。突然，利箭离弦，射入墙壁，她发出一声刺耳的尖叫。弗格斯走近安慰她。

弗格斯：没事，这没什么！（朱丽晕厥在他的怀抱中。）这没什么！

朱　丽：我一点也不明白……

弗格斯：没事，这不是您的错！（他突然明白自己刚刚死里逃生。）好险，幸亏炭条断了！（他重新来到她身边。）哟，您在颤抖。您冷吗？这样，稍等，我有一个主意……

他离开房间，回来的时候带着两只玻璃酒杯和一瓶香槟。

弗朗索瓦·特吕弗："我当时试图在观众心里营造出一种渴望，希望朱丽和弗格斯之间发生些什么……"
画家弗格斯（夏尔·德内饰）给模特朱丽（让娜·莫罗饰）摆姿势。

弗格斯：我们两个还活着，应该庆祝一下！（他递给她一只酒杯，打开香槟。）在我小时候，我父亲曾经对我说："香槟是大人的牛奶！"

给！（他为朱丽倒上酒，将一滴香槟酒液抹在她的脖子上。然后，指着自己的小拇指。）您知道中国人为什么不用这根小指头吗？（她摇摇头，表示不知。）因为这根指头是我的！（她稍稍微笑。他自己倒酒。）

您喜欢吗？感觉好些了吗？刚才吓到您了！我们把活留到明天吧。我带您去电影院，然后，我们去那个新开的餐厅晚餐，游艇上那家。

朱　丽：不用不用。我们刚才就快要结束了，得画完它。

弗格斯：那么，您答应我……

朱　丽：我都答应您，但必须立刻画完！

她站起来，重新摆出狩猎女神狄安娜的姿势。

弗格斯：您还好吧？能坚持吗？

朱　丽：可以……

弗格斯：行！（他回到画架旁，拿起一根炭条。）很好……行……向我再转一点。就这样，正对着。非常好。

他画起来。朱丽稍稍转过来一点，箭头正对摄影机……以及弗格斯。

右页：弗朗索瓦·特吕弗为《黑衣新娘》撰写的对白手稿。

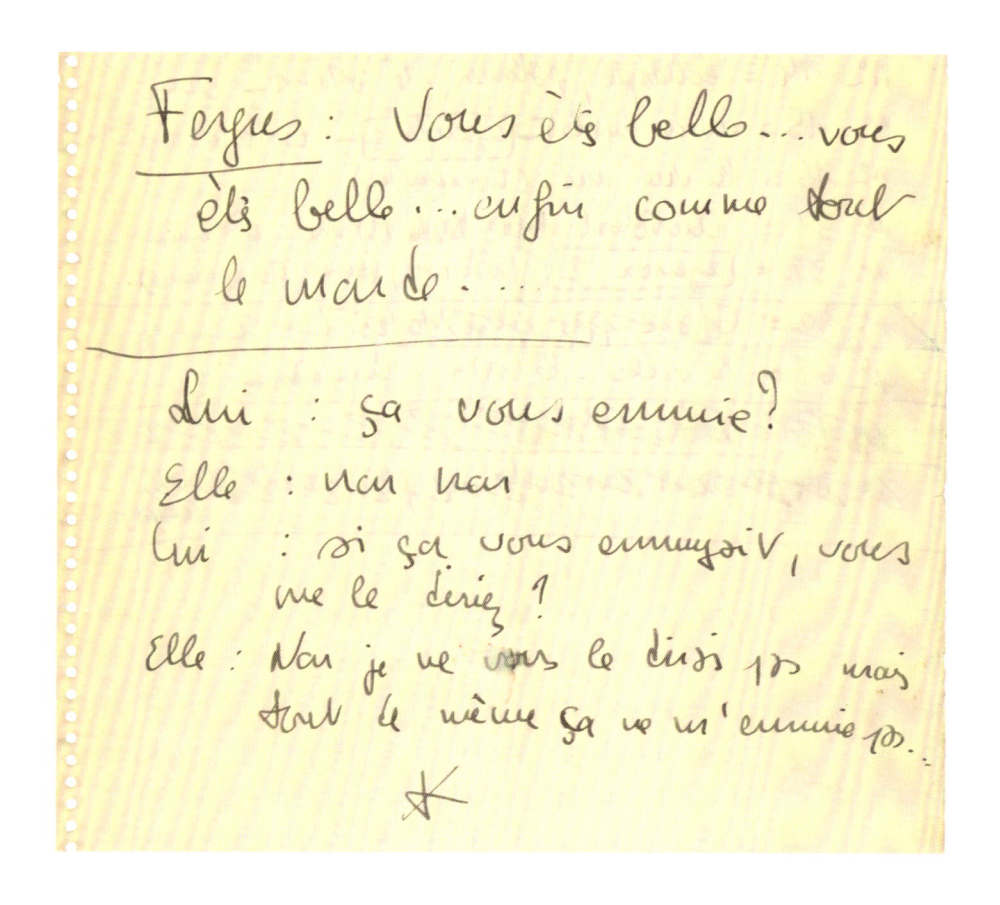

> Fergus: Vous êtes belle... vous êtes belle... enfin comme tout le monde...
>
> Lui : ça vous ennuie ?
> Elle : non non
> Lui : si ça vous ennuyait, vous me le diriez ?
> Elle : Non je ne vous le dirai pas mais tout de même ça ne m'ennuie pas.

我希望我们能谈谈朱丽为弗格斯当模特摆狩猎女神狄安娜的姿势时把箭射出这一场里的悬念。这里悬念是有形的，它出现在画面中……

没有任何可解释的！（笑）我感觉这件事我们在交流的时候已经讲过很多次了：这是威廉·伊里什（William Irish）[1]书里的情节。这是我读过的一本小说，它给我留下了深刻的印象，但看的时候有点偷偷摸摸。事实上，当时是我母亲在读这本书，我趁她不在的时候读得如饥似渴。我一直忘不了这些不同的谋杀：用弓箭的这段，死在壁橱里的人，等等。我在伦敦拍《华氏451》的时候，《汤姆·琼斯》（*Tom Jones*）[2]与让娜·莫罗几部电影的制片人——其中包括《直布罗陀水手》（*Le Marin de Gibraltar*）[3]——奥斯卡·莱温斯坦（Osacar Lewenstein）[4]问我是不是愿意和让娜再拍一部电影。我回答他说："好啊，但条件是帮我找一本儿时读过的小说！"最后，他们找到了这本书，这就是为什么我拍了这部电影。但对于这一场，没有任何需要解释的……

不不不……这一场发生在影片末尾，观众知道让娜·莫罗会杀这个人。她在之前的行动里效率惊人，但这里第一次出现了失误：她没能杀了他。

书与电影之间还是有区别的。例如，我认为，影片在情感层面上比小说更精确：我强化了爱情的一面，以几个不同类型的男人为样本。我想不起在影片的这一刻，观众是否已经掌握了所有元素，还是要再过一会才会得知，但一定都知道了她要进行某种复仇。在画家的这一段里，

---

1. 1903—1968，美国作家，专写黑色小说。他的作品经常被搬上银幕，特别是由阿尔弗雷德·希区柯克（《后窗》，1954）和弗朗索瓦·特吕弗（《黑衣新娘》《骗婚记》）。
2. 托尼·理查德森（Tony Richardson）导演的电影（1963），由阿尔伯特·芬尼（Albert Finney）主演。
3. 托尼·理查德森导演的电影（1967），根据玛格丽特·杜拉斯作品改编。莱温斯坦还制作了托尼·理查德森的《家庭教师》（*Mademoiselle*, 1966），该片根据让·热内和玛格丽特·杜拉斯作品改编，让娜·莫罗主演。
4. 1917—1997，英国戏剧和电影制片人。

我想我当时试图在观众心里营造一种渴望，渴望朱丽和弗格斯之间发生些什么。我们知道她有复仇使命，但在这里我们想让她放弃，因为我们喜欢上了这个男性。画家是影片里我最同情的男性角色。也正是在拍摄画家这部分时——夏尔·德内（Charles Denner）[5]让我非常满意——我决定拍摄《痴男怨女》。至少想法是那时出现的……

您在这一场里竭力拉开时间。

确实，时间被拉开了，和开弓相配。

等观众放下心来，想着她不会杀他的时候，死亡突然出现了……

我没有拍摄他的死亡，因为期待过于强烈了。更好的做法是让观众突然发现事情已经了结……在细节上，我想我遵循的规则是相当希区柯克式的。但是，整部影片不是这样的，因为该片本身的理念并不是希区柯克式的。按照希区柯克的理念，要让观众和一个被屈含冤、受到错误指控的人产生共情。而在这，我们面对的是一个真正的女罪犯，哪怕我仍然试着让观众接受她。影片的主要缺点是过于沉默。让娜·莫罗是一位在有台词的情况下更出色的演员。而这里是一个侧重于形象展示的角色。终究不是完全适合她。另外，她在影片里从不微笑，仿佛泥塑木雕似的。

---

5. 1926—1995，法国演员，1960—1970年代法国电影最受欢迎的配角。除了《黑衣新娘》（1968），特吕弗还执导过另外两部有他参演的电影：《美女如我》（1972）和《痴男怨女》（1977）。

> "Afin que l'intrigue de la mariée était en noir ne soit pas déflorée avant la sortie du film, nous vous prions de ne pas la divulguer et de ne pas faire lire à autrui ce scénario qui n'est qu'un instrument de travail."
>
> Nous pensons en effet que des échos (ou des) reportages rédactionnels ou photographiques consacrés à Jeanne Moreau "meurtrière de cinq hommes" ôteraient au film beaucoup de sa fraîcheur. C'est pourquoi le film sera (à la presse) présenté comme une "enquête" policière menée par Jeanne Moreau "pour retrouver le responsable de la mort de son mari tué le jour même de ses noces." Les divers meurtres et le final seront filmés

弗朗索瓦·特吕弗:"观众是影片的最终目的……"
图为特吕弗写给《黑衣新娘》技术团队的要求事项节选。

我不知道这样做对不对。让娜是一个可以做得更多、做得更好的演员,这次我们对她的要求低于她的能力。相反,我对迈克尔·朗斯代尔、夏尔·德内——我觉得他演得太精彩了——以及影片的某些段落很满意。我很久没看这部电影,但今天我不确定我会乐于把它从头到底再看一遍……

这是一部拿神秘感做文章的电影……

说到这一点，影片的摄影恰恰不够神秘[6]。如果我今天拍这部影片，它会非常不同，特别是在视觉层面上。比如，故事会更多地发生在夜间。影片里有太多的场景让人一目了然，摄影上极度缺乏神秘感。

令人震惊的是这个女人的行为，对复仇的这种执拗，一种过度的反应。

执拗是我在自己的电影中经常利用的东西，比如《阿黛尔·雨果》。欧洲电影中，我们需要执拗，因为与美国电影不同，我们没有建立在需要达成的目标之上的故事。美国大片中，比如拉乌尔·沃尔什（Raoul Walsh）[7]的随便哪部，都有一个人物，誓要获得某种结果，并且能够实现目标，即使不择手段。我不知道为什么欧洲电影没有这种主题。它出现在美国电影里，我们完全能够接受，但到了欧洲电影，我们就闹别扭、有意见……因此，我们缺少某种必需的原动力，用以推进故事向某个方向发展。就我而言，我认为我用执念来弥补。每当有一个被执念所控制的人物，例如在《黑衣新娘》或者《阿黛尔·雨果》里，对我就会有帮助。我就能知道，每天，工作都在朝着一个方向推进，就能避免我去拍一些无用的镜头。这感觉很舒适，因为无论拍什么，我们都

---

6. 该片由拉乌尔·库塔尔（1924—2016）摄影。这是他继《射杀钢琴师》（1960）、《儒尔与吉姆》（1962）、《安托万与科莱特》（1962）、《柔肤》（1964）之后第五次与特吕弗合作，但也是第一次合作彩色电影。
7. 1887—1980，美国导演，主要作品有《夜困摩天岭》（*High Sierra*, 1941）与《歼匪喋血战》（*White Heat*, 1949）等。

知道不会偏离剧本。您可以认为执念取代了需要达成的目标。

我们总觉得您的电影人物是悲剧性的，从他们无法掌握自己命运的意义上说。他们的行为与所谓的"正常"心理无法调和。我想到的是《黑衣新娘》或《骗婚记》中的这类角色，虽然她们有犯罪行为，但是依然亲切……在您的所谓"严肃"电影中是这样，但您的悲喜剧不是，比如安托万·杜瓦内尔系列。

安托万·杜瓦内尔系列电影是有构思的，但主角本身有些疯狂。他让我们发笑，用他的古怪逗乐我们。《黑衣新娘》或《骗婚记》更为严肃，要靠古怪来吸引观众、留住观众。但是，必须小心，因为过于古怪会失去观众。所以，必须找到合适的度来维持观众对于人物的兴趣。生活中，我们说人们害怕疯子。我认为在电影里也一样。但就我而言，我被一些略显疯狂的角色吸引。不是完全疯狂，失控，而是某种程度的疯狂……

这是一些完全不能掌控自己命运的人物，但他们基本接受了命运。即使在悲喜剧中，杜瓦内尔也不是一个叛逆者，他适应命运，并且接受命运。我想这是他与更悲剧性的电影中的人物的共同之处。这是否与您内心深处的某种东西有关？

我不知道……想要我理解您的问题，您或许应该把这些人物和来自其他电影，以及我从未拍摄过的人物作对照。如果您问我："您为什么从不拍摄这样或那样的人物？"那么我会有点方向。您知道，我们总是认为自己属于常态……

  我们这里谈论的是什么？是我的电影的核心材料。相对来说经过挑选的材料，即使这种选择从来没有严谨的规划、往往是排除法的结果。人们向我推荐过一些小说、剧本、电影，被我排除了，因为觉得不适合我。我说"不成，我做不到，我不理解这些人物"或者"我对这个故事没感觉"。[8]所以我拍的都是剩下的。也就是说，通常由我自己找到的、唤醒我内心某物的东西。但这一切很难事先确定。我喜欢和孩子们一起工作，但很多导演不喜欢。我和孩子们拍了三四部电影。我喜欢聚焦于男女关系的情感电影。我想象的人物，我一开始必须相信他们完全正常，而随着我的剧本的推进，揭露出他们疯狂的一面，但不会是为了揭露而揭露。我没法把他们和其他我不会拍摄或者从未拍摄的人物对立起来。又或者，我这样想："或许那也不坏，比如说拍一个工业家，一个又负责任、心理又平衡的人。"但这样的话，这个人会发生些什么？什么事也不会发生！我拍不了什么事都不会发生的人！（笑）所以我就拍了一些相互间必然有共同点、并且发生了某些事的人……

---

8. 1960—1970年代，特吕弗收到过许多改编著名小说的提议：阿尔贝尔·加缪的《局外人》，阿兰·富尼埃的《大莫纳》，阿尔贝托·莫拉维亚的《鄙视》，以及马塞尔·普鲁斯特的《斯万家那边》。

un disque. Antoine rêve.

Fabienne : Antoine, aimez-vous la musique ?

Antoine : Oui Monsieur

Deux ou trois échanges entre Fabienne, simplement étonnée, et Antoine, catastrophé.

Il s'enfuit.

1968

—

偷吻
BAISERS VOLÉS

—

《偷吻》中，有种文学上所谓"修养小说"的等价物

  在我看来，在法比安娜·塔巴尔家喝咖啡的这一场的基础是窘迫，最后以某种意外、爆发作结。

  在这一场之前还有安托万在塔巴尔先生家用餐的一场戏，安托万当时完全被塔巴尔夫人迷住了。单单展现塔巴尔夫人陷入沉默，观众不太能理解是怎么回事……这样一场戏立足于调性巨变的乐趣：先是无休止的沉默，然后紧接着，是通常只见于侦探片的追踪。这和我们在一段音乐中随着调性的改变而感受到的乐趣有点一样。但特殊之处在于，这里观众没有任何信息，他们并不比剧中人知道更多。我认为观众的状态和安托万·杜瓦

弗朗索瓦·特吕弗："安托万从来控制不了局面……"
安托万·杜瓦内尔（让-皮埃尔·莱奥饰）被充满风韵的法比安娜·塔巴尔（德尔菲娜·塞里格饰）迷住了。

内尔非常接近。我们看这个场景的视角和他是一样的。我们完全和他在一起。而且这也是整个杜瓦内尔系列的情形：一系列家常的电影，我们同情影片中的杜瓦内尔，因为他笨拙、真诚。他看起来不像一个有复杂思想的人物……这话不对，他是复杂的，但还是相当直率。

《偷吻》中，有种文学上所谓"修养小说"的等价物。这是我为延续这个在《四百击》中登场的人物而找到的唯一方案。《四百击》建立在麻烦越来越大的逻辑之上——今天偷油、明天偷牛，而现在，我们伴随他发现生活。我们会看见他接触不同的社会阶层，艰难地尝试融入社会，找到一个职业，并且在感情方面，不是在两种类型的女性之间，而是在年轻女性和已婚妇女之间犹豫不决。

杜瓦内尔系列主要靠口误、过失行为推进，就像这一片段展现的那样。

是的，可以说他的笨拙使他无法控制局面。一般来说，安托万从来控制不了局面，但是，他总是相当兴奋……

像是把一个喜剧或滑稽人物从他惯常的环境里剥离出来？

没有滑稽电影中那么强烈，因为我从来不会让这个人物做不可信的事情，我会在那之前停下来。我试着构建一条比较接近生活的主线，让人物游弋其中。但不管怎样，我们的日常生活中本来就有一定剂量的疯狂……

您冒着很大的风险，因为没法确定这场戏会惹人发笑……

啊，目的并不是要让人发笑，而是让人感兴趣！再说，拿什么让人发笑？"是的，先生"？不，这场戏一点也不滑稽。影片里有几个故事在同时推进。特别是别忘了他当私家侦探那条线……其实在这里，在这一幕场景中，我不冒任何风险。从一开始大家就知道安托万迷上了这个女人，所以即使这场戏一句话不说也会非常有意思。

有一件事我们还没有提到，那就是空间。这场戏建立在两个空间的对立之上：首先是公寓，接着是这种下降、坠落。我感觉在您的电影中，总是有一种垂直空间的游戏，人物要么上升——比如《柔肤》中的电梯，要么下降，带着一种坠落感。

我想主宰这一场景的主要是某种运动的考虑：先是某件平静的事物，比如一片湖水，突然刮起一场飓风。这是一个突变、对比的问题，就像在音乐中那样。演员们，您知道的，往往倾向于站定了说台词。而这里正相反，我要求让-皮埃尔边走边说。摄影机也一直在移动。从他下楼那一刻起，我便感觉应该以这种方式拍摄……

弗朗索瓦·特吕弗："我不认可影片的这一片段，惨不忍睹！"
朱丽·鲁塞尔（卡特琳·德纳芙饰）与路易·马埃（让-保罗·贝尔蒙多饰）在《骗婚记》中的第一次相遇。

1969

—

骗婚记

LA SIRÈNE DU MISSISSIPI

—

拍这部影片的想法是讲一个性别颠倒的故事

有一件事使我好奇,那就是通过鸟鸣来引出人物,以及这个最后摇到卡特琳·德纳芙身上的长镜头。我感觉在您的电影中,人物出场常常由画面或者声音引导,但从无二者同时使用的情况。例如在《柔肤》中,我们首先听到弗朗索瓦丝·多莱亚克的声音,然后再看到人。在《安托万与科莱特》中,我们先长时间地看到科莱特,很久之后才听见她开口……

我不知道,对于这个问题我没什么理论说法。但我觉得《骗婚记》的这个场景实在太糟糕了,惨不忍睹。不,真的,今天我不会再这样做了! 不是那样做法! 太差了! 我不认可影片的这一片段,惨不忍睹。完全没有灵气,简直是灾难。片子里或许有一些我依然喜欢的片段，但是这一场在我看来拍得差、演得差，甚至外景也选得不好。一无是处！

您是否感觉自己掉入了本想游戏其中的某种程式的陷阱？

Au débarcadère. Le ~~bateau~~ *Mississipi* accoste. La passerelle. Les passagers descendent. Louis s'impatiente : pas de Julie. Les derniers passagers ... toujours personne. Louis questionne l'officier *(de débarquement)* : "Tout le monde est descendu ?~~☞~~ - "Oui, oui, tout le monde est descendu".

Louis est décontenancé, déçu. Une voix derrière lui : "Vous êtes ~~bien~~ Louis Durand, n'est-ce pas ?" Il se retourne et découvre une jeune fille blonde, épanouie, superbe. Aucun rapport avec la ~~photo de~~ *(de la photographie. L'autre était gracieuse* Mademoiselle Julie ~~cheveux bruns, nattes enroulées~~ *mais plutôt sèche,* ~~mais imigrante~~ *celle-ci est une véritable apparition.* *Il a entre elles la même* ~~sur le dessus de la tête bouche mince, jolie mais~~ *différence qu'entre une citrouille et un* *carrosse. (Jeux)* ~~provinciale, plutôt le genre vieille fille~~ *(L'apparition)* ~~la blon~~ Elle s'explique : oui elle est bien Julie *(à Louis)* Roussel mais elle a préféré envoyer la photo de sa sœur *(Berthe)* *(attirer)* *ne l'eût épousée* aînée afin de ne pas ~~tomber~~ *que* un homme qui ~~l'épouserait~~ *que* pour son physique ... Elle marque de la crainte : Louis

《骗婚记》剧本中朱丽和路易的第一次相遇，以及弗朗索瓦·特吕弗所作的修改。

我不知道。《骗婚记》是一部工作量相当大的电影。我有时空下来会注意到有些地方拍得不行,但也没时间重拍。不管怎样,这个场景是不可接受的。我不能为这样的工作辩护。我很喜欢上一个片段,《偷吻》的片段。但现在放的这段真的很糟糕……

《骗婚记》剧照。路易·马埃(让-保罗·贝尔蒙多饰)找到了在小酒馆当陪酒女郎的玛丽昂(卡特琳·德纳芙饰)。

在他们藏身的高山小屋，玛丽昂为路易倒上一杯咖啡。

玛丽昂：亲爱的，喝了它，你会舒服些。

路　易：倒满它！我知道你在做什么，我接受这一切。我不后悔遇见你。我不后悔为你杀了一个人。我不后悔爱你。我什么也不后悔……只是现在我肚子很痛。浑身上下像火烧。所以，我希望这一切赶快结束，非常快。倒满！

他向她递上半空的玻璃杯，被她突然反手一扫；杯子在地上摔碎。

玛丽昂：啊！我就知道你会坐以待毙！啊，我很羞愧，我很羞愧。我很羞愧！我很羞愧！没有任何一个女人配得上被人这样爱。我不配……但现在还不迟，我能治好你的。你会活下去的，我们两个会远离这个地方。我有足够的力量支撑我们两个人，你会活下去的。你听到了吗，路易，你会活下去的！没人能从我这里抢走你！（她依偎在他身上哭起来。）我爱你，路易。我爱你……也许你不相信我，但是，有些难以置信的事情是真的。亲爱的，拿出你的勇气，我们离开这里，走得远远的……然后，我们永远在一起……如果你还要我的话。

"你是这样美！……"路易·马埃（让-保罗·贝尔蒙多饰）和玛丽昂·马埃（卡特琳·德纳芙饰）走向他们的命运之途。
右页：《骗婚记》结尾的旁白方案，未采用。

路　　易：我当然要你，只要你！原原本本的你。绝对的。好啦，别哭了。我要的是你的幸福，不是你的眼泪。

玛丽昂：我珍惜爱，路易……我会爱的，路易……会痛苦吗？这就是爱吗？爱会痛苦吗？

路　　易：是的，很痛苦……

路易和玛丽昂离开小屋，爬上白雪覆盖的山坡。

路　　易：你是这样美……看着你让我痛苦……

玛丽昂：可昨天你说这是一种快乐……

路　　易：是快乐，也是……痛苦！

玛丽昂：我爱您……

路　　易：我信……

路易牵着玛丽昂的手，两人向远景走去。随着他们远离镜头，雪越下越大。

[74]

guérir, il faut fuir, fuir d'abord et puis guérir, cela n'a pas d'importance puisque l'amour est là, entre eux installé plus fort que jamais, indestructible, l'amour définitif!

FIN.

这些话脱离了它们的语境没有任何意义。您想让我就这一场景说什么，要知道电影里花了两个小时才到这一段？我信奉累积效应。比如，可以累积一系列中性的场景，当它们加在一块，会催生出某种情绪。但这种观看片段的做法令我不适，除非是非常棒、没有瑕疵的片段。而对于《骗婚记》而言，您选的这两段都有缺点，这让我很尴尬。把这一场同前面一小时四十五分钟的内容割裂开来谈没有任何意义。

这些片段呼唤观众的记忆⋯⋯

但是观众不会记得！我认为片段不是不可以放，条件是它们本身能说明问题。但刚才这两段不行！为什么我设置了这样一个结尾？这与布努埃尔讲的一个故事有关：一个女间谍，在一个战争环境中，最后被枪决。这类故事中有逃亡的婚外恋人，他们为了自保而犯罪，最终会被杀。我心想："得反着来。"我要为这些人物设置一个幸福的结尾，他们不仅是罪犯，而且女的还试图除掉情夫。对我来说，这一段的突破之处便是设想这一幸福的结尾。只是这一结尾本身谈不上幸福，完全要靠整部影片来反衬。

《骗婚记》在我看来是一部奇怪的、失败的电影，拍这部影片的想法是讲一个性别颠倒的故事。女的行事像男的，男的行事像女的。这一点我没有告诉演员，但在头脑里我就是那样想的。女的是个在劳教所待过的流氓。男的是个想通过征婚启事来缔结婚姻的处女。公众大哗，以致讨厌这部影片。我不能指责他们错了，因为不管怎样，这是一部非常奇怪的影片。摄影很漂亮，贝尔蒙多（Belmondo）有时很出色，有时音乐也很有趣。但是我认为整部影片构思不够，拍得也不好。

结尾，就其本身来说我觉得还不坏……但对于这样一个线性的故事来说，女主角的转变似乎太突然了。事实上，在她转变之前，应该预留更多的时间，或者设置另一个平行情节。一个能使观众从她身上转移视线、然后再回到她身上的情节。其实应该想办法暗示男女主角谈了很长时间，因为她的突然转变很难让人接受。但从小屋里这些场景的整体来看，或许也还不错……

她讲了一些您所珍视的非常美妙的事物，因为同样的对话也出现在了《最后一班地铁》里。

是的，基本是同一个对话，相当戏剧化，但有所改动，关乎二重性。"爱会痛苦吗？"

我感觉女主角的态度还会变。从造型上看，这是一个幸福的结尾，但我认为悲剧会随时降临。这又回到了我们之前关于悲剧性命运概念说的那些。这个女子，我们都知道她会再次尝试杀了他……

他接受女子本真的样子。我认为男性人物比女性人物更成功。

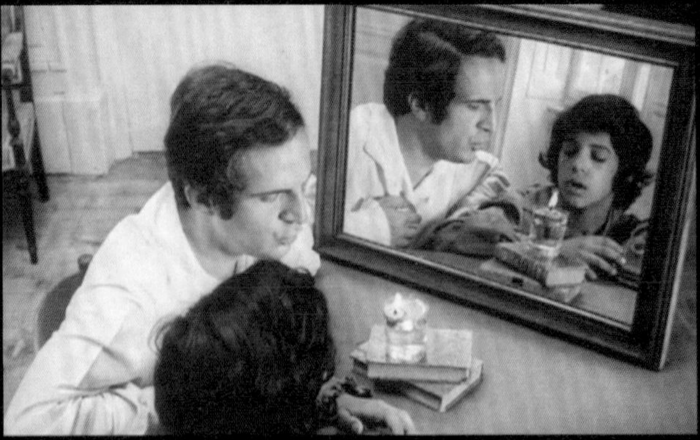

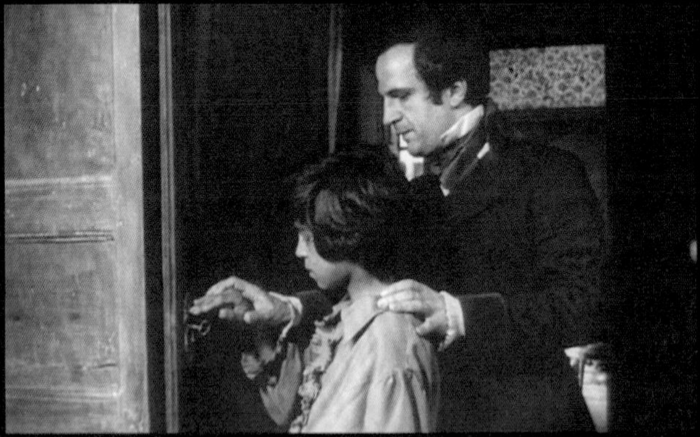

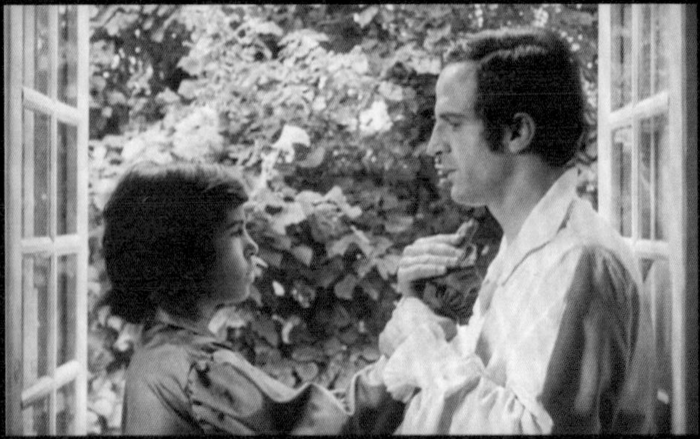

1970

野孩子
L'ENFANT SAUVAGE

第一次有了没有他人个人什么都不是的理念

伊塔尔在办公室里踱步。

伊塔尔的评述（画外音）：维克多成功时，我奖励他，他失败时，我惩罚他。但没有确切证据表明我激发出了他内心的正义感。

他服从我，改正错误，不是因为道德范畴中这种无私的情感，而是因为害怕或者希望获得奖励。

伊塔尔走向他的写字架。背景中，维克多在窗边喝水。

伊塔尔的评述（画外音）：为了澄清这个疑问并且获得一个比较确定的结果，我将被迫做一件可憎的事情。我会让维克多在我眼前执行一项简单的任务，他会成功，然后毫无理由地惩罚他，让他的心灵

弗朗索瓦·特吕弗："我决定亲自扮演伊塔尔医生的角色……"
伊塔尔医生（弗朗索瓦·特吕弗饰）向受他保护的年轻人维克多（让-皮埃尔·卡戈尔饰）传授语言基础。

经受一场明显的不公的考验。我会把他带向黑屋——可能会用上暴力,对他实施恶劣而令人愤慨的体罚,看看他是不是真的会反抗。

伊塔尔离开写字架,走到桌子前,那里有一些物品。他分拣了一会儿卡片,然后转身走向维克多。

伊塔尔:维克多!(他应声而来)书。钥匙。去找吧!

维克多立刻离开房间,带着要找的物品回来,脸上露出粲然的笑容。伊塔尔拿起物品,将它们扔到地上,然后抓住孩子的肩膀。

伊塔尔:你拿的这是什么?你想干什么?(他抓着嘟嘟囔囔想要挣扎的孩子用力摇晃。)这是什么?走!去黑屋!

跟拍,连摇带移。伊塔尔不由分说地将维克多拽向黑屋,粗暴地打开门。维克多激烈抵抗。

伊塔尔:进去,维克多……进去……进去。

伊塔尔一意孤行,想将他拽离地面,禁闭在黑屋中。维克多在伊塔尔的怀里疯狂挣扎。他扑到虐待者的手臂上,张口咬下。

伊塔尔:哎呀!

伊塔尔立刻松开他,不是因为被咬的疼痛,而是出于快乐,他唤醒了学生身上的"道德之人"。他关上黑屋的门(音乐响起),然后将维克多抱在怀里。

伊塔尔:你做得对!你是应该反抗!

伊塔尔的评述(画外音):要是在这一刻,我能让我的学生听懂我的话,对他说,被他咬伤的疼痛给我的心灵带来多大的满足,那该是多么甜蜜啊。我可以微微地欣喜吗?

弗朗索瓦·特吕弗加入《野孩子》剧本的手写提示。

《野孩子》非常有趣，特别是在场面调度工作的层面。我猜想，您之所以扮演了伊塔尔医生的角色，应该不仅仅是为了过演员的瘾，而是因为这样您便可以展示自己正在进行场面调度的形象……

我没有从这个角度想过。我想的是扮演伊塔尔医生的角色，我就能亲自去带儿童演员。因为鉴于剧本类型，我估计我会一直对选来扮演伊塔尔医生的演员发火。他肯定会优先考虑自己，而把小演员放在第二位。有意思的是，这个想法是在拍《骗婚记》时冒出来的。当时，《野孩子》的剧本已经撰写完成，我并不准备自己出演，我想找一个不那么有名的演员。《骗婚记》是一部资金比较充裕的影片，拍摄时，两位明星主演都有替身，而这种替身制度让我有点烦。我们让卡特琳·德纳芙和让-保罗·贝尔蒙多的替身站好，把光调好——这是以前拍电影的习惯做法——然后，正式开拍的时候，用演员本人换下他们。我当时要求让-保罗·贝尔蒙多——他是一位光芒四射的演员——边走边演，这种情况下就要整个重新布光！然而，当我叫让-保罗·贝尔蒙多的替身走动走动时，他常常呆在那里，因为他当灯光替身的积习难改。以致我经常自己去替让-保罗走位，并对摄影师说："他从那里走到那里，然后走到房间尽头，再对着摄影机走回来，走向卡特琳，他会做这个做那个……"替代贝尔蒙多的时候，我意识到面对摄影机让我对局面有了一种极为清晰的感知。一种比在摄影机另一侧几乎更为关键的感知。一下子，我不再犹豫《野孩子》该怎么拍了，我决定自己扮演伊塔尔医生的角色。除此以外，另一个重要原因当然是能够去带儿童演员。如果我选用一个演员去扮演伊塔尔医生,他会是一个麻烦的、几乎无用的中间人。影片里能清楚看到这一点:我把儿童演员放到他该处的位置上,我引着他。而且这样做也很愉快。

这是您最具纪录片色彩的影片,对吗?

我不知道算不算最具纪录片色彩。最起码对我来说,这是一部具有转折意义的影片。在此之前,我经常抨击纪录片,称赞故事片。从这部影片开始,我意识到我也会对真实题材感兴趣。如同对于《儒尔与吉姆》,我首先是在文学层面上一眼相中了这个题材。是10/18书系推出了吕西安·马尔森(Lucien Malson)校订重版的伊塔尔医生的报告,这是它近百年来首次重版。[1]又一次,我首先被语言迷住了。我记得在这本书的结尾,有一句这样写,是说野孩子,说"他已经习惯了我们公寓的舒适……"。这种风格让我着迷——更甚于书的内容。

伊塔尔的文本本身以两份报告的形式呈现,它们相隔几年,估计是为了获得政府补贴,以继续用于他对野孩子的研究。我认为电影改编只能通过将这两份报告转化为某种日记的方式进行。这也是我向让·格吕奥(Jean Gruault)[2]提出的要求,他和我一起完成了改编。我们花了一

---

1. Lucien Malson,*Les Enfants sauvages, mythe et réalité*;suivi de *Mémoire et rapport de Victor de l'Aveyron*;par Jean Itard,Union générale d'éditions,Paris,1964.
2. 1924—2015,法国编剧,弗朗索瓦·特吕弗五部改编自文学作品的电影的御用合作者:《儒尔与吉姆》(1962)、《野孩子》(1970)、《两个英国女孩与欧陆》(1971)、《阿黛尔·雨果的故事》(1975)和《绿屋》(1978)。

段时间来贯彻这一思路，写出了一部符合我们之前提到的那些标准的电影：混合了旁白与直接表现的情节。毫无疑问，正是因为拍了《野孩子》才促使我后来想拍《阿黛尔·雨果的故事》。这部影片向我证明我完全能够处理好历史或真实题材。

但是，撇开历史题材的一面，《野孩子》是您最具纪录片色彩的影片，因为我们首先看到的是您：您进入视场的方式，执导这名孩子的方式——无论事先是否对他有过交代……

让-皮埃尔·卡戈尔（Jean-Pierre Cargol）[3]和我一起工作：我们一起排练，我们总是在一起。片子里没有任何即兴创作的成分：每个场景都事先排练过，然后表演出来。我们在刚才看到的片段里意识不到，但整部影片里，野孩子一直发出许多细碎的叫喊，产生各种奇怪的声音。很难在正常和异常之间找到一种平衡。对于所有在森林里拍摄的部分，我当时还相当担心；影片的前二十分钟有点难弄。但到底，我感觉通过拍摄这部电影，我朝着公民责任感迈出了一步……特别是相较于《黑衣新娘》，那部影片倒不是玩世不恭，而是极端个人主义。但这次，作为整部影片的基础，第一次有了没有他人个人什么都不是的理念。有意思

---

3. 扮演野孩子的演员，生于1957年。他是弗拉门戈吉他名家马尼塔斯·德·普拉塔（Manitas de Plata）的侄子，现为希克和吉普赛人乐队（Chico and the Gypsies）成员。

的是，这部人道主义影片出现在一个——那是1968年"五月风暴"的后一年——人道主义遭人唾弃的时期。在所有人都喊着"打倒大学！老师都是混蛋！把书烧了！"的时候，拍电影纪念一个在人们的鼓励下念书学习的野孩子实在有些吊诡（笑）。但与此同时，这部影片符合我的理念。我是一个自觉不幸的自学者——我一直渴望上学——我赞同影片里说的一切。即使归根结底伊塔尔的实验不太能说明问题……

野孩子的余年是如何度过的？

伊塔尔医生对他的兴趣有点淡薄了：他去了俄罗斯，我记得是去找叶卡捷琳娜女王。维克多于是被托付给医生的管家盖兰夫人。他住在卢森堡公园后面的斐扬街，过着平静的生活，给家里打打杂。他最终能说会写的单词总共有四十个左右。

另外提一句，《野孩子》标志着我与内斯托·阿尔门德罗斯[4]合作的开始。这是一部我很重视的影片，因为我非常喜欢它的黑白摄影。

---

[4]. 1930—1992，西班牙电影摄影师。《野孩子》之后，他担任了弗朗索瓦·特吕弗其他八部影片的摄影，直到最后一部《情杀案中案》（1983）。

> — Les chasseurs considèrent l'Enfant Sauvage avec stupefaction. Pour la première fois ils peuvent le voir distinctement, à l'arrêt. Il est échevelé, sa bouche est maculée de sang ~~de sa victime~~, il est ~~lui-même~~ blessé au bras et sa poitrine est agitée d'une respiration intense.
>
> — Les chasseurs abaissent leur regard et voient :

弗朗索瓦·特吕弗《野孩子》笔记手迹。
弗朗索瓦·特吕弗："对于所有在森林里拍摄的部分,我当时还相当担心……"

右页:阿维隆猎人抓获野孩子一场的单格画面。

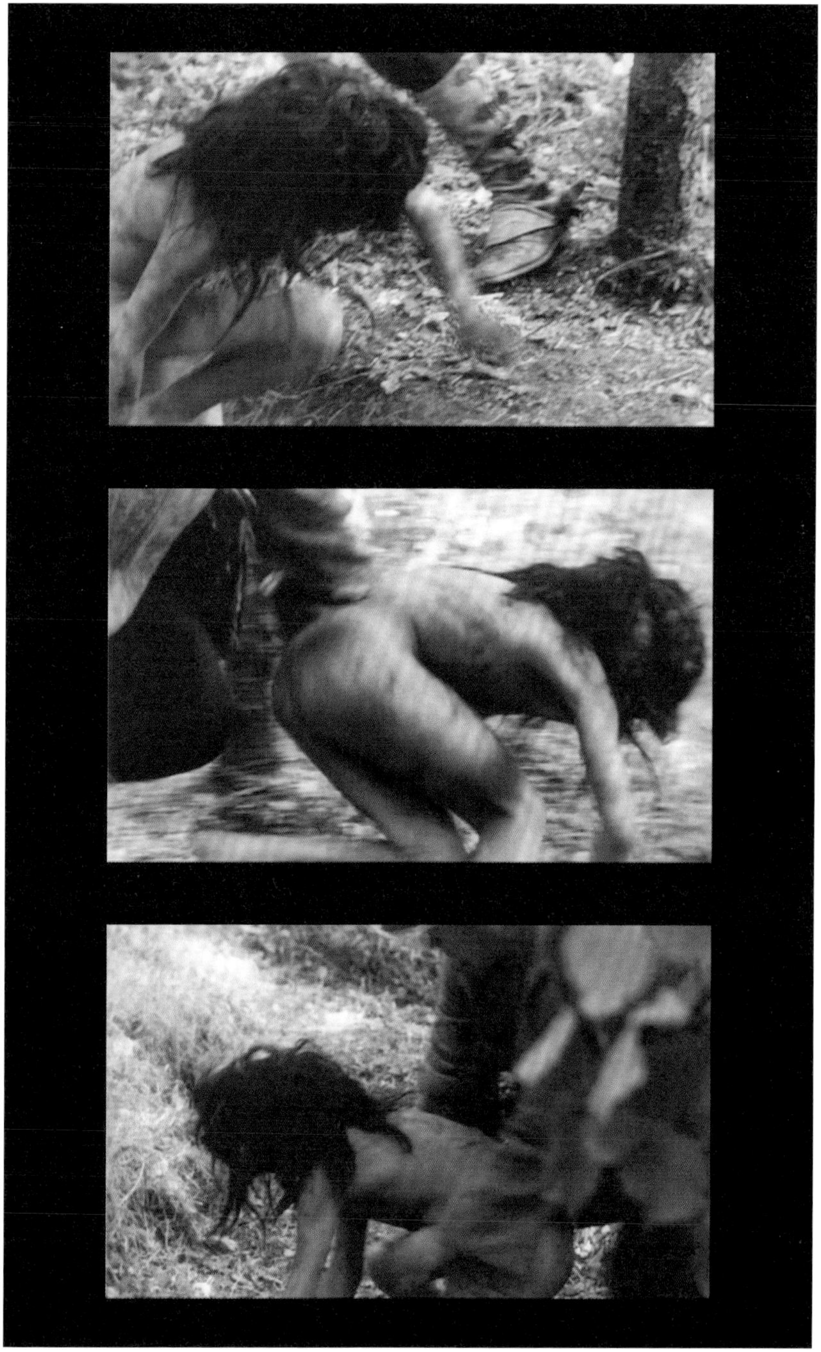

"DOMICILE CONJUGAL"

Premier squelette du scénario, établi entre Claude de Givray, Bernard Revon et François Truffaut après deux ou trois conversations. ~~"........."~~

1 – L'appartement conjugal. "Pas mademoiselle, Madame"

~~........~~

         (Antoine) (dans la cour)
2 – ~~E~~teint les fleurs (il y a toujours une fleur qui garde la teinte précédente)

1970

—

婚姻生活

DOMICILE CONJUGAL

—

在这部影片里,有一种重拾美国喜剧电影手法的意图

这个内院人来人往,一系列剧情在短时间内接连或并行发生,这里就像个戏台。

事实上,这些都是童年回忆。准确地说不是我住的地方,而是我的朋友罗贝尔[1]生活的地方,杜埃街,《四百击》里拍到过。当时院子里的确有一个给花染色的人,我想现在已经没人做这事了。但我的电影里经常出现这种情形,虽然时代定位是现在,却充满了陈年的细节。从这个角度来看,它们常常是一些不承认自己是时代电影的时代电影,但充斥着过去给我留下深刻印象并被我挪到现在的活计。

弗朗索瓦·特吕弗:"这是杜埃街上的童年回忆……"公寓楼内院,在隔壁小酒馆女招待吉内特(达妮埃尔·热拉尔饰)惊叹的目光下,安托万·杜瓦内尔(让-皮埃尔·莱奥饰)将白色的花朵染成红色。下为《婚姻生活》剧本大纲初稿及弗朗索瓦·特吕弗的修改手迹。

您把"时代电影"这一面隐藏得非常之好，因为您在影片里还提到了关于污染、电动剃须刀的当代新闻，甚至还有一处对贝当的影射。您的电影通常不太影射政治吧？

是的，因为这些影射很快就会过时！片子里是个不把贝当的棺材迁到凡尔登杜奥蒙战争公墓就不肯出门的人……

当我们像今天这样按时间顺序看您的电影，我们发现一方面您不停地在影片之间编织隐秘的联系，另一方面，每部新片相较于前一部都是一种彻底转折。没有两部影片有连续性，并且看起来相似……

总是重拍同一部影片会让人相当厌倦，除非是偶然发生。我觉得我需要一部一部不断推翻自己，然后到一定阶段，尝试综合，将两部本以为不可调和的影片结合在一起。即便我不确定自己的做法对不对，但我感觉《隔墙花》结合了一点《柔肤》与《阿黛尔·雨果》。这两部影片给人感觉截然对立：《柔肤》写实、临床、几乎冷漠，而《阿黛尔·雨果》抒情、炽烈。《隔墙花》里，我试图用《阿黛尔·雨果》的炽烈来抵消类似《柔肤》里那种婚外恋故事稍许污秽的一面。我还不知道这会导致什么结果……

---

1. 罗贝尔·拉什奈（Robert Lachenay，1930—2005），法国编剧、导演。特吕弗用他的姓为自己的一些电影评论署名，并用以命名《柔肤》（1964）的主角。他也是勒内·比热这一人物的灵感来源，即《四百击》（1959）与《安托万与科莱特》（1962）中安托万·杜瓦内尔的朋友。

这里还反映出了您所有影片都有的一种童话维度,您对某些现实层面的忽略。这个片段有某种神奇的东西,仿佛概括了安托万的整个人生……

我不知道《婚姻生活》是否与《偷吻》一样成功……《偷吻》相当生动,相当简单,而《婚姻生活》可能更复杂。在这部影片里,有一种重拾美国喜剧电影手法的意图:通过一些机械性的小玩笑,比如物件的转化,来逗人发笑。我想花在整部影片中扮演了一个角色:先是染色的花,然后是日本花。我们有时发现剧情安排行不通,估计是因为杜瓦内尔适合非常贴近生活、不太复杂的材料。实际上,我们在《婚姻生活》的剧本撰写上花的力气要比《偷吻》多得多,但它或许反倒没《偷吻》好。我没能意识到……《婚姻生活》中依然有意思的场景基本上都是人物出现对峙的性格场景(scènes de caractère),比如杜瓦内尔和他妻子这对年轻夫妇。我们绞尽脑汁设计玩笑,近乎动画片里那种。它们不怎么成功,或许因为与影片不属于同一类型。这么说吧,我当时试图走莱奥·麦卡雷(Leo McCarey)[2]的路子,这是一位美国电影人,他完成了非常复杂的事情。他的影片里经常有用自动装置或其他道具实现的玩笑,光看银幕上的结果似乎很简单,但事实上设计得非常精细。

---

2. 1898—1969,美国导演,作品尤其包括《春闺风月》(*The Awful Truth*, 1937)、《爱情事件》(*Love Affair*, 1939)与《好人萨姆》(*Good Sam*, 1948)——"四大或五大最佳经典喜剧电影之一"(特吕弗,*Arts* n° 529, 1955年8月17日—23日)。

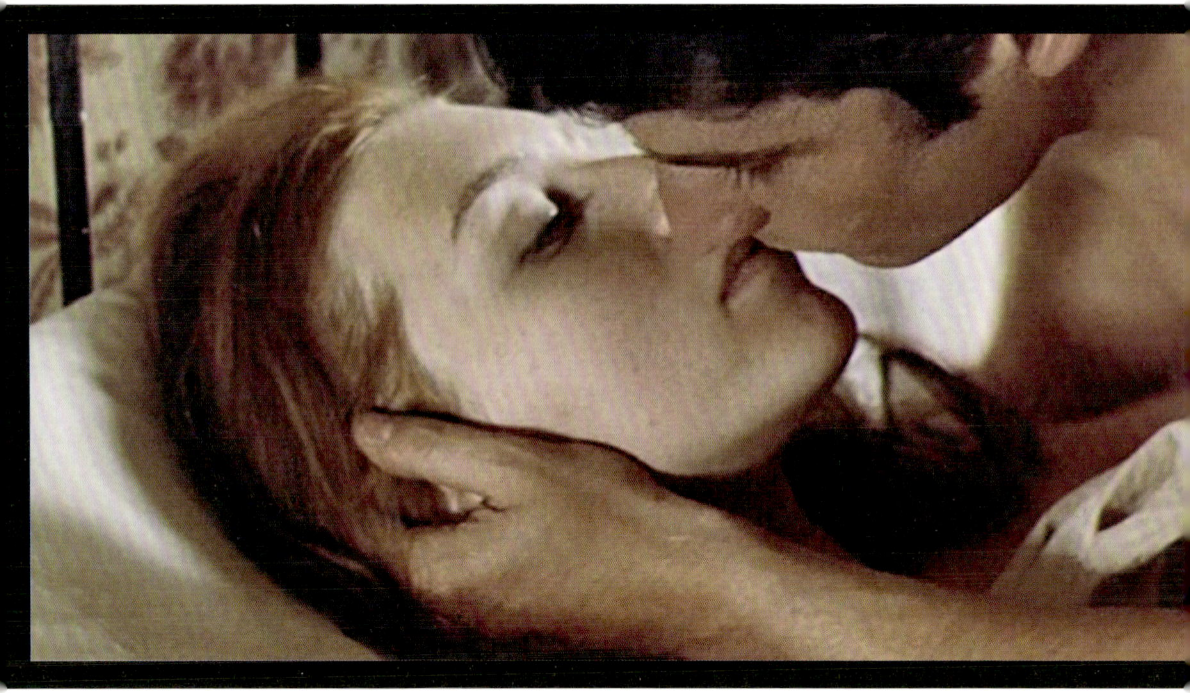

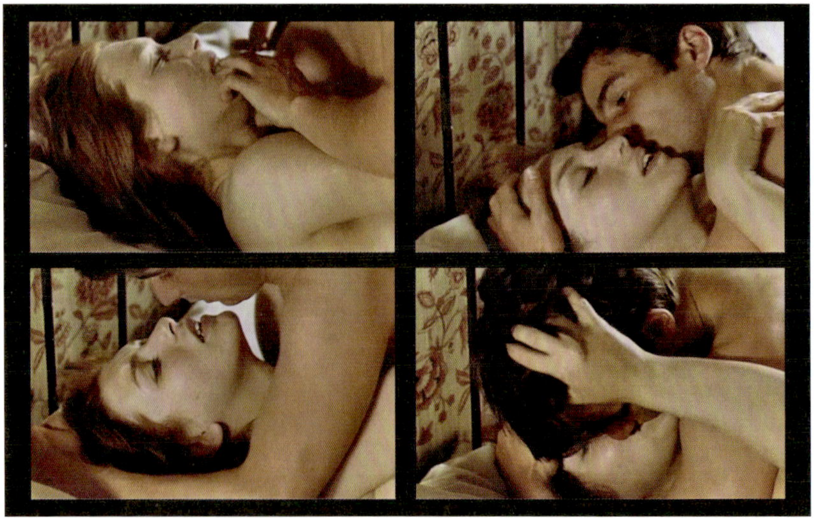

1971

—

两个英国女孩与欧陆

LES DEUX ANGLAISES ET LE CONTINENT

—

《两个英国女孩》有点逆着《儒尔与吉姆》，我觉得
《儒尔与吉姆》漂亮过头，对躯体的展示不够

七年后，克劳德终于把穆里尔拥入怀中！他让自己的意图变得明晰，以便穆里尔想的话就能避开。不……她没有避开。她准备好了。

穆里尔现在三十岁了。却像二十岁的样子。她是全新的。她像一捧净雪在他手中。克劳德变本加厉，觉得这次她会反抗。她没有反抗。她抗争着，但与他同向而行。

克劳德把她的头向后推，用手迫使她张口。穆里尔知道自己要什么，虽然她害怕，虽然她尖叫。一种未知的吸引力在他们身上发生作用，把他们猛烈地推到一起。

丝带在一阵比安娜更强烈的抵抗之后断裂了。这不是幸福，也不

弗朗索瓦·特吕弗："她是全新的……"
《两个英国女孩与欧陆》中穆里尔（斯泰西·坦德特饰）与克劳德（让-皮埃尔·莱奥饰）第一次做爱。

是怜悯。对克劳德来说,这是把可以用于自己的武器给予女人穆里尔。他做到了……

他的金子上沾着血。

穆里尔与克劳德重聚场景的旁白方案,未采纳。
打字文稿,有让·格吕奥和弗朗索瓦·特吕弗的修改手迹。

您是用旁白的画外音来调和这一片段,以使它更容易被接受?

不,我不这样认为。就其本质而言,画外音能够制造一定距离。这里与《儒尔与吉姆》的结尾几乎是一样的现象:如果不把这场戏发展到底,来点露骨、直白的东西,那么它就落入了多愁善感。1971年秋天,影片在影院上映的时候,这摊血迹还引发了很多抗议,观众跑到电影院的收银台要求退票。今天能够在电视上播放这个片段,意味着已经取得了一些进步。旁白予以场景一定的距离感,避免迎合之虞。事件并不是正在发生,而是属于已逝的过去。"现在"和"过去"之间有一种平衡。这里同样,旁白并不构成重复,因为讲的是一些画面无法表达的东西:"对克劳德来说,这是把可以用于自己的武器给予女人穆里尔……"

旁白有助于让观众接受一种在您的作品中相当不寻常的、暴力的场面。

是的,一点不错。而且整部影片都是这样。大略是因为《两个英国女孩》有点逆着《儒尔与吉姆》,我觉得《儒尔与吉姆》漂亮过头,对躯体的展示不够。我一直认为我拍这部电影时太年轻了。拍《两个英国女孩》的时候,我希望拍摄一部有大量躯体展示的电影。影片中段,用了两卷胶片来拍我在片场所称的"那个年代的神经症抑郁"。穆里尔崩溃、哭泣、呕吐,等等。我已经记不清她做了什么……这些躯体层面的东西我当时拍得非常愉快。情感延伸为躯体表现对于导演来说是极为满足的时刻。我最近在我的新片《隔墙花》中就又找到了同样的感觉……

您谈到呈现情感直到情感完全躯体化的表现。那有什么东西对您而言是"无法拍摄"的吗？

是的，一定会有一些"无法拍摄"的东西，我肯定会拒绝拍摄。但我没法告诉您是哪一些，因为我自己也不知道。我当时想把《两个英国女孩》拍成一部相当激情的影片……

或许比起内容，这更是个风格问题？或许一切都可以呈现，只要找到恰当的风格？戈达尔在他最近一部影片里谈到索尔仁尼琴时就说"必须有风格[1]"……

不，我不认为可以呈现一切。当我们说"可以呈现一切"或者"应该呈现一切"的时候，是针对某个特定的电影人还是一般意义上的电影？我想有些东西是某些电影人能够呈现的，其他人则不能……关键依然是能够感受到自己拍摄的东西。事实上，我不知道"呈现一切"的问题有多大意思，因为一部电影总是"藏匿之物"和"呈现之物"的混合体。但确实，我曾为表现某些事情而努力。职业生涯初期，我曾经努力以最终能够呈现死亡。肯定是为此我才选择拍摄一部像《射杀钢琴家》这样的电影。原著小说为我提供了一些我想拍但自己不敢去写的极端情境。比如，书里有一两页我非常喜欢，一个女人打开窗户跳出窗外。我

---

1. 让-吕克·戈达尔对于《各自逃生》[*Sauve qui peut (la vie)*，1979] 的导演与制作的一些评论："每个人都知道古拉格的存在，但只有索尔仁尼琴讲出来才听见，是因为他有风格。"

心想:"书里这样写了,那我可以拍。"但换作自己的原创剧本,我当时绝不敢这样编。

我记得第一次在原创剧本中编写死亡情节是在《偷吻》中。有个老侦探的角色在打电话时自然死亡——谁也没怎么着他。我记得片子里甚至看不到他怎么死的:只听见有人倒下的声音,侦探社老板来了,发现了没有生命迹象的身体。他拿起电话听筒,对方还在继续说,他告诉对方"您可以把电话挂了。亨利先生死了!"。这个场景甚至不是我发明的:这是发生在一个著名俄罗斯导演身上的真事。[2]我记得那天拍完这一段我很开心。我对自己说:"我终于拍了死亡了!"我感觉自己向前迈出了一步,跨越了一重障碍!从那天起,每次呈现死亡我都尽情享受!(笑)一般来说,我不喜欢拍摄外部暴力,但非常喜欢拍摄内部暴力。《两个英国女孩》中的安娜与穆里尔,乃至阿黛尔,这都是一些归根结底充满着极度暴力的人物。

---

2. "我取材于俄罗斯导演迪米特里·基萨诺夫(Dimitri Kirsanoff)之死,他在拍一部新片的几天前去世,就在打电话的时候。"见《弗朗索瓦·特吕弗:对谈伊薇特·罗米》(François Truffaut : entretien avec Yvette Romi, *Nouvel Observateur* n°200, 9-15 septembre 1968)。

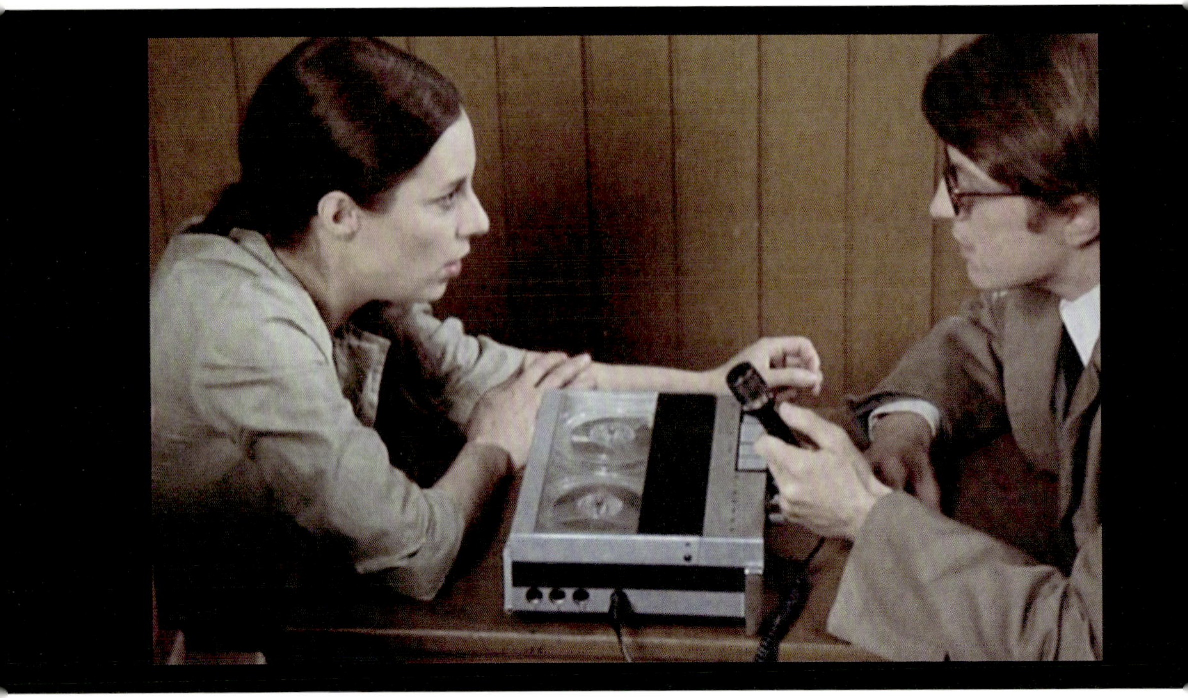

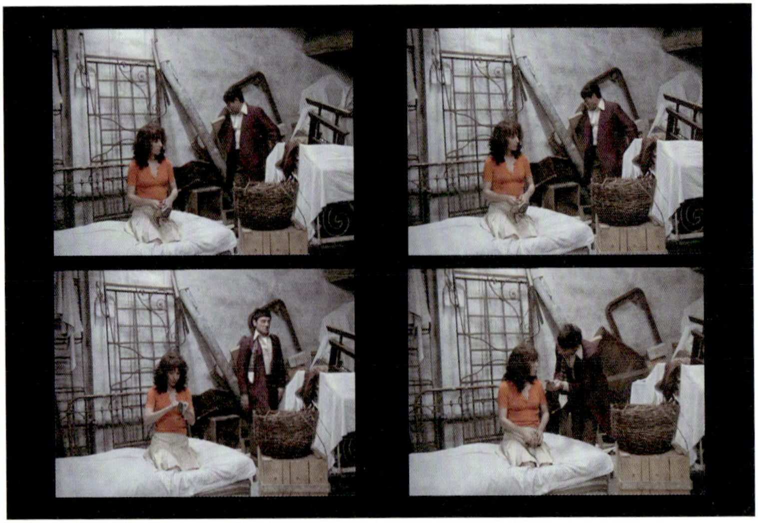

1972

美女如我
UNE BELLE FILLE COMME MOI

拍摄《美女如我》给我带来了极大乐趣

卡米尔·布里斯坐在桌前，面对社会学家斯坦尼斯拉斯·普雷文，对着后者录音机的话筒讲述她的人生。一系列闪回镜头让她的回忆在银幕上重现。

卡米尔（画外音，随后进入画面）：于是，他在我身上乱摸起来，就好像有二十四只手。起初，他还试图把我扶起来。只是偏偏抓住我这里和这里（她指着一个乳房，接着又指着另一个）。您明白吗？所以这时，我对自己说，这就是命运，它狠狠推了一把，我这头也必须采取主动！我注意到阁楼最里面有一张沙发……所以我抓住亚瑟，假装自己一个人没法站起来，我设法让我的脸正好在他的脸下面！

弗朗索瓦·特吕弗：“一个充满活力的女性角色……”卡米尔（伯纳黛特·拉冯饰）向斯坦尼斯拉斯（安德烈·杜索利耶饰）讲述她是如何给灭鼠人亚瑟（夏尔·德内饰）破处的。

亚瑟急切地拥吻卡米尔，发出细碎的呻吟。两人很快在地板上滚作一团。

卡米尔：哦，亚瑟，我控制不住自己！我想这一天想了很久！

亚　瑟：哦，是的！哦，是的！

卡米尔（画外音）：这时，我忘了怎么发生的了，但在我们到达沙发之前，柏拉图式的恋爱就已经结束了！我不知道您信不信哈，但我是第一个！也就是说，这是他，亚瑟第一次和女人睡哈。我可以告诉您，那天晚上，我打开了一个了不得的阀门！

斯坦尼斯拉斯盯着卡米尔，被她的故事惊呆了。

卡米尔（在画面中，随后画外音）：在那之后，他带我去了多少要灭老鼠的房子啊！好玩的是，每次都得一模一样像第一次那样重新开始！要让这事上轨，得装得像个意外。我踏空一级楼梯，我在地板上打滑，我被地毯绊倒。然后，双人体操结束，他就一次次给我来他教徒的那一套！

亚　瑟：请原谅我！哦，我不明白发生了什么！我不明白发生了什么！我屈服于诱惑了！肉体，肉体，肉体，啊啊啊！（他双手抱头。）它违背了大脑的指令！我表现得像个无耻的禽兽，但我会弥补的。（他从口袋里掏出一叠钞票。）我一定得弥补。不要拒绝！（他把钞票递给卡米尔。）千万不要！您不会拒绝吧？（她拿过钞票。）谢谢。啊！

STANISLAS PREVINE, professeur de Sociologie (a entrepris) ~~consacre ses périodes de vacances universitaires à~~ une série d'interviews dans les prisons ~~——~~ qui vont lui permettre d'écrire une étude sur "La femme criminelle".

Pour cela, Il est venu habiter, pendant cette période, la ville de province où se trouve ~~la prison dans laquelle~~ CAMILLE BLISS (son premier sujet) emprisonnée pour meurtre ~~est enfermée pour meurtre.~~ provisoirement

L'avocat JOSEPH MARCHAL, ami de STANISLAS, l'a aidé à obtenir les autorisations nécessaires.

Journellement, STANISLAS se rend à la prison pour enregistrer CAMILLE (Bernadette Lafont) (qui lui raconte sa vie avec verve, mais (tellement) ~~crûment que~~ dans une langue imagée que STANISLAS a parfois de la peine à comprendre.

A vrai dire Stanislas est pédant comme un jeune savant ignorant des réalités de la vie, ces réalités que Camille, elle, a dû affronter dès son adolescence.
Le côté "bien élevé" de Stanislas contrastera de façon comique avec la grossièreté de Camille. ~~des~~ (et la franchise brutale)

斯坦尼斯拉斯·普雷文与卡米尔·布里斯的第一次见面：
《美女如我》剧本打字稿与弗朗索瓦·特吕弗的修改手迹。

137

《美女如我》是一部当时不太为影评人所喜的片子。他们指责它语带尖酸，气质庸俗。可我觉得能让人物这样说话给您带来了极大乐趣。

是的，拍摄《美女如我》给我带来了极大乐趣。这里也一样，拍摄计划的出发点几乎也是文学性的。我在阅读《美人鱼之歌》时感受到了快乐，那是亨利·法瑞尔的一部优秀作品[1]，这是一个鲜为人知的作家，想必翻译得很匆忙。这本书非常有趣，我觉得用词很棒，有个充满活力的女性角色让我非常喜欢。影片在商业上相当成功，但没有赢得任何地位。如果要求影迷列出我的电影清单，我想他们会遗漏这部片子，因为它看起来不配套。但我要说这是我的电影，我真的愿为它负责，因为拍摄这部影片让我很快乐，而且结果也没什么让我不满的。我不认为它从头到尾都那么好，极少有电影是这样，但我认为有许多部分应该效果不错，伯纳黛特·拉冯（Bernadette Lafont）[2]的表现很出色。我很想把这部电影放给一个人看——但是拍完的时候他已经去世了——那就是雷蒙·格诺（Raymond Queneau）[3]。他曾经非常喜欢《儒尔与吉姆》，他也许会以另一种方式喜欢《美女如我》，因为对我而言，这是一部探索性电影。它对这种系统而刻意使用的黑话切口、对所有这种粗俗表现出

---

1. Henri Farrell, *Le Chant de la sirène*, Gallimard, coll.« Série noire », n°1194, Paris, 1968。
2. 1938—2013，法国女演员。"新浪潮"御用演员，在特吕弗执导的短片《淘气鬼》(1957)中首次出演电影。
3. 1903—1976，法国作家，乌力波成员，《地铁姑娘扎姬》(*Zazie dans le métro*, Paris, Gallimard, 1959)的作者。特吕弗说："格诺的作品里，我最喜欢《奥黛尔》(*Odile*)，这是他写的最真挚的小说。"(*Lire* n°80, avril 1982)

一种真正的兴趣。这部片子里，又是一个年轻女子，卡米尔，她要面对人生旅途中遇见的不同类型的男人。我很喜欢这个角色，喜欢这个女孩的性格。

我想有一个几乎是道德上的误解：观众以为我想拍一部——情形并非如此——嘲笑知识分子的电影，尤其是因为安德烈·杜索利耶（André Dussollier）[4]扮演的社会学家角色。但我也喜欢他，我认为他是真挚的。虽然他不是很聪明，但他有动人的微笑；我们看到随着采访的深入，他逐渐爱上了卡米尔。至于扮演灭鼠天主教徒的夏尔·德内，我觉得他既迷人又疯狂之极……

---

4. 法国演员，生于1946年。他在《美女如我》中第一次获演一个主要角色，之后成为阿兰·雷奈最喜欢的演员之一［《情节剧》（*Mélo*）、《谁没听过这支歌》（*On connaît la chanson*）］。

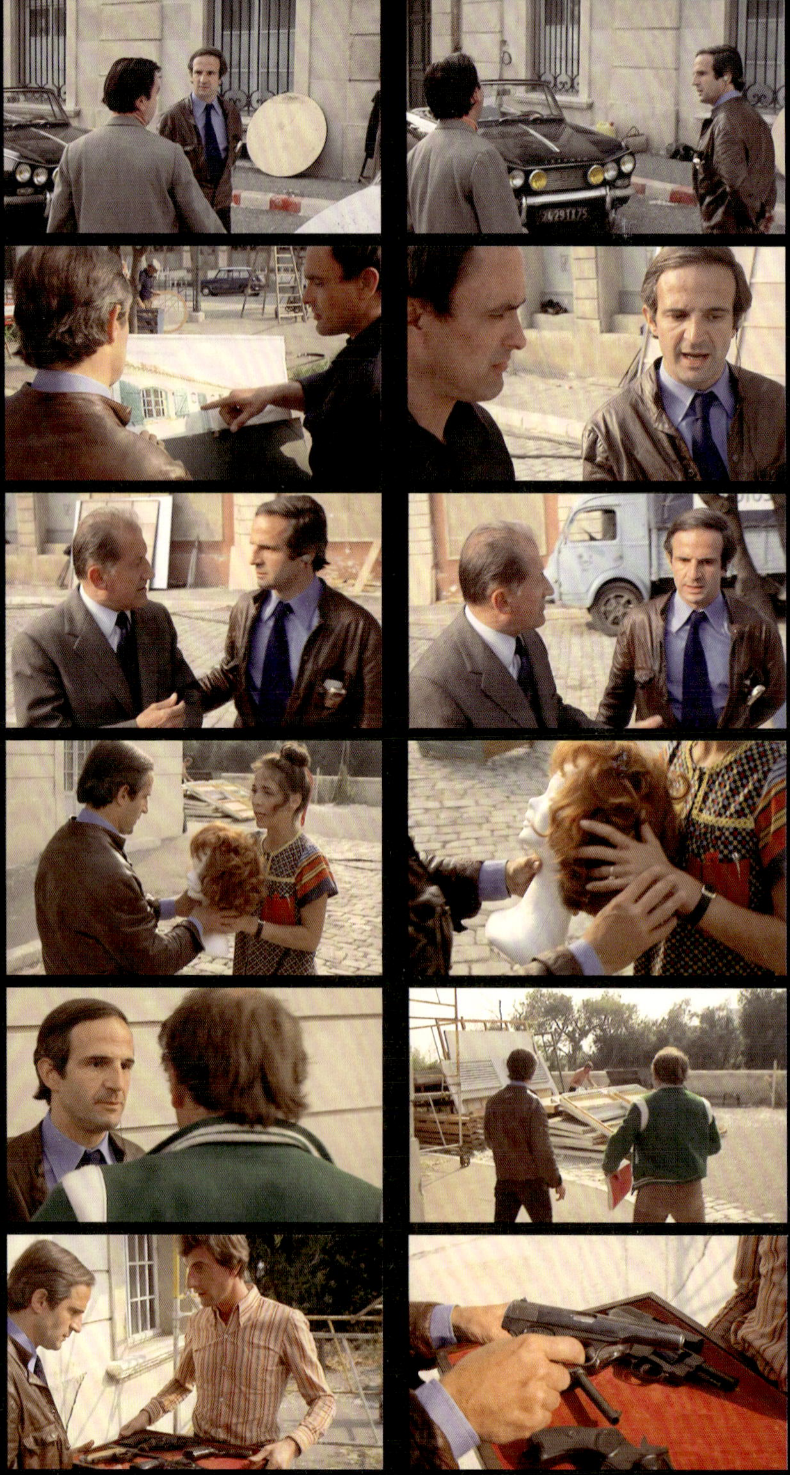

1973

日以作夜
LA NUIT AMÉRICAINE

在一部供人消遣的娱乐片中，尽可能多地提供有关电影拍摄的真实信息

费朗（画外音）：拍一部电影，完全就像是一趟西部驿车之旅。一开始，你巴望着一场美妙的旅行，然后很快，你开始琢磨是否还能抵达目的地。

［……］什么是导演？导演，是一个别人不断向他提问的人。有关一切问题。有时他有答案，但并不总这样。

我们刚刚观看的场景中，情节被分割得十分细碎。发生了很多琐碎的事，您用移动摄影机连续拍摄。似乎场面调度与破碎的情节背道而驰……

这场戏发生在制片厂的两片室外布景之间，但怎么说也是在尼斯维克多

弗朗索瓦·特吕弗："导演，是一个别人不断向他提问的人……"在拍摄电影《我向你们介绍帕梅拉》的片场，剧务（加斯顿·乔利饰）、布景师（达米安·拉弗朗奇饰）、制片人（让·尚皮翁饰）、化妆师（尼克·阿瑞吉饰）、助理导演（让-弗朗索瓦·斯特弗南饰）和道具师（贝尔纳·梅内饰）提出的问题令导演费朗（弗朗索瓦·特吕弗饰）应接不暇。

里纳制片厂[1]。估计我扮演的导演正从一个地方前往另一个地方,沿途,其他人问他各种各样的问题。我想画外音说的就是:"导演,是一个别人不断向他提问的人。有关一切问题。有时他有答案,但并不总这样。"再看这一场景,我觉得它很诚实:它没有重复全能导演的神话。我不能说别的导演是怎样的,但这部影片很像我。许多人不相信这是真的,他们说:"您在《日以作夜》中从不发火。"但在片场,我也一样不发火。我会非常气恼,但只是一个人生闷气。[2]第二,再度观看这一片段,我想起导演当时要选一辆车。他想要一辆蓝色的车,但那要花三千法郎,而他在财务问题上必须精打细算,因此他决定征用助理的车,只需支付少许经济补偿即可。接着,布景师请他去看度假屋。但导演不是一个头脑非常清晰的人,有点马大哈,他没意识到布景师想要他看的不是建好的度假屋,而是度假屋的设计图。看到草图后,他向布景师强调要点:只要窗子里看得到的部分,也就是说只要床,不要别的。然后轮到制片人,他把自己的担忧告诉导演。我既当导演也当制片人,我反对那种把二者对立起来的想法,想象一方是善良的诗人和艺术家,另一方是混蛋到家的制片人。我认为二者之间必然存在合作,因为他们一起制造一种耗费相当成本的产品,最好是能够盈利,或者至少能

---

1. 成立于1919年的制片厂,旨在创建"法国好莱坞"。《日以作夜》中,特吕弗利用了最初为拍摄布莱恩·福布斯(Bryan Forbes)的《金屋春宵》(*The Madwomen of Chaillot*, 1969)而建造的布景。
2. 特吕弗没有点名,但他一定是想到了让-吕克·戈达尔,后者在《日以作夜》上映后,在一封著名的信中称特吕弗为"骗子"(1973年5月让-吕克·戈达尔致弗朗索瓦·特吕弗的信,收于 *François Truffaut, Correspondance*, Éditions 5 Continents/Hatier, Paris, 1988, pp 423—424)。

够回本，以便之后可以继续拍摄其他片子。导演说的事情就发生在我身上，我把它加到了台词里。为了拍摄《日以作夜》，我们向联合出品方华纳兄弟公司[3]申请了80万美元预算，正好相当于当时的400万法郎。结果因为美元贬值10%，我看着维克多里纳制片厂里的这些人——让-皮埃尔·奥蒙（Jean-Pierre Aumont）、雅克琳·比塞（Jacqueline Bisset）[4]、让-皮埃尔·莱奥、达妮（Dani）、亚历山德拉·斯图尔特（Alexandra Stewart）——心想："现在我只有七周，而不是八周，每周五天的时间拍完这部电影，我能做到吗？"接下来是化妆师小姐来问导演他对假发颜色的看法。可导演不擅长这事：他不知道假发是否太红。他希望女演员和发型师一块去自己决定。这里一样，导演有权对一些事情没有想法。最后，道具师要导演从多款手枪中为阿尔方斯选一款。和选度假屋的事一样：只要他们给我提供几个款式，那我就能挑选。在这里，选的时候要考虑到阿尔方斯不是很高大。因此，这把枪不能太大，否则会很滑稽，也不能太小，那样看起来像玩具。导演于是选了一把大小适中的手枪，形状很朴素，黑色，这样出现在雪地背景前就很明显。

这场戏，我真的全盘认领：今天我依然会这么拍。我想不出如何往里引入教益成分，但我还是要说，我觉得对于一部并不试图讲述电影的**全部**真相，而只是**一部分**真相的影片而言，这个场景是诚实的……

---

[3]. 一家美国电影制作和发行公司，由华纳兄弟于1923年成立。
[4]. 英国女演员，生于1944年，特吕弗在彼得·耶茨（Peter Yates）的《布利特》（*Bullitt*, 1968）中发现了她。

144

在度假屋外开始场景的拍摄。"开机",费朗喊道。透过窗户可以看见亚历山大与朱丽在床上拥抱。

费朗(画外音):吻她,亚历山大!亚历山大,吻她,不要太浪漫!

两名演员分开。朱丽端起托盘出来。摄影机摇向门口。朱丽将托盘放在地上,回屋,关上门。

费朗(画外音):放猫!

技术团队保持安静一动不动,专注地看着贝尔纳打开一个篮子,抱出一只灰色的小猫。虽然贝尔纳一再鼓励,一再尝试,但小猫依然拒绝走向早餐托盘。

费朗以明显的恶意攻击举录音话筒杆的人。

费　朗:不,不,全完了!这是您的错,哈里克!您这根傻了吧叽的杆子吓到这只猫了。这个镜头不需要录音!我们会专门配个音!

贝尔纳:我不明白!它本该过去的啊:它三天没吃东西了!

费朗(这一次,对贝尔纳发怒):好吧,听着,这很简单。我们全停下,等您找到一只会演戏的猫我们再继续。

乔　尔:贝尔纳,我早叫你带两只猫了,以防万一!

弗朗索瓦·特吕弗:"小猫,随机镜头的全部魅力就在于此……"
在技术团队焦虑的注视下,道具师贝尔纳(贝尔纳·梅内饰)徒劳地让一只小猫去舔托盘中的牛奶。

弗朗索瓦·特吕弗:"我从未遇到过的极端情况:一名演员的死亡……"
制片人贝尔特朗(让·尚比翁饰)打断拍摄,宣布了亚历山大(让-皮埃尔·奥蒙饰)意外死亡的消息。

贝尔特朗:亚历山大出车祸死了,在他去机场接克里斯蒂安回来的路上。他的车被一辆卡车撞了。克里斯蒂安受了重伤,但他能恢复。而亚历山大死了……在被送往医院的路上。

147

我感觉这两段戏展示了戏剧动因的两种类型。第一段里，普通的情节编织出悬念：猫究竟会不会喝那杯牛奶？第二段有一个极具冲击力的元素：一名演员的死亡，制造出意外效果。这种效果很难达到：观众看到制片人带着沉痛的表情出现，就能猜到出了什么大事，意外并不彻底……

小猫，随机镜头的全部魅力就在于此。这些镜头的完成不再取决于技术团队成员的大脑。所有影片里都有随机镜头。拍五岁以下的孩子也是一样。实际上，这场戏的拍摄过程本身也充满了故事，完全可以用来拍另一个场景。为了防止猫走向托盘，地面上涂了一种驱猫的制剂。但在某几条中——我们没有保留——猫并没有按计划走向涂了制剂的地方再原路退回，而是直接从上面跳了过去！我拍这一段是因为想起了之前的片子里拍猫的场景。[5]

死亡是另一回事。《日以作夜》的目的是在一部供人消遣的娱乐片中，尽可能多地提供有关电影拍摄的真实信息。因此，几乎系统性地罗列了所有可能出现的困难，包括我从未遇到过的极端情况：一名演员的死亡。一场拍摄中，有些事情开始发生，我们会担心拍摄因此而终结。在我个人而言，我有一种强烈的本能：一个人在完成他的工作之前不会死。我记得十二年前一次芬兰之旅。下飞机时，有人对我大喊："戴

---

5. 在《柔肤》中，妮可（弗朗索瓦丝·多莱亚克饰）把早餐托盘放在门外。一只小猫立刻走近托盘，舔杯中的牛奶。这一场景还被原封不动地搬到了《痴男怨女》（1977）中。

高乐死了！"我不肯相信。我对他说："不可能的吧，他还在写他的书呢！"[6]我不能想象戴高乐在完成回忆录之前就死了。我认为这一点都不严肃！

拍一部电影的时候，我们非常害怕影片中途夭折，以致表现出一种极端的自私。比如，我们反对演员乘坐小型旅游飞机，或者在山上拍摄的时候禁止他们周日去滑雪。这种担心归根结底更多是为了影片，而不是他们。我常常把这种局面类比——有点偷懒，但恰当——孕妇或年轻妈妈的情况：一方面是有益于婴儿的事情；另一方面是对婴儿不利的事情。这个例子中，做母亲对一切威胁到孩子的事情毫不手软。

在《日以作夜》中，我想展示一场尽管有演员去世，但在导演与他忠实的女场记员所做的调整下，依然坚持到最后的拍摄。

总而言之，这部影片给我留下了非常美好的回忆。您之前说我的职业生涯给人感觉一帆风顺，我的电影既叫座又叫好。但其实并不总是这样。现在拍了二十部电影，我可以说真的是有高潮有低谷。

《日以作夜》来得正是时候，在连续几次失败之后——包括《两个英国女孩》——我真的急需走出低谷。我想我很幸运，能找到华纳兄弟公司联合出品这部影片，因为我前几部片子的联合出品方艺术家联盟

---

6. 夏尔·戴高乐在1970年11月9日去世前几个小时还在撰写《战争回忆录》（*Mémoires de guerre, 1954-1959*）续篇《希望回忆录》（*Mémoires d'espoir*, Plon, Paris, 1970）的第二卷。

（Les Artistes Associés）⁷不喜欢这个剧本。影片在戛纳上映⁸，非竞赛单元，但取得了巨大成功，仅仅在美国就获得了十来个奖项⁹。最终，它成绩很好，使我重新立足于电影行业。这给了我很大助力，给予我更多自由来拍摄接下来的五六部电影。而且，由于影片里人物众多，我很高兴能够起用一些优秀的新演员，如让-弗朗索瓦·斯特弗南（Jean-François Stévenin）¹⁰，首登银幕的年轻的娜塔莉·贝耶（Nathalie Baye）¹¹，甚至当时还不那么知名的雅克琳·比塞。考虑到呈现在银幕上的东西，这其实是一部相当民主的影片。导演与电影明星都不是主角。女场记员或者贝尔纳·梅内（Bernard Ménez）¹²扮演的道具师也很重要。有一种平等的目视，要知道在一部电影中有八个主要角色而不牺牲任何一个是一件很艰难的事。从这个角度来看，我觉得这部电影相当平衡。当然，关于电影的影片还可以拍很多¹³。我对那些批评《日以作夜》的导演没意见，

---

7. 一家美国电影发行公司，后成为制作公司，由四位好莱坞先驱查理·卓别林、道格拉斯·范朋克、玛丽·碧克馥和大卫·W·格里菲斯于1919年创立。其法国子公司艺术家联盟制作公司联合出品了特吕弗自《黑衣新娘》以来的多部影片。
8. 该片于1973年5月14日在第二十六届戛纳电影节上放映。
9. 这些奖项中分量最重的是1974年奥斯卡最佳外语片奖。
10. 1944—2021，法国演员与导演。在弗朗索瓦·特吕弗从《野孩子》（1970）到《零用钱》（1976）这几部影片中担任助理导演与演员。他在《日以作夜》（1973）中扮演他本人。
11. 法国女演员，生于1948年。戏剧科班出身，《日以作夜》中以苏珊娜·席夫曼为原型创作的女场记员乔尔是她踏入影坛扮演的第一个角色。特吕弗后来还邀请她出演《痴男怨女》（1977），特别是《绿屋》（1978）。
12. 法国演员，生于1944年，专门出演喜剧，是帕斯卡·托马［Pascal Thomas，《吃东西时别哭》（*Pleure pas la bouche pleine*），《那些我们没能搞定的人》（*Celles qu'on n'a pas eues*）］与雅克·罗齐耶［Jacques Rozier，《奥鲁埃一边》（*Du côté d'Orouët*），《缅因海》（*Maine Océan*）］最喜欢的演员。
13. 早就有许多这一题材的影片。其中最著名的有：斯坦利·多南（Stanley Donen）与吉恩·凯利（Gene Kelly）的《雨中曲》（*Singin' in the Rain*, 1952），费德里科·费里尼（Federico Fellini）的《八部半》（*8½*, 1963），让-吕克·戈达尔的《蔑视》（*Le Mépris*, 1963）。

但某些同行应该去拍他们自己的版本。我选择呈现一位工作中非常快乐的导演。可也有些人，至少同样有意思，甚至比我更有意思，他们的作品诞生于痛苦。他们的观点估计不一样。会有一些极为戏剧性的故事：在眼泪、指责和争吵中进行的拍摄肯定是非常好的素材。

《日以作夜》不只是一部影片的故事，它更是拍摄一部影片的故事。传说也好，现实也罢，对于某些电影人而言，拍摄是个无聊的时刻。而在这部片子里，相反，我们感觉那是最紧张的时刻……

是的，那是每个团队成员——不仅仅是导演——都处在最佳状态的时刻。没错，这其实是一部关于一群人在一段时间内一起工作与生活的影片。

但这也是一部逆时代风潮的电影，您为此冒了很大的风险。《日以作夜》拍摄于1973年，当时正是政治和介入电影的巅峰时期。

1973年也不是只有政治电影上映。但的确，《日以作夜》与马可·费雷里（Marco Ferreri）的《极乐大餐》（*La Grande Bouffe*）同年上映。《日以作夜》里其实也略带调侃地提到了这个问题。在一场噩梦中，导演费朗被一个小人物追逐，他问费朗："您为什么不拍情色电影呢？您为什么不拍政治电影呢？"事实上，费朗只拍他想拍的电影！

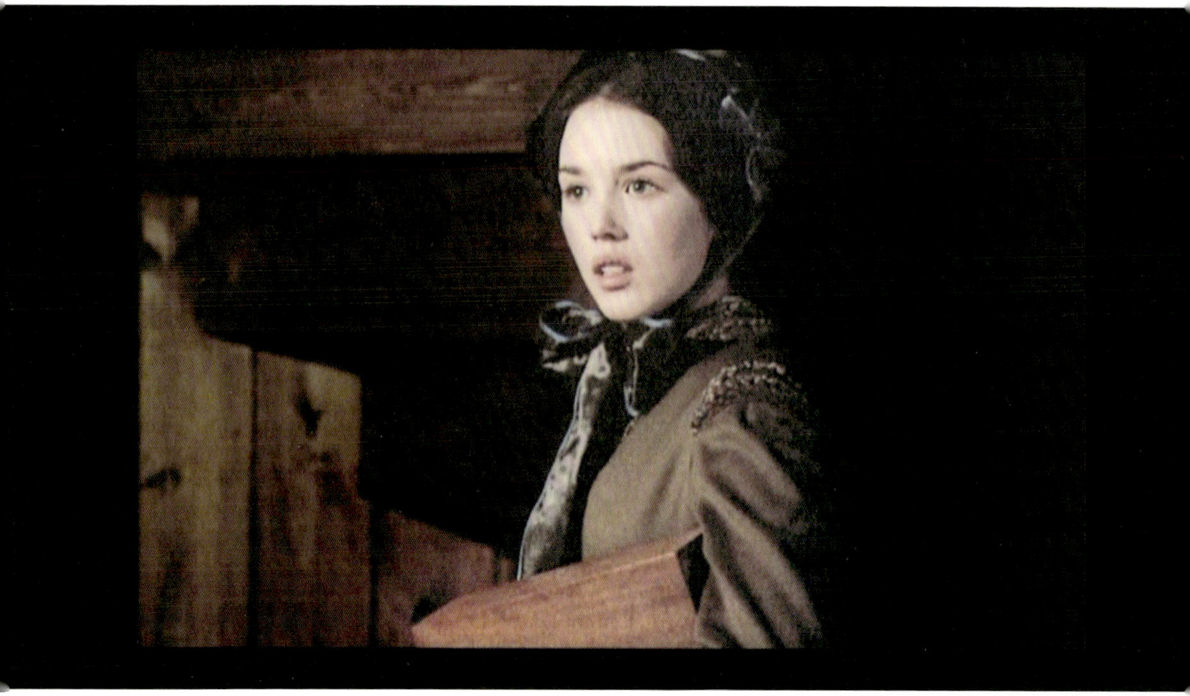

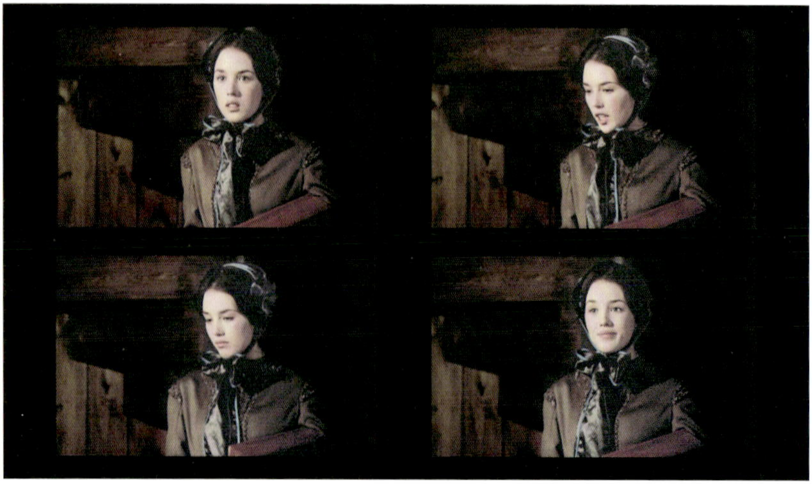

1975

阿黛尔·雨果的故事
L'HISTOIRE D'ADÈLE H.

能否讲述一个恋人在其中并不重要的爱情故事？

阿黛尔回到家庭旅馆；她穿过屋子，走向通往卧室的楼梯。

阿黛尔：晚安，桑德斯夫人。

桑德斯太太：路易小姐，您愿意和我一起进餐吗？我丈夫今晚不在。他要去张罗军事俱乐部的宴会。

阿黛尔：英国军官们会在那里吗？

桑德斯太太（画外音）：在的，在的，宴会是为他们办的嘛……为了欢迎第十六轻骑兵团的到来。

阿黛尔：那我表哥应该也在……

弗朗索瓦·特吕弗："感觉到这个女孩在撒谎，但不知道为什么……"
路易小姐/阿黛尔·雨果（伊莎贝尔·阿佳妮饰）给自己虚构了一个在她看来过于殷勤的表兄……

桑德斯太太（画外音）：您表哥？您在哈利法克斯有一个表哥？

阿黛尔：是的。平森中尉。好吧，我称他为表哥，但我们不是亲戚……我们一起长大。他是我们村牧师的儿子。实际上，他从小就爱上了我。哦……我可从来没有鼓励过他。再说我已经很多年没见到他了。这将是个重逢的机会。我或许可以托您给他带一封信，桑德斯先生……一封转交给他的信……

桑德斯先生（画外音）：可以，再方便不过了。

阿黛尔：好的，呃……我上去写信……您等我三分钟。

阿黛尔拿了盏油灯，迅速走上楼梯。

阿黛尔坐在桌边的正面近景镜头。她双目低垂，一看就在写信。她一边写一边读出声来。

阿黛尔：阿尔伯特，我的爱，我们的分离让我心碎。自从你离开后，我每天都在想你……我知道你也忍受着痛苦。你寄给我的信我一封都没收到，我想我的信也从未能寄到你的手中。但现在我来了，阿尔伯特……我与你在海洋的同一边。一切都会重新开始，像从前一样。我知道很快你的手臂会抱紧我。我与你在同一个城市，阿尔伯特。我等你，我爱你。你的阿黛尔。

在这个片段中，我们看到是一种拍摄说谎人物的新方式。一个进行中的谎言，观众或多或少信以为真……

这就是《阿黛尔·雨果的故事》的基本思路。起初，我从一名美国学者吉尔小姐（Miss Guille）的研究中了解到这个真实故事，她通过自己的

弗朗索瓦·特吕弗写给联合编剧让·格吕奥的批注，要求他对路易小姐/阿黛尔·雨果的谎言内容继续加工。

(*) Il faudrait se donner un peu de mal pour organiser ceci : chaque fois que Miss Lewli parle de son cousin elle dit quelque chose de différent, d'un peu contradictoire, d'un peu incompatible et cela permet au public de comprendre qu'elle ment :

Par exemples :

1) une fois elle dit qu'ils ont été élevés ensemble
2) une autre fois elle dit : c'est mon cousin mais je ne l'ai jamais vu je viens pour faire sa connaissance parceque mes parents sont morts
3) une autre fois elle dit : c'est mon cousin mais je l'évite parceque il est amoureux de moi et je ne veux pas l'encourager (elle peut dire cela au libraire)

* De cette manière, ce sera beaucoup plus intéressant.

4) c'est mon cousin mais nous sommes brouillés, j'ai seulement besoin de le voir pour lui faire signer des papiers relatifs à une succession ....

调查，通过寻找并集合散落在多家图书馆的材料，重构了阿黛尔的人生。我们这才知道雨果小姐曾在加拿大新苏格兰生活，用了好几个不同的身份，因为雨果这个姓举世尽知，她想逃离这一切。这就是这个稍显单薄的故事的基本思路：整部影片，银幕上只看到阿黛尔，外加几个零散出现的次要角色。比如恋人平森中尉，戏非常少。我记得他总共只有两个场景，外加三四次在镜头里露面。这是我和联合编剧让·格吕奥的共同选择。我们一起写了好几稿，才定下这个故事非常简练的最终版本。

影片第一部分的基本思路是让观众感觉到这个女孩在撒谎，但不知道为什么，也不透露她的身份。到第二部分才知道她是谁，知道她爱上了一个无法奢望回爱她的男人。我们并不要让观众相信这个人会改变，她会打动他。一点也不。相反，我们从一开始就指明那是没有希望的，但还是会强调她为了吸引他的注意力、让他改变心意而不断升级的努力。其实应该这样问：她会做到什么地步？

影片的形式相当纯粹、相当朴素；它是对《两个英国女孩》的一种反动。因为我觉得那部片子糅合了过杂的素材：有歌舞酒肆、出租马车、水边场景、群众演员，等等。对于《阿黛尔》，我决定：必须拍一部避免所有这些花样的时代电影，专注于一张面孔。这一选择还是在一个地方给我带来了问题。虽然阿黛尔与平森中尉没有举行婚礼，但是报纸上登了婚礼的消息。于是，我需要一个不可或缺的场景，平森中尉被团长传唤。这一场景让我头疼不已，因为我没法专注于阿黛尔了，我得去拍平森，还要引入团长这个新人物。我设法透过门缝拍了这个场景：平森站得笔挺，被团长骂得狗血淋头，团长在他身后踱来踱去两三次，只能依稀看到。但最重要的是这个团长没有作为一个完整意义上的人物出现。

《阿黛尔》的叙事思路还包括把一张面孔变成一个故事。是否可以拍一部完全聚焦在一张面孔上的影片？能否讲述一个恋人在其中并不重要的爱情故事？影片基本上还算成功，这要归功于情节，归功于伊莎贝尔·阿佳妮（Isabelle Adjani）这位引人注目的女演员，归功于莫里斯·若贝尔（Maurice Jaubert）的音乐。偶尔使用一种既不是为影片创作也不是古典音乐的音乐还挺别致的。事实上，这是一种当代音乐，是若贝尔当年为了电影创作的，另一题材的电影，确切地说是亨利·斯多克（Henri Storck）[1]的比利时纪录片。

我们为了《阿黛尔·雨果》改编了若贝尔的音乐，在开拍前录好，然后在拍摄过程中播放，循环回放。这意味着这部庄重、严肃的影片拍的时候像一部音乐剧，在拍摄开始时播放音乐，这样女演员可以踩着音乐节奏动作。我在拍《两个英国女孩》时已经把这种做法搞得比较顺了，那次我们不时在拍摄现场播放预先用纳格拉（Nagra）录音机录好的旁白，这让两名女演员有种被托着走的感觉，有助于她们动作、表演。

---

1. 1907—1999，比利时纪录片导演，《博里纳日的悲哀》（*Misère au Borinage*，1933）的联合导演。

Adèle :

- Adèle
- Pinson
- M. Gossips
- Saunders
- Mme Saunders
- Ellen Molton
- O'Brien
- Mme Baa

il faut signaler le déménagement (du régiment)

le faux départ s'V gâché

jos enceinte également (rencontrant
quelque part Mme Saunders, elle cache sa grossesse)

je désire ajouter une scène : l'admirée
amène à Pinson sa tenue qui revient
du nettoyage : des charges/poches des petits
mots d'Adèle : laissez-vous aimer .... etc ..

* renforcer l'élément jalousie : 1) de sa sœur
                                 2) de Pinson
   * rétablir une filature les m'il + V en
     r.v. galant

* répartir les 7 péchés capitaux : [établir une liste des personnages]
  - gourmandise = Pinson + Ellen Molton ? Mme Saunders ?
  - paresse   = Pinson
  - luxure   = Pinson
  - colère   = une colère de Pinson au Mess..
  - envie   = Mme Saunders
  - avarice   =
  - orgueil   — Adèle (votre maîtresse soumise) (+ vont le cauchemar sera captivé à Ellen)

* cauchemar : sa Maurizio ..
* marquer le temps, les vieillissement d'Ad.

弗朗索瓦·特吕弗:"是否可以拍一部完全聚焦在一张面孔上的影片?"
伊莎贝尔·阿佳妮在《阿黛尔·雨果的故事》中第一次扮演重要角色。
左页:弗朗索瓦·特吕弗写给联合编剧让·格吕奥的留言,对《阿黛尔·雨果的故事》的剧本提出意见、建议与思路。

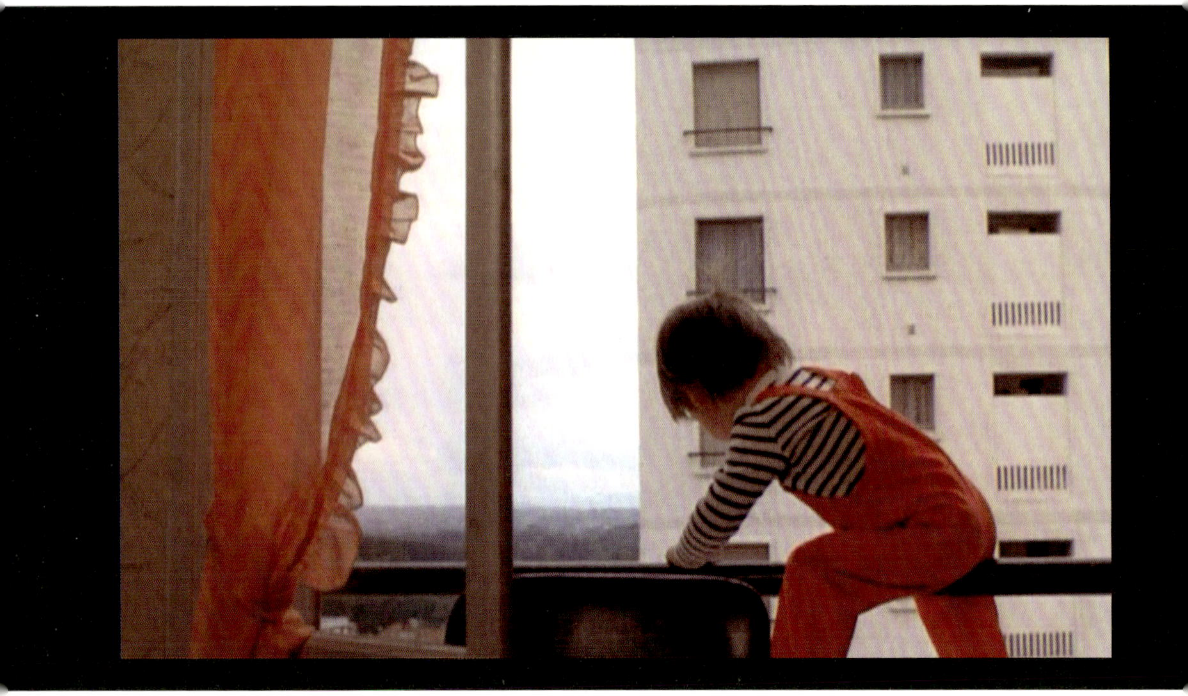

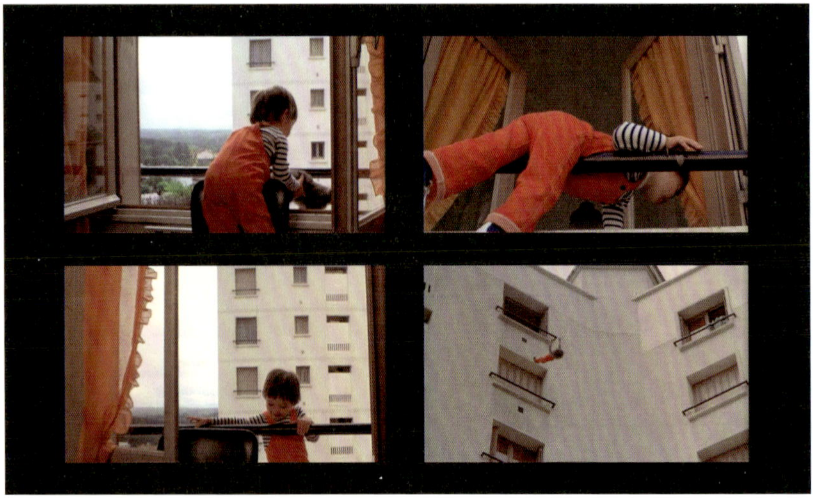

1976

零用钱

L'ARGENT DE POCHE

影片以《零用钱》为名上映,但起初我想过用《命硬》的片名,以展现孩子们的这种抵抗力

在随后的场景里,让-弗朗索瓦·斯特弗南与维吉妮·特弗内(Virginie Thévenet)对这个场景做了评论。他们对话的大意是儿童处于危险之中,但同时也非常皮实……

是的,但这里又是童话了……

这里的确是童话,并且又回到了您刚才问我的问题:"是否可以拍摄一切?"我知道这一段有滥用电影人权力之嫌:用某种几乎邪恶的东西吓唬观众,而且是最糟糕的东西:一个孩子的死亡。但我当时觉得应

弗朗索瓦·特吕弗:"用某种几乎邪恶的东西吓唬观众……"
无人照管的格雷戈里试图翻出窗外去抓小猫,不慎从十楼坠落。

该这么做，因为我受了报纸上每年都会出现的一则社会新闻的启发：一个孩子从六楼跌落毫发无伤。影片还是小心地交代了有一丛灌木可以在孩子下坠时提供缓冲。真实的故事里是"弥弥尔扑隆嗵！"。片子里是一个名叫格雷戈里的小男孩，我们拍了"格雷戈里扑隆嗵！"。我需要这个故事，因为在我看来，它象征着这部对我来说副标题可叫《命硬》的影片的主旨。影片以《零用钱》为名上映，但起初我想过用《命硬》的片名，以展现孩子们的这种抵抗力[1]。

我想《零用钱》和《美女如我》一样，也是一部迷影者与唯美主义者评价不高的影片。必须对孩子比对电影更感兴趣才会喜欢这部影片，但迷影者对孩子常常不太感兴趣……

---

1. 在西班牙上映时，影片片名就是 *La Piel dura*，直译即为法语"命硬"。

《零用钱》中帕特里克（乔利·德穆索饰）和里弗尔夫人（塔妮娅·托伦斯饰）对话草稿与剧照。这一场景，特吕弗取材于发生在戏剧家萨沙·吉特里（Sacha Guitry）年轻时的一件真事。萨沙迷上了玛丽-安娜·费多——剧作家费多的妻子，用自己的零用钱买了一束红玫瑰献给她。费多夫人误解了，以为年轻人是他父亲吕西安·吉特里差来的。吕西安·吉特里是戏剧演员，也是费多家的朋友。

— Bonjour Patrick tu n'as pas rencontré Laurent, il vient de sortir
— Ce n'est pas Laurent, c'est vous que je viens voir Madame
— Moi ?
— Oui, je veux, enfin j'ai pensé... voilà c'est pour vous..
— Oh les belles roses, elles sont superbes, eh bien mon petit Patrick tu remercieras bien ton papa

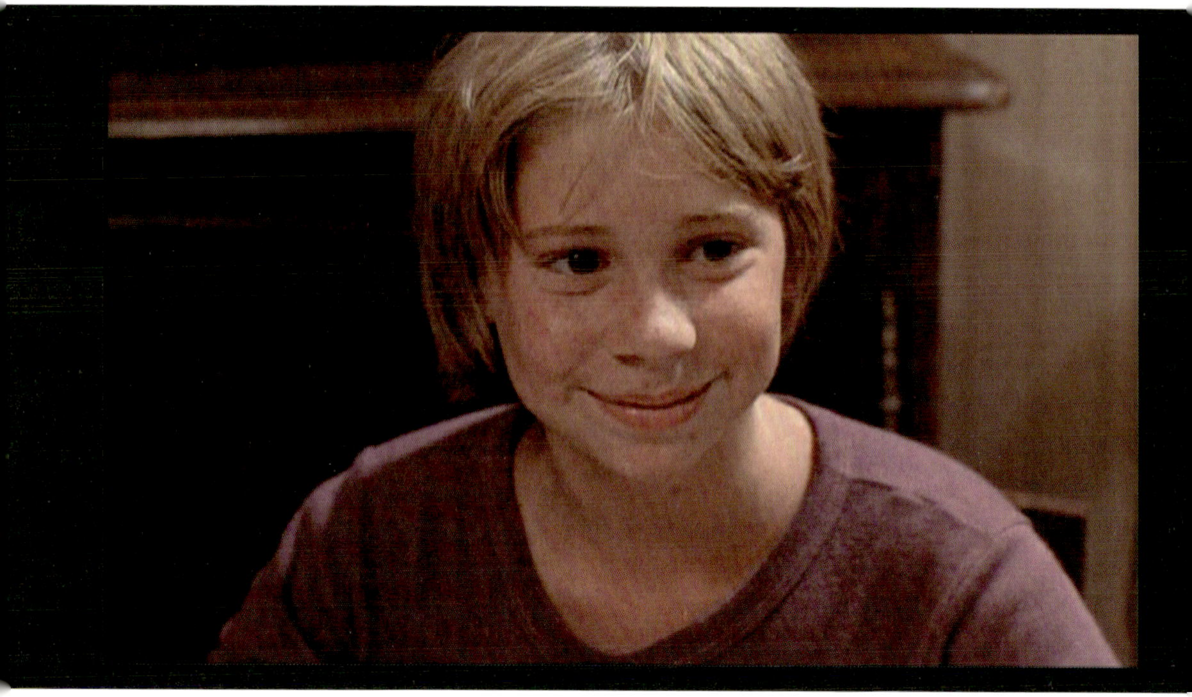

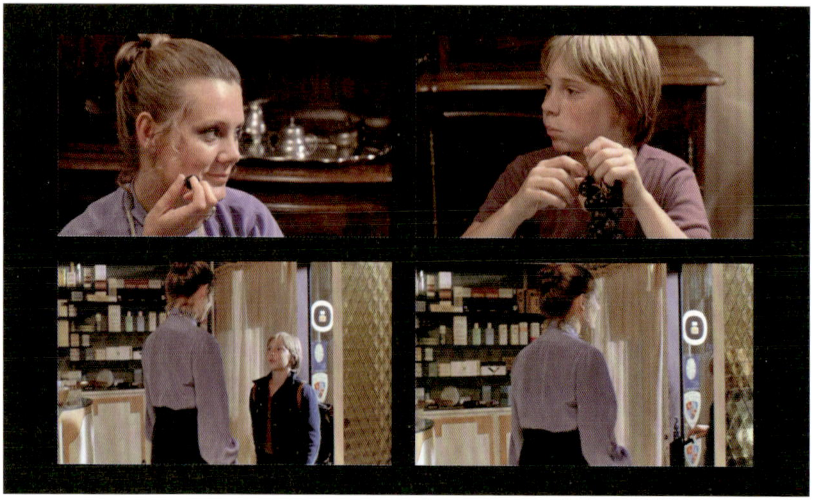

> 在里弗尔家，晚餐开始了。这是一顿丰盛的晚餐，帕特里克并未辜负：他添了两次炖肉，吃起沙拉精神十足，尝了三种奶酪、两种水果，咧嘴笑着迎接蛋糕的到来。
>
> 晚餐后，里弗尔夫人送帕特里克下楼出门。离开的时候，小男孩想要表现得像个"绅士"，礼节隆重地对年轻女子说：
>
> "再见，夫人，非常感谢您的粗茶淡饭。"
>
> 纳迪娜·里弗尔强忍住笑。她关上灯，上楼休息。

这是一个围绕食物的场景，切得很碎，最后以某种口误作结，它让人想起《偷吻》里的口误。这两个场景之相似给我留下了深刻印象。但有一点不同，这次没有一丝尴尬，几乎是个滑稽的场景……

是的，这也是一段回忆。更准确地说，是一个从朋友那里听来的故事。但我没有什么特别要说的。它完全建立在最后这个包袱上："粗茶淡饭"……

但事实上，这并不是一个口误，他其实不知道这个词什么意思……

孩子说这个词，因为他认为这是一个"让人舒服"的词。

您的电影中拍了很多儿童，部分应该是出于对以往电影中刻板的儿童形象的反动。这其中您遇到过什么特别的问题吗？

在《零用钱》里,唯一有意思的地方在于我拍了比以前拍过的儿童[2]更小的孩子。从新生儿的问题到夏令营的初吻。影片的想法是制作一个基本囊括各个年龄段的马赛克拼图。我不太记得这部电影了,因为拍完后我就再也没有看过。但是我记得拍摄过程非常愉快,很多都是即兴创作……当然,还是保证了地点的一致性——梯也尔[3],我们的拍摄地,和时间的一致性——7月到8月,正是暑假[4]。我只从巴黎带了两个孩子[5]去,其他孩子都是在当地招募,他们演了些或多或少即兴的小品,他们一批一批来,父母就远远等着,充当背景。我想展现一些家庭环境缺陷明显——父母孱弱或者残疾——但还是走出了各种困境的孩子,因为他们其实很坚韧。

《零用钱》是一部相当乐观的影片,一准是因为与拍给成年观众看的《四百击》不同,我希望把它放给孩子们看。总体上,影片很明快,但我还是坚持插入了一个受虐待的孩子的故事。因为我想从来没人那样做过,而影片如果缺了这一块就不够全面。我给自己提出一个问题:"如何在电影中展示一个受虐待的孩子?"我选择了一种很间接、很简略的方式。

---

2. 特别是在《淘气鬼》(1958)与《四百击》(1959)中,这两部影片里的儿童角色都是即将进入青春期的少年。
3. 位于奥弗涅-罗讷-阿尔卑斯大区多姆山省的城市。
4. 情节则发生在一个学期内,从学年结束到暑假开始。
5. 克劳德・德吉夫雷的儿子乔治・德穆索(Georges Desmouceaux,演员表里名字写成"乔利(Geory)"(饰帕特里克),和菲利普・戈德曼(Philippe Goldmann,饰朱利安,受虐待的孩子)。不过特吕弗也带去了他的两个女儿,劳拉(Laura,16岁)和爱娃(Eva,14岁),她们也在影片中客串角色。

您执导孩子们拍戏遇到的困难多吗？

不，不太多。只是在拍五岁以下的孩子时会有点困难。这和《日以作夜》里拍小猫是一样的问题……

有一种刻板印象认为执导孩子们拍戏很难……

不难，只要接受时间不会以同样方式分配就行。我感觉执导孩子们拍戏就像在直升机上航拍。一开始，会觉得太浪费时间：得架起摄影机，把它固定在直升机上，注意别让直升机的桨叶出现在画面中，等等。随后，直升机一旦起飞，那节省下的时间就太多了。与孩子们一起也是这样。某一刻失去的时间之后能够赶回来。再者，价值发生改变：通常，只要一个孩子能成功拍完一个场景，效果就一定比剧本原先的设计好得多，而且这种提高的程度要超过成年演员。与成年演员一起拍摄，总是要么比剧本稍微好一点，要么稍微差一点，但不会偏离很多。而与孩子们一起，不是我们放弃之前写好的四页剧本，就是他们的呈现比预期好很多。实际上，对待孩子，不能把他们当演员来看，而是要把他们视为影片的合作者。

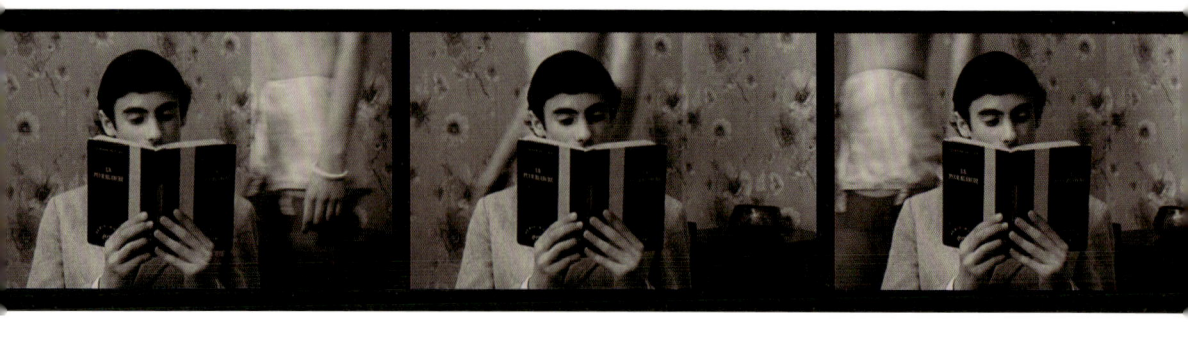

[Me mère avait l'habitude de se promener à demi-nue devant moi, non pour me provoquer évidemment mais plutot, je suppose, pour se confir- -mer à elle-même que je n'existais pas. Pour la même raison il m' était interdit de faire aucun bruit ~~ni~~ ni de quitter la chaise qui m'était allouée. C'est donc à ma mère que je suis redevable d'avoir trés tot aimé les livres et la lecture.

En me donnant
~~Elle me donnait~~ à poster sa correspondance amoureuse / *elle* me témoign~~ait~~ *ait*
~~pa- la vais~~ une confiance excessive puisque ses lettres / parvenaient rarement à destination:

" Mon amour, mon amour... Je ne comprends rien à tes grands silences. ...Je n'ai reçu aucune lettre de toi depuis deux semaines et ~~nous~~ je me demande si mes lettres te parviennent.. Parfois il me semble que les mystères de la poste sont insondables...insondables ! "

✗

少年贝特朗·莫兰（米歇尔·马迪饰）与母亲（玛丽-让娜·蒙菲永饰）那场戏的草稿，以及弗朗索瓦·特吕弗的修改笔迹。

1977

—

痴男怨女

L'HOMME QUI AIMAIT LES FEMMES

—

在调情的故事中，一切人声层面的东西，一切建立在视觉剥夺基础上的东西，都非常重要

又是文学！

我感觉我们的访谈最终没怎么谈到书籍，但它们无处不在，包括《两个英国女孩》片头的演职信息段落……

在《痴男怨女》的这一场景中，我们感觉看到了阅读兴趣的诞生，就像在这段黑白的闪回中剧中人当时发现了阅读的乐趣一般……扮演这个角色的男孩让人惊讶不已。是您发现他的吗？

他是一个蒙彼利埃的男孩[1]，影片是在那座城市拍摄的。有人对我说:"您在找一个孩子扮演年轻的夏尔·德内吗?瞧,我们为您找了一个!"他太棒了。我不记得旁白说了些什么了……"我很早就爱上了阅读,无疑得归功于母亲。"我一点都不记得这个场景了,除了旁白里说的……

剧中人就是在旁白里说了些相当可怕的事:当他阅读时,他的母亲习惯于半裸着走来走去……一方面,是这个被禁锢在椅子上、只能阅读的孩子,另一方面,是这个走来走去的女人,二者间,有一股巨大的暴力。这是一种在您的电影中经常看到的情境。我想到了《零用钱》里一个男孩的父亲,一个残疾人,整天都在看书,正是因为他不能走动。

每一个场景都有一个关键词。我不知道为什么。您刚才播放的《零用钱》的场景,关键词是"粗茶淡饭"。这一段则是"高深莫测"。"邮政的奥秘真是高深莫测……"

您是从一个词出发构建一个场景的吗?

不是,但有个词会成为关键词;它有点怪,引人重复,于是从整体中凸显出来,给予整个场景某种色彩。对我而言,现在这个场景是"高深莫测"这个词的场景,因为很显然,这太讽刺了。我们看出这个孩子习惯私拆母亲交寄的信件并截留。可是,就在这封交寄的信件中,母亲

---

1. 少年名叫米歇尔·马迪(Michel Marti);据我们所知,这是他唯一一次出演电影。

写了"邮政的奥秘真是高深莫测"……我们看到孩子后来把信扔进了下水道！我必须承认，这段让我笑死了……

我还注意到，在您的影片里，您不惮于赋予人物一个平常在电影中看不到的角色。我指的是《黑衣新娘》中的画家，或者《痴男怨女》中的作家……

《痴男怨女》里，贝特朗·莫兰的职业很有趣，但那不重要。我们必须在猎艳以及他和这些女性的复杂关系之外给他发明另一种爱好。从他决定写书的那一刻起，我们就有了可跟进的第二个故事，两个故事最终聚合在一起……

但是，这些创造者的角色——画家、电影人，或者作家——难道不正是最难呈现在银幕上的角色吗？

所以每次都由夏尔·德内来演并不是偶然。既能演《黑衣新娘》中的画家，又能演《痴男怨女》中的作家，而且都能演得真实可信，这样的演员我不认为有很多。我常常想这个问题。没有多少演员可以摆到打字机后头而不立即引来观众的哄堂大笑。但夏尔·德内就可以！

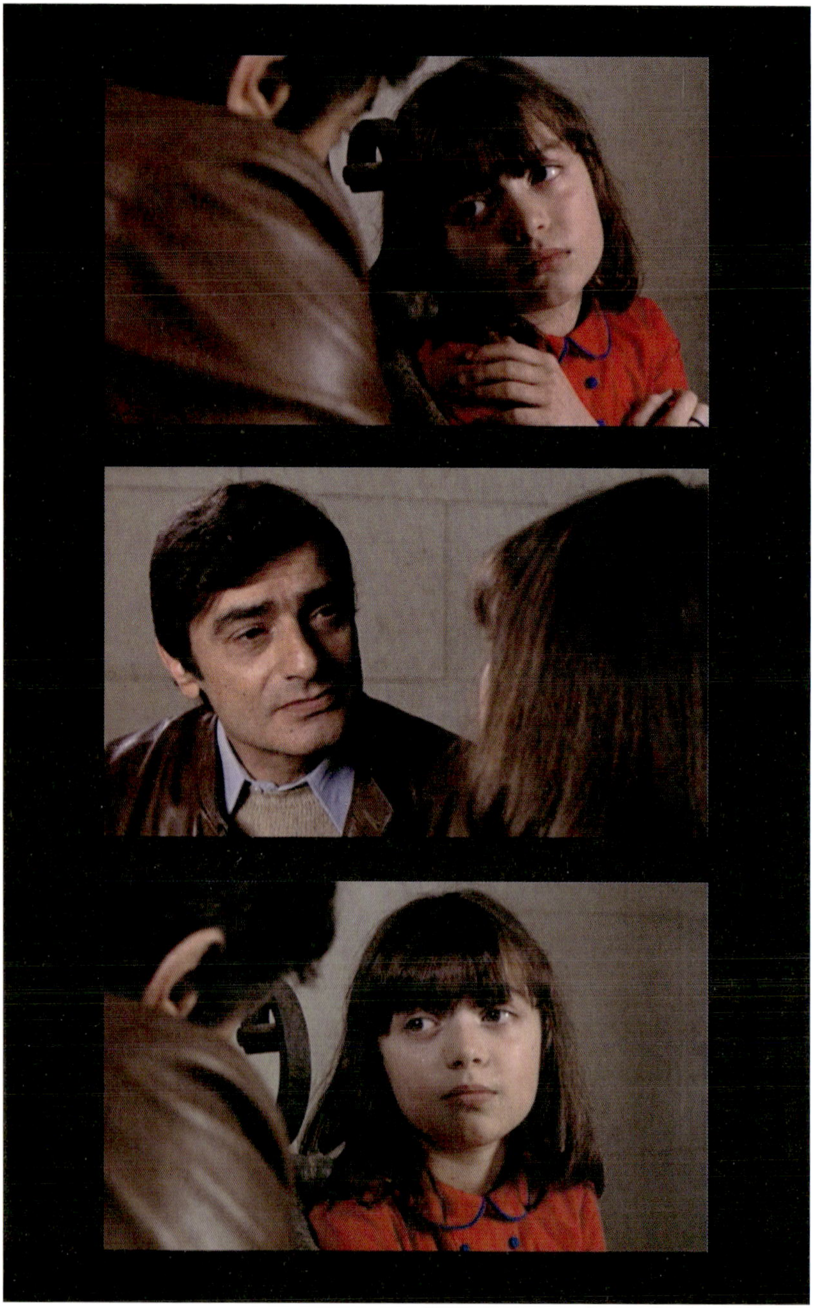

在一幢大楼的楼梯口，贝特朗看到一个捂着脸、哭得眼泪汪汪的小姑娘。

贝特朗：瞧瞧，出什么事了？你为什么哭啊？如果我有一条像你一样漂亮的红裙子，我才不会哭呢。

小姑娘抬起头，看着他。

朱丽叶特：我姐姐不肯让我穿她的冰鞋。

贝特朗：她怕你会弄坏它们……或者怕你被冰鞋弄伤……

朱丽叶特：不，我讨厌她。有时候我真希望没有这个姐姐。

她继续哭。

贝特朗（试着分散她的注意力）：哦，真遗憾你哭成这样！我相信你很伤心……不过话说回来——不知道对不对——我觉得哭的时候会有一种小小的快乐，告诉我是这样吗？

朱丽叶特：不对，不是这样的。

贝特朗（坚持）：好好想想你内心深处的感觉。你在哭，你很伤心，但是一边哭着，你会有一点点快乐，不是这样吗？

朱丽叶特（露出微笑）：是的，是这样，有一点点快乐。

贝特朗：这本书是什么？我可以看一下吗？（他拿起书。）《幽灵与女巫岛》。好看吗？（她点头肯定。）是你想到把书包起来保护它？（她默认。）这很好。爱护书籍是好习惯……告诉我，你多大了？

朱丽叶特：九岁。

贝特朗：你急着长大吗？

贝特朗·莫兰（夏尔·德内饰）被哭泣的女孩朱丽叶特（弗雷德里克·雅梅饰）打动。

她点点头。

贝特朗：你想长多大？

朱丽叶特：我想长到……十七岁！

贝特朗：十七岁？你现在九岁，十七岁要到八年后，1985年……

离开她时，贝特朗感觉自己有了梦想，就好像预定了某种未来。

这一幕美极了。观众以为会影射这人是个色情狂，或者这类的事情，但什么也没发生。还有对小姑娘裙子颜色的选择，红色的裙子，后来变成了蓝色的裙子……

是的，故事发展到后面，我们看到夏尔·德内在印刷厂修改小说校样。小姑娘是小说的一部分，他问女排版师是否还可以改一个词。他在这时改了小姑娘裙子的颜色：裙子在现实中是红色的，但在书中变成了蓝色。绝不应该为证明什么而行动，但这一段的想法估计是要表现作者在创作虚构作品时行使一种权力。一种依我看来微不足道、无害的权力，比政治家的权力更友善，但仍然是一种权力。这种权力不该滥用，但可以把玩，至少用来改变颜色。如同安托万在院子里把他的白色康乃馨变成红色康乃馨一样……

娜塔莉·贝耶以声音出演的陌生电话员唤醒贝朗特·莫兰的那个场景非常有力、非常性感，因为观众看不见这个女性角色，不得不去想象……抛开这个个案,我们正好可以谈谈声音在您电影中的位置。似乎您拍电影首先是为了听电影的乐趣,用人声来游戏……

我认为,在调情的故事中,一切人声层面的东西,一切建立在视觉剥夺基础上的东西,都非常重要。从《痴男怨女》剧本写作一开始,我就对联合编剧米歇尔·费尔莫(Michel Fermaud)[2]说,一定要有一个电话恋的故事。我们写了好几个草稿——多少还算满意——直到粗略定下这个承担叫早服务的女人的故事。我很遗憾没能为它找到一个更好的结束方式,但放到整个影片中看,效果还不错。我不记得有多少个夜间电话了——两个?三个?——我也不太记得后来发生了什么,但我记得拍的时候非常惬意。我要求内斯托·阿尔门德罗斯呈现一种非常阴暗的摄影效果。画面上只有贝特朗·莫兰在黑暗中的面颊和呼吸,以及那个遥远而神秘的女声。

《儒尔与吉姆》中正好相反。影片结尾的旁白说"他们受不了只听见对方的声音而无法相互触摸,曾发誓永远不打电话……"

---

2. 1921—2007,法国剧作家、导演与编剧。1950年代,特吕弗因《电影手册》工作之便与他结识。《痴男怨女》是他们唯一一次合作。

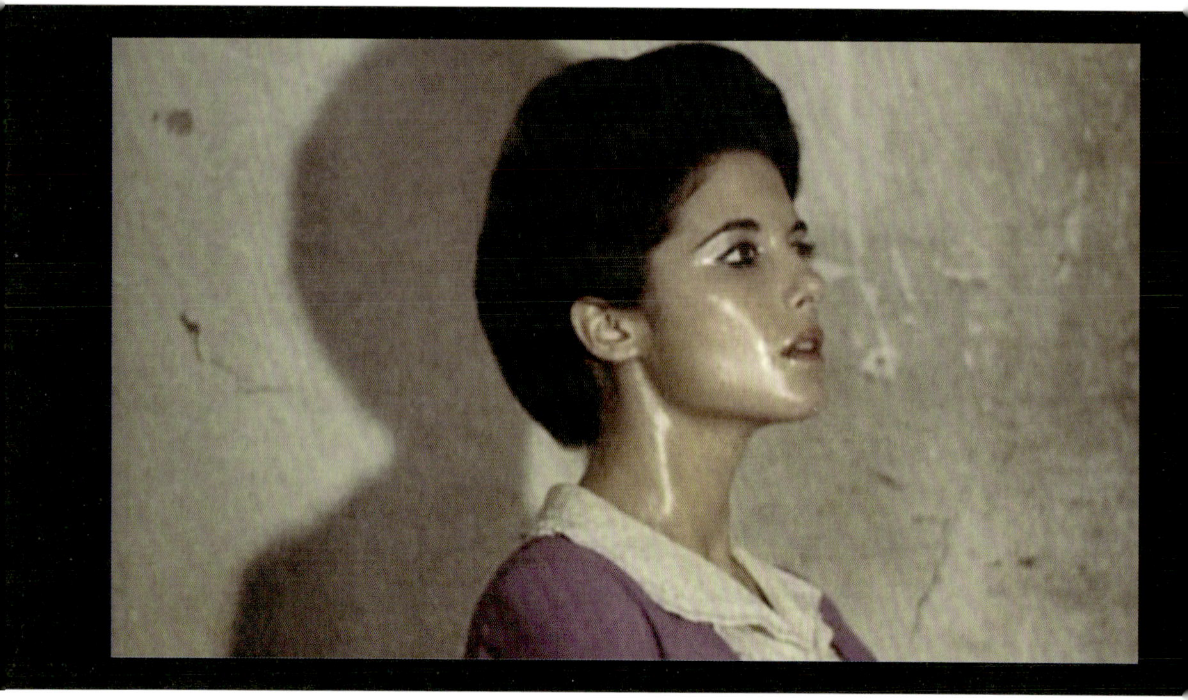

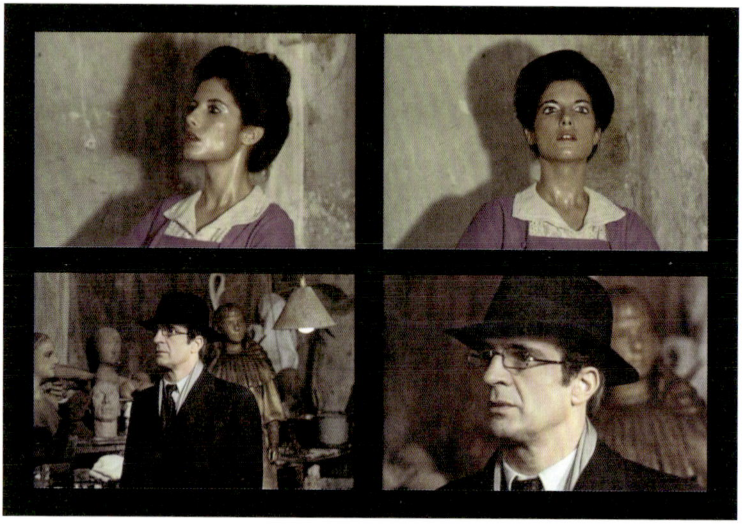

1978

—

绿屋
LA CHAMBRE VERTE

—

《绿屋》同样建立在执念和围绕执念的变奏的基本思路之上

  这是一个男人的故事,他生活在对亡妻的执念之中。他试图让她回生,至少也是维持她的痕迹、她的在场。他的尝试之一是求助于一家蜡像制造商。让·格吕奥和我,我们的出发点是亨利·詹姆斯(Henri James)[1]一则非常简短的故事《死亡祭坛》,但它只够拍一部中等长度的电影。为了扩充体量把它改编成长片,我们写了一些补充段落。刚刚放的这个场景是对两段记忆的重现,我最喜欢的一部路易斯·布努埃尔(Luis Buñuel)的电影《犯罪生涯》(*La Vie criminelle d'Archibald de la Cruz*)[2],以及意大利小说家托马索·兰多尔菲(Tommaso Landolfi)的

弗朗索瓦·特吕弗:"我们试过一个真正的假人……"
娇妻之死让朱利安·达文(弗朗索瓦·特吕弗饰)悲痛欲绝,他以妻子为原型定制了一个蜡像,试图让她回生。

《果戈理的妻子》³，我觉得写得非常美。作者连篇累牍地列举果戈理妻子的一切优点：她从不生气，总是迷人的，等等。等到最后，读者才意识到果戈理的妻子是一个假人！我们的这个片段确实非常能体现影片的精神实质……

在布努埃尔的影片里，有一种通过假人实现的复仇，但在这里，您主要想展示艺术家重现现实时的力有不逮……

哦，我没想要提炼到这个高度！这个男人不是骗子。他是一个非常本分的工匠，只是没能达到期望的结果而已。我在拍摄的时候没有想到这一点，但现在您一说，是可以和电影做一个对比。我们可以说，例如，电影每次以为进步时都在退化。例如，用立体电影和杜比音效骗人。我们将观众的目光吸引到银幕中心，为了最终让他们听见……来自墙壁的声音！这些东西不过是幻觉与枝节，一些无聊的尝试，想制造更多的真实感，但这种真实感恰恰只能靠一些精心选择与组织的手法来呈现。因此可以说这一场景是对这些虚假的技术进步的批判，它们披着现代性的外衣，并没能再造梦境，反而每次都导致我们表达方式的倒退。

---

1. 1843—1916，美裔英籍作家，19世纪现实主义文学代表人物，短篇小说大师。
2. 1955年上映。剧中人使用一个魔法音乐盒，只要一动念就能杀死他想除掉的女人。
3. 1961年发表于意大利；法语译本收于合集《果戈理的妻子与其他故事》（*La femme de Gogol et autres récits*, Gallimard, Paris, 1969）。

这个场景有意思的地方在于，我们试过一个真正的假人。但是做出的模型并不好，所以我们决定用石蜡给女演员上妆。化妆过程很长，花了两个多小时，在此期间，她当然既不能笑也不能动……

朱利安·达文（弗朗索瓦·特吕弗饰）与制作他妻子蜡像的工匠之间的对话草稿。

啊，我们在这个场景中看到的是个真人吗？这回我彻底给您骗了！从我第一次看这部影片到现在，我一直以为那是个假人……

如果是个真蜡像的话，我想至少要花三万美元！现在这个总比平常做的那些假人更成功……

这个角色的特殊性在于，一开始她就是一个缺席的形象。朱利安·达文找不回她。然而这并不妨碍影片向着重聚的欲望推进……

我向您承认我有些忘记这部影片了……尽管它不是一部很老的片子，但上映之后我就没再看过[4]。无论如何，我认为在我的想法里，它与《阿黛尔·雨果》是孪生子。放到一起，两部影片应该能起效。《绿屋》同样建立在执念和围绕执念的变奏的基本思路之上。我觉得拍一部剧中人能够对他爱过或者他感兴趣的亡者抱有起伏的情感的影片很有意思。我想可以找寡妇调查一下。在她们人生的某些时期应该偶尔发生过这种事。有些时期和死者闹翻，有些时期与死者和解，有些时期还挺喜欢那人的……在一些修女的访谈里能读到同样的事。她们与上帝的关系如同家庭中夫妻关系一样有起有伏。类似："现在还可以……我们已经很长时间没有吵架了……"总之，这类我非常喜欢的维度。

---

[4]. 《绿屋》于1978年4月上映，比这次访谈早了三年多。

当您出演自己的影片时，您是自己给自己导演，还是让团队中的某人对您的表演提出意见？

哦，意见，他们给我提了很多！特别是录音师，关于我的声音……然后，出演自己的影片时，我会像世界上所有演员一样做：一个镜头拍完，我会看向某人。具体到这部影片，我看的是我的直接合作者苏珊娜·席夫曼，看她是否会说"最好再拍一次……"不确定的时候，我们会围到录音师边上，听听录制效果。导演演戏的毛病是切片太快。《野孩子》——这是我作为演员的第一部电影——刚开拍时，我一说完我的对白就转向摄影机说"切！"。问题是不能这么做，要为剪辑留些呼吸的间歇。后来，我决定让苏珊娜·席夫曼来叫停。

但最大的区别在于，出演自己的电影的时候，我们会采取一种完全不同的场面调度方式。站在摄影机后面，我们想象演员的走位，却忽略了演员也分好几种。可是有些演员——往往是戏剧出身的演员——他们不喜欢动弹。他们喜欢坐在椅子里或者站着说台词，然后再走动。就拿比如在蜡像这场里出演的这个男人来说吧：他没法在拉开帘子的同时说台词。他需要将两者分开。我随他去了，我尊重他的节奏，因为他不是一个职业演员，而是一个马医专家。如果当时换一名职业演员来演，我也许会要求他把动作和台词结合得更紧密。

我自己出演的时候，我知道我更喜欢边走边说……我希望两者彻底结合，就像我在杜瓦内尔系列中要求让-皮埃尔·莱奥或者其他影片里的某些演员做的那样。在这种情形下，场面调度不是在摄影机后面，而是在摄影机前面。我们的出发点是角色将要完成的行为——他将从这里走到那里，摄影机要跟着他，然后我和内斯托·阿尔门德罗斯讨论。一旦他告诉我"镜头切到腰或切到脖子"，我甚至不会去看摄影机的取景器。因为我们谈论的是拍一镜到底的段落镜头（plan-séquence），往往相当长。

蜡像这个场景情况不一样：我们需要分镜头来拍人物反应。但《绿屋》绝大部分都是用段落镜头拍摄的。这是我拍得最快的影片之一。我们应该是用了五周，每周五天，也就是差不多二十五天[5]。

同样必须指出的是，导演自己表演的情况下离开画面更快。我们依然心系监视，想要看看发生了什么。我们有一套用于银幕的演技，同时，没有台词的时候，我们还有一套监视的演技，看着别人表演。我在《绿屋》中的搭档娜塔莉·贝耶有几次告诉我，说我的眼神是导演的眼神，在她说台词时监视着她。我们确实有几次在拍摄中爆笑不止，令人难忘……

如果同一个角色我找一个演员来扮演，等他说完台词，我会在镜头里给他一个位子，一个容身之地。他仍然还在画面中。因此，研究一下我在《野孩子》中的出画入画会相当有趣。在同一个镜头之中，我表演，我出画，我再入画，我监视，而拍摄继续。最后，我回到摄影机后面说："切！"

---

5. 事实上，《绿屋》拍摄于10月11日至11月25日，历时32天。

这部影片里，很多时候，演员的演技被弱化了。但是，您的演技不同。您想到了罗贝尔·布列松吗？

啊，您听我说，我演戏就像我在这里说话一样！

不，不，您在这里比在影片里生动得多。影片里真的是布列松式的。您用一种非常单调的方式念台词，这营造出一种非常特殊的氛围。唯一打破平淡的是这场发怒的戏……

哦，不会吧，经常挺活跃的啊！而且我记得影片里有好几个发怒的场景……

话说，您喜欢布列松执导演员的方式吗？

我比较喜欢他执导女性的方式。男性嘛，两回里喜欢一回。但这里的重点是，他们都是业余演员，并不关心自己会给人留下怎样的印象。这些人出演是帮忙，几乎就是助人为乐。我习惯于经常在外省拍摄。主要角色，写进剧本的，由来自巴黎的演员扮演。与之相对，许多小角色则在当地找人来演。然而有时，让职业演员和业余演员一起表演会搞砸一场戏。那很难办，因为在业余演员身上有一种极度的纯粹，一种无知无畏，以及一种同样见于儿童的超然。孩子们出演就是为了好玩，为了帮忙。他们并不为成为职业演员而表演……

至少在第一次出演的时候……

哦,甚至第二次!他们表演的时候脑子里没有这样的念头:"我必须让人喜欢"或者"明年我一定还要拍"。我不是说所有演员表演时都带着这种意图,但再怎么说,他们会为自己考虑,想着这一角色会以怎样的方式写入他们的职业生涯。他们没法不去想……

但业余演员就没有创作的欲望吗?

您知道,业余演员不认为自己有这能力。他们极度谦恭,而且无论如何就是觉得自己不够好。一个镜头拍完,他们会对您说:"好嘞,反正您觉得可以就好……"而往往那是非常好!(笑)在这个场景中,所有演员都是业余的。如果您仔细观察这个冒牌中国人的角色,您会发现他其实是由我的越南女化妆师[6]扮演的。她基本上出现在我所有的电影中,通常演女的,但在这一段里几乎给人男性的感觉。

比起在《野孩子》中扮演伊塔尔医生,是什么驱使您扮演朱里安·达文?

这与我选择出演《野孩子》有点不同。因为《绿屋》主题的缘故,

---

6. 阮氏娈(Thi-Loan Nguyen)。自《美女如我》(1972)起担任特吕弗电影的化妆师。她短暂现身于特吕弗的多部电影。

我知道它不可能受欢迎；我不认为找个演员来演会对他的职业生涯有任何帮助。在我看来，只有一个演员或许可以以我希望的方式、并以超我百倍的专业素养和能量演好这个角色，那就是夏尔·德内。但在《痴男怨女》之后马上再把这一角色托付给他有点尴尬。

在拍摄阶段您就觉得这部电影不会受欢迎吗？

我认为这部电影是一场赌博：我们没有把握是赢还是输。《野孩子》是一场赌博，《阿黛尔·雨果》也是……但与另两部不同，这一部是彻底输了[7]。

拍这部电影是失策？

算是一次精打细算的失策吧：拍得很快，我们也没有浪费资金。有一些国家——比如荷兰——在影片上映时没有购买，但现在买了，因为《最后一班地铁》的成功。所以到头来，《绿屋》还是会四处传播，即使我并不指望它创造奇迹。

它不受欢迎是因为它的主题吗？

显然对该片主题有一种拒斥。即使观众读到一篇非常棒的推介文

---

7. 影片上映后吸引了略微超过20万观众，远低于《最后一班地铁》的400万观众。

章,可一旦他们发现这是一部关于死亡的片子,主角奉祀亡者,他们就会说:"好吧,以后再去看吧!"(笑)人们觉得为电视制作这类主题沉重的影片更合逻辑。得让阿尔芒·雅莫(Armand Jammot)的《银幕档案》(*Dossier de l'écran*)[8]安排一期"应该忘记亡者吗?"。那会非常适合!

关于这个主题,有一个非同凡响的例外:英格玛·伯格曼的《呼喊与低语》取得了巨大成功。您怎么解释这一点?

我不太知道怎么解释,但可以肯定的是,这一成功当之无愧。这是一部非常优秀的电影,改编自契诃夫名剧,四个女演员的表现可圈可点[9]。

在《绿屋》中,我也很高兴能为娜塔莉·贝耶的职业生涯再助推一把。她在《日以作夜》里出道,但业界一直不太把她当回事。我想是从《绿屋》起,她的职业生涯开始顺畅起来。现在,人们既找她演喜剧角色也找她演正剧角色,因为都看到了,她真的是一个了不起的女演员。

---

8. 一档著名的法国电视节目(1967—1991),聚焦于故事片中反映的社会性话题。
9. 哈丽特·安德森(Harriet Andersson)、卡丽·西尔万(Kari Sylwan)、英格丽德·图林(Ingrid Thulin)和丽芙·乌尔曼(Liv Ullmann)。

"您愿意和我一起成为这座殿堂的守护者吗?"朱利安·达文(弗朗索瓦·特吕弗饰)带领塞西莉亚(娜塔莉·贝耶饰)参观他为纪念"亲爱的逝者"而布置的灵堂。他们两人中间是一幅英国制片人奥斯卡·莱温斯坦的肖像,他是《黑衣新娘》的联合制片人,还曾出演(化名马克·彼得森)《两个英国女孩与欧陆》。

小教堂。内/外,夜。达文带领塞西莉亚参观他为纪念"亲爱的逝者"而布置的灵堂。

塞西莉亚:这一对呢?

达文(画外音,然后画面切到他身上):他们1911年结婚。三年间从未分开。一天也没有,一小时也没有。后来,男的被征召入伍,女的要跳窗自杀,邻居们拦住了她。于是男的逃离部队和她重聚,因为男的离不开女的,正如女的也离不开男的。他们逃亡到了荷兰,在那里去世了,不久前,没几年,相隔几天,像一对连体人。(他们继续往前走,在雅克·奥迪贝迪[Jacques Audiberdi]年轻时的肖像前停下。)您看这个面孔如此俊美的男子。他一生都很害羞。一种难以置信的羞怯。我很想和您谈谈他，但是很难。那得让您听听他的音色，美妙绝伦。（走到亨利·詹姆斯手拿帽子的一幅肖像前。）这是一个美国人。他非常喜欢欧洲，喜欢到最后加入了英国籍。不幸的是，我不是很了解他，但不管怎样，通过他我才认识到尊重亡者的重要性。

塞西莉亚（镜头停在她身上，她停在一张儿童的照片前面）：那，这个男孩呢？

达文（画外音）：这个男孩……当我还是少年的时候，一年夏天，暑假里，我看着他死去。他死于败血症。（镜头停在他身上，他停在一名年轻女子的肖像前，肖像下面写着：请在祈祷时铭记路易丝-玛丽-让娜-亨丽埃特……）这个女人也死了，但是以一种每个人都希望的死亡方式，在睡梦中死去。（路易丝·德·贝迪尼［Louise de Bettignies］肖像的特写镜头。）她的生命熄灭了，就像这里某支蜡烛的烛火。您看到她的家人要求加在这儿的这句："请在祈祷时铭记……"但事实上，这个年轻女子是不敬的化身。（画外音，镜头停在塞西莉亚身上。）我记得她怎样结束一场非常激烈的讨论，她激动地大叫："真要命，上帝要是存在，那我早就第一个知道了！"

塞西莉亚（被逗笑了，他们继续向前走）：这个士兵呢？

奥斯卡·沃纳照片的摇摄镜头，镜头随后转到解说的达文身上。

达　文：是的，您猜到了，这是一个德国兵。我是杀他的凶手之一，因为是我装配的弹药击落了他的飞机。

塞西莉亚（画外音）：他像是睡着了……

达　文：是的，是这样。他的照片就找到这一张。（照片特写。）但是必须承认,看着这张照片,很难将这个人视作敌人。

塞西莉亚(镜头停在她身上):那,这个音乐家呢?(他们从科克多的肖像前走过,未作停留,径直来到一名乐队指挥的照片前,他手握着指挥棒,指挥着一个室内乐队。音乐悄然重起。)您认识他?

达文(画外音):是的,我那时差点把他忘得一干二净,后来在无线电广播里听见一段他谱的曲子,我意识到他的音乐,充满光明和阳光,是陪伴所有这些亡友回忆的最佳音乐。

莫里斯·若贝尔照片的特写镜头。烛光照耀着画面底部。音乐逐渐增强。

塞西莉亚(祭坛的整体镜头,站立的女孩,烛台环绕):因此,他们都在这儿。(音乐停止)所有相识。所有重要的人。

达文(走到她身边):是的,他们都在这儿。(停顿片时。)现在我想问您一件事。可以吗?

塞西莉亚:请问。

达文重新关上祭坛的栅门。

达文(用一种严肃的语调):塞西莉亚,您愿意和我一起成为这座殿堂的守护者吗?分享权利和义务?您愿意和我一起守护他们所有人吗?不用立刻回答我,您可以考虑一下,但是我想告诉您,这一刻我等了很久,非常久。我希望,您看,我的亡者能成为您的亡者,反之,您的亡者成为我的亡者。(他走开几秒,然后回来。)别担心,这里的格局没定死:您的亡者有地方放,只要把为他们点的蜡烛加到这些里头就行。您想怎么做,请告诉我。告诉我。

塞西莉亚：我想怎么做？

达　文：是的。

塞西莉亚：您想知道吗？（她走了几步。）我希望所有这些烛火交融在一起，融化为一座光焰之山。（隔着祭坛的栅栏拍她的特写。）就一团光。

达文（特写）：您想说，在您的生命中，只能有一场纪念？

塞西莉亚（音量放低）：是的，一场纪念！

达文（音量更低）：不会吧！我得确保我没理解错。就是说，您的所有亡者只有一个？

塞西莉亚（转过身去）：只有一个，是的！

　　音乐震响。画面淡出，全暗。

135.

— Attends, je veux être certain de vous avoir comprise :

DAVENNE :   Tous vos morts ne sont qu'un seul ?

Elle hésite et, comme si elle lui révélait un secret, elle répond :

CECILIA :   Oui, un seul.

Davenne hésite un peu avant de demander encore :

DAVENNE :   Ce mort unique... c'est votre père ?

Elle le regarde comme si elle allait répondre, puis, se ravisant, elle descend brusquement de la voiture et s'engage dans la rue où elle habite.

朱利安·达文（弗朗索瓦·特吕弗饰）和塞西莉亚（娜塔莉·贝耶饰）关于保尔·马西尼的一段对话草稿的打字稿（带有弗朗索瓦·特吕弗的修改手迹）。

您为什么在问塞西莉亚之前关上祭堂的栅门？

这是一座非常小的教堂，让我想起小时候那些，两廊有许多小祭室。关门的动作是某种本能。就比如我们对一个演员说："您现在不能说这句话，那您就靠着柱子说吧。"这应该又是一个必须在摄影机与演员之间摆上一个遮挡或者障碍物的时刻。显然，这一段里还隐含了一点讽刺。构建得好像他要求婚一样。"我想问您一件事，可以吗？"

我把《绿屋》与《阿黛尔·雨果》，以及《两个英国女孩》归为一类，就是那类有点怪的影片，那不是我真正擅长的题材。我真正擅长的是悲喜剧，比如《日以作夜》或者杜瓦内尔系列，片子里交替发生残忍的事情、滑稽的事情、有趣的事情、悲伤的事情，等等。在《绿屋》这类影片里，原则上，并不想要观众笑。如果观众笑了，通常于影片有损。但话说回来，这些影片——从《柔肤》起——都充满了某种黑色幽默。

说实话，我已经不太记得我希望《绿屋》之类的影片会有怎样的观众了。当然，我希望那是一个喜欢这部影片、与它相契的观众。我深深地希望，有时他会在内心深处暗觉有趣，或者微微一笑。我不希望他笑出来，因为一旦笑出来，那就成了一种倒彩。我希望某种内心的微笑，比如说看到这一充满讽刺、带着某种黑色幽默的场景的时候。

我是在一个商业电影院看的这部电影，有些观众笑了。但那是一种防御性或者紧张的笑……接触死亡对观众来说并不轻松……

这部影片让我满意的另一点是我为它所设的时代。那当然不是亨利·詹姆斯的时代，而是1914—1918一战之后的时代。为什么如此选择？即使影片里充满了19世纪元素，但我认为选择一个发明电力之前的时期意思不大。因为那样的话，蜡烛的使用就没什么分量了：所有房子里都会点着蜡烛，或者稍迟一点，点煤气灯。我希望有民用的电力，这样在主人公对死者的奉祀中，点蜡烛就格外具有冲击力。显然，这一崇拜同样有个悖论之处，因为它使这部影片有点"时代电影"的感觉——美国人所称的period film，但崇拜活动又是借助摄影术这一现代手段进行的。也正是基于这个原因，我使用了各个时期的照片。其中大部分——特别是第三共和国[10]政治人物的照片——都是偶然出现于此。不用去探究我在这儿有什么特别用意。我当时去了波拿巴街一家专门出售历史照片的书店。我选了那些人的照片，因为他们长相合适，因为我觉得那些照片有意思。

重建一种玄奥的仪式让您乐在其中啊……

这起初让我很畏惧。然后，我想："别纠结，我们就放开做吧。"事情就是这样：我们凭着感觉做，有点像做弥撒……这很奇怪，因为我根本不信教，但我喜欢一定的宗教性。也得承认，宗教性和电影很搭。

---

10. 1870年9月至1940年7月期间法国的共和政体。

您说不用探究那些照片有什么特别的意义，但是很明显，您纳入了某些您喜爱的死者，比如让·科克多，他出现了两次……

这缘于他的照片我有很多。有些照片被排除了，因为不合适或者太亮。这与《华氏451》中焚烧的书籍是差不多情况。人们以为选择哪些书籍有非常明确的用意，但完全不是那样。当观众看见一本书烧起来，最好让它以人名为书名，因为能把这本书变得人性化。如果您看见一本《包法利夫人》在焚烧，那么烧的不仅仅是一本书，也是一个女人。相反，影片末尾，面对那些成为书的人，那最好用些抽象的书名。如果某个女人来到森林，自称"我是包法利夫人"，观众会说："这女的真讨厌！包法利夫人哪会像她这样！"因此，到达森林的人最好说"我是让-保罗·萨特《关于犹太人问题的思考》[11]"这种。当时的关键是逻辑问题。

对于《绿屋》中的照片，我得遵循一个必要条件：我们拍的是电影，必须让事物动起来。如果不动，那就完了。因此，必须拍到烛光在照片上的反光。如果不成功，那我就扔掉那张照片，换上另一张。另外，鉴于没法把两张大特写摆在一起，有时会有一张全身照——马塞尔·普鲁斯特那张就是这样，照片是他最后一次去室内网球场的时候拍的。

我们看见的音乐家是莫里斯·若贝尔吗？

---

11. 一篇写于1944年、1946年由伽里玛出版社（Gallimard）出版的评论。

莫里斯·若贝尔曾在一部电影中——我不记得哪一部了——本色出演，扮演乐队指挥[12]。于是，我让他的遗孀马尔特·若贝尔（Marthe Jaubert）把这张照片借给我，这部影片的音乐是他作曲，所以音乐在这一画面上响起。

让·科克多、奥斯卡·王尔德等人的照片赋予这一片段一种不同的维度……
因为观众会从中寻找意图……还有一张我非常喜欢的雷蒙·格诺年轻时与妻子的合影。我这辈子见过格诺一两次。他给我的印象是他们的夫妻关系非常稳固。他还写过一部自传体小说《奥黛尔》，讲述了他如何在超现实主义运动时期结识了妻子。我借鉴了我自以为了解的他们的故事——估计是错的——写了这一小段台词，关于一对从未分开的夫妇。事实上这像是个借口。

您这样做是独立于剧情必要性之外吗？我们在您这儿经常遇到这种想法：利用一部影片塞进各种东西，浏览一本相册……
因为那正是我们那一刻所需要的。以雅克·奥迪贝迪[13]为例。我的电影里常常出现他的照片。同样的照片应该也出现在了《最后一班地铁》里。什么道理？因为这些镶框的照片就放在马车影业的办公室，拍哪部

---

12. 莫里斯·若贝尔（1900—1940），法国作曲家，曾两次在银幕上扮演指挥家的角色：保罗·锡纳（Paul Czinner）的《情节剧》（*Mélo*, 1932）和库尔特·伯恩哈特（Kurt Bernhardt）的《十二月之夜》（*La nuit de décembre*, 1939）。特吕弗选用了好几支他的作品作为电影配乐，特别是在《绿屋》中。
13. 1899—1965，法国作家、编剧。弗朗索瓦·特吕弗与他结交后，曾多次设想改编他的某部小说（《玛丽·杜布瓦》[*Marie Dubois*]，《单轨》[*Monorail*]），或者请他原创一个剧本，均未果。

片子需要了，我们就把它们拿出来！您明白吗，没什么好深挖的！

不过说到奥迪贝迪，您在电影中引用过他的一些小说片段，但从未把他的小说改编成电影。

是的，我的确常常引用奥迪贝迪的作品。

列举那么多人物有可能陷入无聊……

这件事很难。我知道气氛会非常紧张，某一刻需要开个玩笑。正是出于这一考虑，我加进了诺瓦耶伯爵夫人（la comtesse de Noailles）对科克多说"省省吧，让，上帝要是存在，那我早就第一个知道了！"的故事。

这个片段堪称一节电影课，非常能体现您的工作。其中悖论的是，从悬挂于某个象征死亡之处的亡者照片开始，通过那些烛光和各式各样的故事，最终向这一场所注入生气。您让科克多的话也靠不住了：电影拍的不是死亡在起作用，而是相反，一种感人至深的活着的感觉[14]。

---

14. 影射一句不知出处但被认为是让·科克多说的话："电影拍的是死亡在起作用。"

antoine
doinel
les salades
de
l'amour

MADAME CHEVALIER
COUTURIERE
DOCTEUR MAGORI
GYNECOLOGUE
MAITRE BACQUET
NOTAIRE

ECHOUART
BEBE
CONFORT
PASSAGE INTERDIT

1979

爱情狂奔
L'AMOUR EN FUITE

我觉得它只是一场实验,实际上应该做得更成熟

《爱情狂奔》在某种程度上概括了《四百击》以来整个杜瓦内尔系列……

我们刚才看的这个片段很像一部混剪的片子……我们的确在剪辑中取乐!

把它摆在《绿屋》后面来看的话,我感觉您在继续同一个实验:复活死去的事物,透过电影重新赋予它们生命。

就我个人而言,我对《绿屋》比对《爱情狂奔》更满意。这两部电

她去找这楼里的裁缝、妇科医生还是公证人?克里斯蒂娜(克罗德·雅德饰)不想向安托万(让-皮埃尔·莱奥饰)坦白她与谁有约。地铁站台上,广告画里婴儿肥肥的脸蛋突然给了安托万答案!

影都是实验，共同点是在市场上都不成功。但是，与《爱情狂奔》不同，《绿屋》并没有给我碰壁的印象。

　　杜瓦内尔现象非常奇怪。这是一个偶然形成的系列，完全不在我的设想当中。我的第一部影片是《四百击》。《儒尔与吉姆》拍摄刚结束，有人约我拍一部关于年轻人爱情生活的短片。我当时没什么主意，想着找让-皮埃尔来演的话，可以很轻松地即兴创作，一个星期拍完这部片子。我们于是拍了这个短片，《安托万与科莱特》，成为《二十岁之恋》的一部分。上映后反响不错，倒让我们有点懊悔。我心想："瞧，比起一周完事，我们本可以用一个月拍一部**真正的**续集。"反正这就是我在1968年拍《偷吻》时想的。《偷吻》的极度成功催生了下一部《婚姻生活》。我可以说，这是我职业生涯中唯一一次接受某种类似命题电影的东西。突然很多人开始说："我们想要续集！"于是我服从了。"好的，我们来拍续集！"

　　我曾以为在《婚姻生活》之后不会再碰这个杜瓦内尔系列。然后，偶然地，拍完《绿屋》，我心想："这回我要来一次真正的概括与总结。"我们于是酝酿了一部短片——大约50分钟——主要靠回忆支撑，把整个系列都糅在里面。我觉得我还真是有幸——幸运很少降临电影人——能够拍到同一个演员，在他人生的不同阶段，扮演同一个人物，应该利用这一点。但我不确定我是否成功了。我后来没有再看过这部片子，谈不出什么，但我觉得它只是一场实验，实际上应该做得更成熟。

《爱情狂奔》工作计划的打字稿，注明了摄制日期（1978年5月至7月）与相应的场地。

PLAN DE TRAVAIL
───────────────

L'AMOUR EN FUITE

(annotation manuscrite : cabine + regards + Nuit Am. + pieds J.P.)

TROISIEME SEMAINE :

Lundi 12	Gare d'Austerlitz
Mardi 13	Palais de Justice
Mercredi 14	Cinéma
Jeudi 15	Librairie Barnérias
Vendredi 16	Librairie Barnérias

QUATRIEME SEMAINE :

Lundi 19	Extérieur SABINE
Mardi 20	Bureau Tribunal Aix
Mercredi 21	Intérieur COLETTE
Jeudi 22	Bureau divorce + Mariage
Vendredi 23	Escalier SABINE

Juin {

CINQUIEME SEMAINE :

Lundi 26	Intérieur SABINE et cabine téléphonique
Mardi 27	Intérieur ANTOINE
Mercredi 28	Place Clichy - cimetière
Jeudi 29	Imprimerie du Croissant
Vendredi 30	Imprimerie du Croissant

} Square Foch

SIXIEME SEMAINE :

Lundi 3	Café Monsieur LUCIEN
Mardi 4	Boutique de disques
Mercredi 5	Boutique de disques
Jeudi 6	Boutique de disques
Vendredi 7	Maquette - raccords tombe.

Juillet

这就是为什么我觉得它不太拿得出手，或至少对它不是很满意。即使我认为影片对素材的处理非常不错，剪辑师马丁娜·巴拉凯（Martine Barraqué）[1]的工作十分出色。但我很难以积极的方式看待这部影片……

您不觉得影片的失败也与主题有关吗？

这部影片谈不上商业失败，更多的是一次个人失败。我认为影片里描绘当前的场景——后来撰写并拍摄的场景——没能比促生影片的那些旧时场景做得更好。写杜瓦内尔的故事对我来说太轻松了。我知道，如果明天中午要和让-皮埃尔·莱奥一起拍摄，我十有八九能写出一个非常可乐的场景，因为仅仅是写出来我就乐不可支。我完全想象得到他会怎么演，我可以写上一场又一场。我可以为他写一部八小时的电视连续剧，某种混合了激情、笨拙和天真的东西。建立在——不是生活中那个真实的他，而是我对他的想象之上，这些想象当然是不准确的。

影片的主题说来挺恐怖的：看着剧中人变老。

这么说的话，那这部影片或许有点阴森！（笑）有一种乐观主义的绝望努力，完全是一厢情愿。而且我感觉到这是一个死了的题材，所以

---

1. 参与了特吕弗从《两个英国女孩与欧陆》（1971）到《情杀案中案》（1983）的全部影片，历任助理剪辑、首席剪辑。她凭借《最后一班地铁》（1980）获得凯撒奖最佳剪辑奖。

> "Je lui ai dit: Liliane, si tu t'en vas, Antoine va être dos un état terrible. Elle m'a répondu:"vrois il est tujors dos un état terrible!"

《爱情狂奔》中一段对话的草稿。克里斯蒂娜（克罗德·雅德饰）告诉科莱特（玛丽-法兰西·皮西耶饰）她如何说服莉莉亚娜（达妮饰）不要离开安托万（让-皮埃尔·莱奥饰）。

更是添油加醋。事到头来，我不知道这样反复折腾是否是个好主意……

这很私人，甚至很隐秘……

恰恰因为这是一个非常私人化的题材，我才倾向于将离我很遥远或者非常古怪的东西放进去。事实上，我不知道这种创作方式是否正常。我没法评判。这是一部拍摄一结束我就不想再看的影片。我不记得混音最后一天过后我还再次看过这部片子，要知道通常我至少会在纽约电影节[2]或者其他地方再看一次成品。而对于这部影片，我每次都想办法在放映结束时到达影厅！（笑）说实话，我不确定自己对这部影片有一个全局视野……

---

2. 美国电影节，由阿莫斯·沃格尔（Amos Vogel）和理查德·劳德（Richard Roud）于1963年创立。电影节在建立弗朗索瓦·特吕弗在美国的声誉方面发挥了重要作用。

从电影角度而言，您认为您埋葬了杜瓦内尔吗？

我没有明确地让他死去，但也差不多。这个人物，我从他的少年时代开始拍摄，我没能将他领到成人的年纪。这是个非常别扭的局面，以致我对他再也没了感觉。

您认为连续出演这个人物影响了演员的个人生活吗？

很可能是的。或许偶尔在生活中像杜瓦内尔在银幕上会做的那样反应能让让-皮埃尔觉得好玩。但也可能让他乐不起来。我承认这对我来说是一个重大的责任……

所以将来，如果莱奥再次出演您的作品，他扮演的一定是个杜瓦内尔以外的人物……

是的，一定是这样，就像他在《两个英国女孩》与《日以作夜》中已经做过的那样。

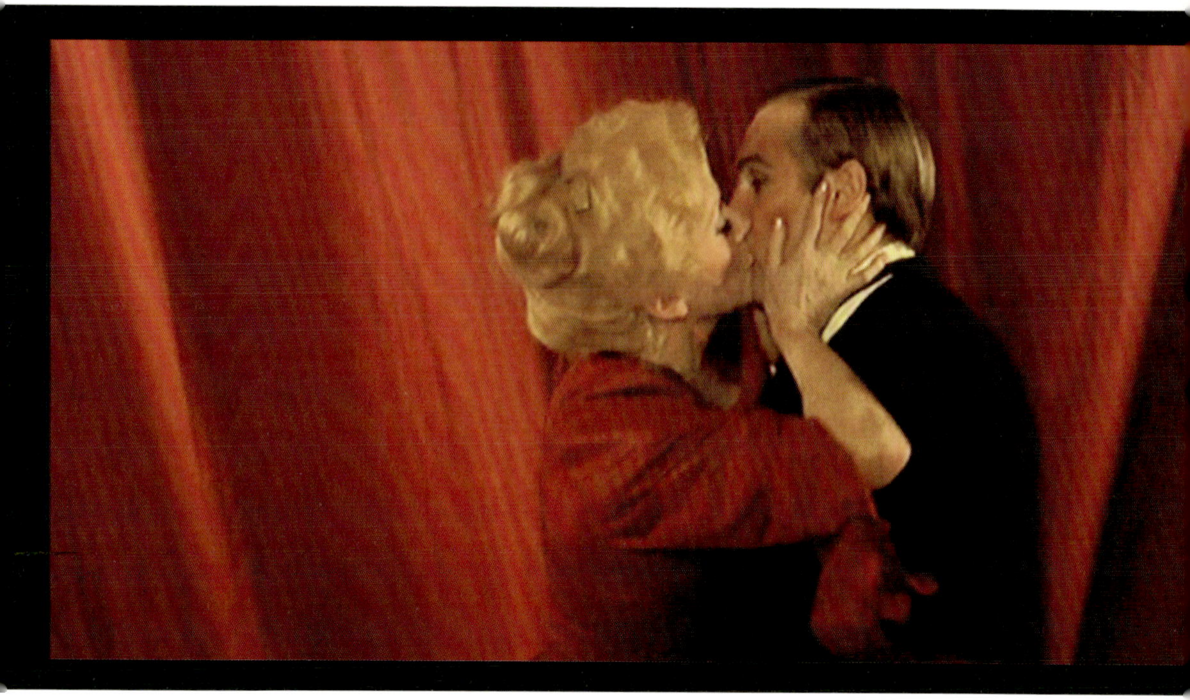

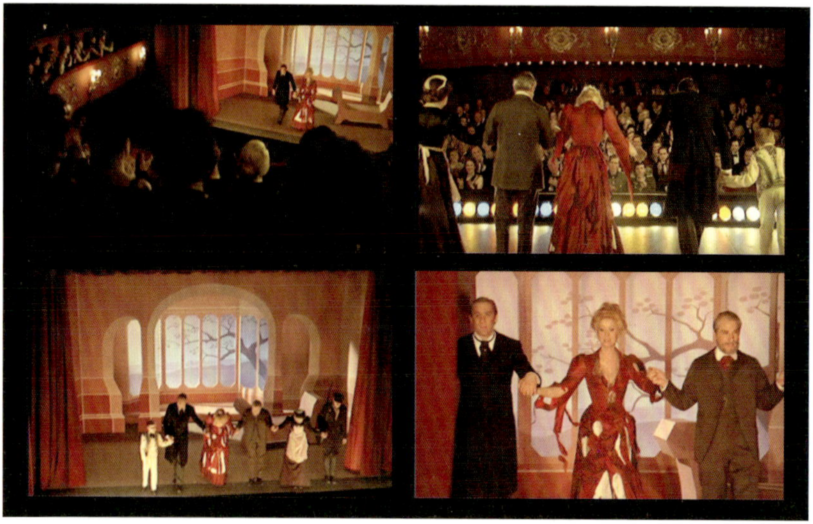

1980

最后一班地铁
LE DERNIER MÉTRO

《最后一班地铁》让我终于能够了却拍摄一部关于戏剧的电影的夙愿

拍摄一台戏剧表演难道不是另一场豪赌吗?

我早就知道,有一天我会拍一部关于戏剧的电影[1]。我早就知道,有一天我会拍一部关于沦陷时期的电影[2]。将二者结合起来也许是件好事。很奇怪,二十年前我就有拍沦陷时期的打算,但二十年来,计划一直推迟。一天,我重新思考《柔肤》,这部片子没能大卖,它甚至在戛纳电影节上遭遇倒彩[3],我心想:"我可真是个白痴。我为什么没有把《柔肤》放到沦陷时期?"那样的话,两个主题都有了,我想呈现的那个时代的各种回忆与细节会让故事更加丰富,它不会遭受任何损害。我告诫

弗朗索瓦·特吕弗:"隐藏在幕后的这种个人生活……"
谢幕时,玛丽昂·施泰纳(卡特琳·德纳芙饰)热情地亲吻她的搭档贝尔纳·格兰杰(热拉尔·德帕迪约饰)。

自己："从单一想法出发并不总那么好。有时将两个想法结合起来工作会更成功。"

《最后一班地铁》让我终于能够了却拍摄一部关于戏剧的电影的夙愿。某人去看朋友登台表演，来到后台，隐藏在幕后的这种个人生活令人无比好奇。他与演员交谈——"我们一会儿在餐厅见？"——然后，突然，演员走上舞台。虚构与现实在同一个幕后镜头中共存，这在电影里见得多了，但无所谓[4]。无论在哪部影片里，这种镜头总是很神奇，因为剧院本身就是一个极致神奇的地方。

其次是沦陷的主题。将两者结合起来顺理成章，因为借助一些演员的回忆录[5]，我们知道，沦陷时期戏剧在法国极为兴盛——今天的戏剧则不甚景气。

但是，说到底，这难道不意味着必须始终藏起自己想说的东西吗？您想到本可以将《柔肤》的故事背景置于沦陷时期，莫非是在想："必

---

1. 1976—1977年，特吕弗曾计划拍摄《马吉克事务所》（*L'Agence Magic*），一个在遥远国度巡演的杂耍歌舞小戏班的故事。
2. 特吕弗一直感到遗憾的是，由于缺乏资金，没能将《四百击》的故事背景置于沦陷时期，那才是他巴黎童年的真实环境。
3. 该片于1964年第十七届戛纳电影节上首映。
4. 特吕弗一定想到了恩斯特·刘别谦的电影《生存还是毁灭》（*To Be or Not to Be*, 1942），他非常喜欢这部影片。
5. 特吕弗阅读并参考了好几种演员的回忆录，其中主要有让·马莱（Jean Marais）的《我的生活故事》（*Histoires de ma vie*，Albin Michel，Paris，1975）、吉内特·勒克莱尔（Ginette Leclerc）的《我的私生活》（*Ma vie privée*，La Table Ronde，Paris，1963）与爱丽丝·科塞亚（Alice Cocéa）的《我所挚爱的爱人》（*Mes amours que j'ai tant aimées*，Flammarion，Paris，1958）。

须给主题套上一个假面？

啊不，不是假面！应该说是一种让几个主题一起发展的想法，一种累加的愿望。相反，主题之间不会互相遮掩，它们彼此强化。

我认为您的电影恰恰是一种隐藏的艺术。它们的力量在于，您从不正面触及主题，而是以一种间接、迂回的方式。

是的，是这样。当我和我的一名合作者讨论时，我经常对他说："不要这个，太直接了。"我们一直想办法打水漂。对于我心目中的正确工作方式，打水漂是个比较准确的比喻。

您在影片里置入了对雷诺阿、布努埃尔的些许敬意，甚至还通过结尾出场的猎场看守人角色对加斯顿·莫多表达了敬意。[6]

那是因为我们面对的是一场（戏剧？）演出，影片只能给出一些零碎元素[7]。猎场看守的角色用于提示观众这台戏其实比我们在银幕上看见的要长。但这并不是严格意义上的致敬。方便性、需求的考虑总是比致敬更重要。当时那个场合，我们需要一个穿制服的人，而故事发生在战争时期，所以不能是一套军服。事到头来，我们总是出于需要而行动，

---

6. 特吕弗多处回顾让·雷诺阿的两部电影《游戏规则》(*La Règle du jeu*, 1939) 和《黄金马车》(*Carosse d'or*, 1952)。加斯顿·莫多 (Gaston Modot) 在让·雷诺阿的《游戏规则》中扮演猎场看守人舒马赫。
7. 剧名《失踪的女人》(*La Disparue*)，号称是一出挪威戏剧，实际上由卢卡斯·施泰纳编剧。

靠排除法工作。

您之前说到某些影片时长两小时十分钟。您或许希望《最后一班地铁》这部影片能拍得更长，不是吗[8]？

《最后一班地铁》是一部我没有过多剪切的影片。鉴于它是和TF1电视台联合出品的，我当时有意恢复它的全貌，供电视播放。事实上，后来只多了十五分钟，涉及一些次要人物：比如野心勃勃的年轻女演员，或者在影片开头闪过的健康状况不佳的编剧。除此之外，我们拍的所有内容一开始就全剪在影片里了。

《最后一班地铁》获得了意料之外的成功。在主题选择方面，我经常处于撕扯中，一方面是不安——这是我性格的根本标志，一方面是极度的自信。拍摄时，我对自己说："我们会成功的，我们要拍这个拍那个！"通常是从剪辑的时候起，我开始不安，我会把影片看作某种不合我意的奇怪的东西。这时我变得非常苛刻，因为陷入了某种恐惧。当然，如果之前能想到《最后一班地铁》那么叫座，我自然不怕影片长个十分钟或一刻钟！制作《日以作夜》时也是同样情况。问题是永远不可能提前预知……

延长十分钟或许就不灵了……

8.《最后一班地铁》于1980年9月17日上映。又在1983年3月9日推出了一个新版本，增加了两个共计6分钟的片段。

啊，我认为行得通！《最后一班地铁》的成功证明我低估了沦陷时期日常生活题材的号召力，要知道，在以前的影片里，一直是从一个崇高的、英雄性的角度去处理那段生活。我也低估了戏剧魔法的力量——虽然这方面情节不多。同样，丈夫藏身地窖的处境也比我预想的更有冲击力。这三个元素往观众面前一搁就产生了难以置信的效果。

《最后一班地铁》的结尾难道不是一出新的《儒尔与吉姆》的开始吗？

剧本是这样写的，但对我来说那不算数。编《最后一班地铁》时，我没有想过《儒尔与吉姆》。影片的结尾往往是个难题。一般来说，在想出结尾之前，我不会开始拍摄。这个片子剧本完成时还缺个结尾。开拍前的阶段，我心想："结尾一定要让人满意。"在写于7、8月间的剧本第一稿里，我们交代蒙马特尔剧院重新开张，有个人——我记得是总务——往剧院门面上贴海报。我想："这是偷懒，不解决问题。必须找个更好的！"

因此，我试着以一种抽象的方式去做："影片的结尾必须同时概括并平衡整个影片。"当片子里有许多阴暗面，我希望结尾能轻快些。反之，如果有很多轻快的元素，那我更希望结尾能令人不安。这就是《偷吻》的情况。轻快元素占据主导地位，临近结尾介入一个有些可怕的元素：一个怪人[9]出现在情侣面前。

---

9. 一个神秘人物，一直在跟踪安托万·杜瓦内尔未婚妻克里斯蒂娜的"终身男"，由演员经纪人塞尔热·卢梭（Serge Rousseau）饰演，他是特吕弗的朋友与亲密合作者。

对于《最后一班地铁》，我知道剧情会偏悲一些，因此结尾必须让人舒心。有那么一刻，我曾想让热拉尔·德帕迪约死去，接着我又想了想："不要，他是最后时刻加入抵抗运动的，他不会死。"他和许多在最后一年参加抵抗运动的法国人一样。他们不是机会主义，单只是为了让自己良心上过得去。其实这些人都不该死。这不是一部当中有人死掉的片子。它呈现了我们的同胞在战争期间的各类行为，这些人像大多数法国人一样活过沦陷时期很正常。

我因而立刻知道，我想要的结尾画面是三个主人公活着的画面。同样，我不希望女主人公在情感上做出选择，尽管她被这两个男人吸引。我于是想到理想的画面应该在剧院里，演员们手拉手谢幕的那一刻。但是怎样才能引出这一画面，而又不让观众感觉是在讨好他们呢？必须先让他们感到非常害怕，这样他们才会乐于见到这一画面，而不是相反批评我。为了让他们非常害怕，必须让他们相信剧中人死了，或者比死了更糟糕。这就是为什么可以看到贝尔纳戴着一个颈托，而且对话让人以为丈夫已经死了。这显然是一种戏剧的处理方式，除了用于戏剧故事不能用于别处。但既然在戏剧里可以这样做，我便用画幕布景营造出这台戏。

您知道，一些影片通过操纵人物让观众相信银幕上的事情正在发生或已经发生。美国人有一个美妙的表达方式，他们称之为make believe。意思是"使人相信"。《爱情狂奔》里有一例这样的场景。让-皮埃尔·莱奥把克罗德·雅德送到一栋大楼前，雅德不想告诉他她要去哪里，反问："你又每次告诉我你去哪里了吗？"墙上可以看到三个事务所的铭牌[10]。在这一刻，我们与观众的头脑游戏，把他们当成同谋，邀请他们成为影片的联合编剧。

我认为在这个故事讲述者的职业中，有时要讲的故事是那样匪夷所思，以致必须突出可信的元素，以迫使观众相信。而在另一些时候，我们和观众一起编故事，把他们当作同谋。

我想《最后一班地铁》结尾布景里的画幕布景就是这样的情形。我们先向观众展示真正的病人，在窗外。我要求这些病人吸烟，以便在远景里有一些烟雾。我们给这一场景拍照，根据这些照片，我让人制作了一幅画有这些人物的画幕——除了玛丽昂和贝尔纳。观众这时意识到自己上当了，但同时也从中获得了一丝乐趣。不过观众们不会在同一时刻发现真相。有些人会立刻注意到这一点，心说："咦，那几个人有点怪……"然后有些人只是在摄影机后退时才注意到。还有些人要到音轨不正常时才会注意到。因为我要求混音师让舞台幕布滑动的声音出现得比幕布真正进入画面提前一点。

您刚才提到的是影片在造型层面的结尾。但在剧情层面的结尾其实挺悲伤的。这个女性显然处于一种撕裂之中……

---

10. 分别是一个公证人、一个裁缝和一个妇科医生的事务所（参见第198页的剧照）。

根本不是！男的就像路易·茹韦（Louis Jouvet），路易·茹韦和他剧团里的一些女性有男女关系，后来和另一些应该也有。路易·茹韦说："在戏剧界工作，那就最好和女演员做爱。倒不是说她们比其他女性更会做爱，而是因为时间上更方便！"我想这一规律适用于许多行业。或许在民航业，飞行员和空姐也是如此。这是所有不像公务员般规律的封闭型行业的规律。在我的想法里，玛丽昂一点也不撕裂。卢卡·施泰纳欣赏作为演员的贝尔纳，会和他一起创排其他戏。

　　当一部影片里有七八个主要人物时，我们无法预测给人印象最深的会是什么。对我来说，有一场放映一直相当重要，那就是在LTC洗印公司的校准放映。这一阶段，影片已经完成，混音也已结束，我第一次观看完整的片子，就好像看一部其他人的电影。当时，走出《最后一班地铁》的放映室，我对内斯托·阿尔门德罗斯说，说到底，这是一部婚姻电影。真正的故事不是玛丽昂与贝尔纳的恋情，而是一个丈夫与一个妻子的关系。事实上，我不经意间拍摄了一部婚姻电影。这可以有多个解释：扮演丈夫的演员很厉害；地窖中的场景都是一镜拍摄的段落镜头，而剧院里的所有段落迫不得已用了很多分镜。地窖的场景有十二段左右，这些整段的镜头每隔一阵出现，为影片定下节奏；这应该就是它们如此有趣，并征服公众的原因。但是影片的最终平衡不是我们能决定的，它取决于偶然。这一次，我认为偶然使《最后一班地铁》成为了一部婚姻电影，而那并不是我的初衷。

但终究这个女人对两个男人的情感具有同时性,这即使在戏剧界或其他更随性的行业也会是悲剧的根源……

我不知道。我不太评判我的剧中人。《日以作夜》里就已经有过一些复杂的情感关系。在我看来,复杂关系是常规,简单关系倒是例外。

我感觉教堂这场戏非常能体现您处理悬念的手法。您依靠同时发生的两个情节:一个用来掩护——孩子们在教堂唱歌,另一个更重要,在暗中发生——德帕迪约扮演的贝尔纳的朋友被捕。

整部影片由一些回忆和零星读到的故事构成。教堂场景诞生于两个交叉的回忆。我舅舅[11]是圣西尔军校学生,由于这所军校在战争期间被解散,他加入了抵抗运动。他负责成员之间的联络,在一个火车站被捕。被两个便衣逮捕的时候,他设法向前来接头的朋友示意,多亏了他,那人才没有被捕。但我舅舅被送去了集中营,虽然他后来侥幸生还,我们家里经常讲起这个故事。在那段战争时期,我就读于罗兰中学——后来更名为雅克·德库尔中学[12],以一位重要的抵抗运动成员的名字命名——出于一些当时对我来说略显神秘的缘由,学校的小教堂重新启用,办了一场活动。一位著名的枢机

---

11. 贝尔纳·德·蒙费朗(Bernard de Montferrand),弗朗索瓦·特吕弗的母亲雅妮娜·德·蒙费朗(Janine de Montferrand)的兄弟。
12. 位于巴黎第九区特鲁丹林荫道12号乙。1944以雅克·德库尔(Jacques Decour,1910—1942)之名命名,以纪念这位在瓦莱里安山要塞被纳粹枪杀的法国作家和抵抗战士。

1/ Bernard entre, passe derrière les enfants, disparait, apparait derrière colonnes, regarde sa montre et revient vers nous en panor pris en travelling arrière jusqu'au <u>moment du regard</u>

2/ Il voit christian : christian fixe les yeux et aussitot après Richard entre dans le cadre et suit christian

3/ On retrouve Bernard qu'on précède en trav. arrière + serré (enfants flous) christian croise sans saluer + Richard et on suives Bernard jusqu'à une plonguée and look

4/ il voit : christian passer derrière les enfants, les contourner pour échapper à Richard, aller vers la porte, se trouver bloqué et embarquer sait juste A sait juste B.

5/ sortie de Bernard à l'autre porte.

弗朗索瓦·特吕弗:"一段连续的音乐被嫁接上一出无声的悲剧……"
贝尔纳·格兰杰(热拉尔·德帕迪约饰)在教堂逃脱保安队陷阱一场戏的手稿与剧照。

主教，叙阿尔主教（Mgr Suhard）——沦陷期间他是巴黎大主教——出席了揭幕仪式。我清楚记得我们那天唱了《发发慈悲吧，天主！》（*Pitié, mon dieu!*）[13]，我琢磨过，这首爱国歌曲那时宣扬的究竟是贝当主义——当时要求我们每年给贝当元帅写六封信——还是抵抗精神。高唱"请您拯救，拯救法兰西/以圣心之名"是一种颠覆行为，还是相反，是对占领军的讨好？

这两个回忆——舅舅的回忆与合唱团的回忆——一直铭刻在我的记忆里，我很高兴能在这里把它们结合起来。这类场景对于导演甚或观众而言是一个幸运的电影时刻：一段连续的音乐被嫁接上一出无声的悲剧。事实上回到了无声电影的情形，但结合了有声电影的优势，一些略带舞蹈性的、令人忐忑不安的元素。这是我喜欢在电影里看到的东西……喜欢到，我想，即使这一场景出现在另一位导演的影片里我仍会喜欢的程度！

在这个例子中，电影艺术家必须解决的两个问题一览无余：适应的问题——在最短时间内传递最多的历史信息，和构建悬念的问题。

是的，没错。另外还有不能在教堂里抓人这个古老的理念。但是，其实，事情从不完全像我们说的那样：也许不会在教堂里抓人，但还是会把人稍稍推向出口……

---

13. 这曲圣歌由马克西米利安-玛丽教士（frère Maximilien-Marie）作词、阿洛伊斯·昆克（Aloÿs Kunc，1832—1895）作曲，是当年在蒙马特尔圣心大教堂落成仪式上演唱的曲子。

而且与此同时，几乎谁都不会注意到……

是的，确实如此，最多只是有所猜测，通过我相当喜欢的这段舞蹈式的移动。我们在拍摄时非常幸运，因为很快就想到这样移动摄影推车。不能使用语言这一限制条件应该帮了我。灵机一动，我一下想到像芭蕾一样处理这段场景。此外，因为我希望孩子们在整个场景中完全同步、歌曲正好在那人被捕的时候结束，我被迫把它设计为一镜到底——随后加入的那些简短的分镜头不算。这真的是一个能够清晰感受到希区柯克的教益的电影场景。一切都始于希区柯克：在有声电影中延续无声电影，他是做得最好的那个人。

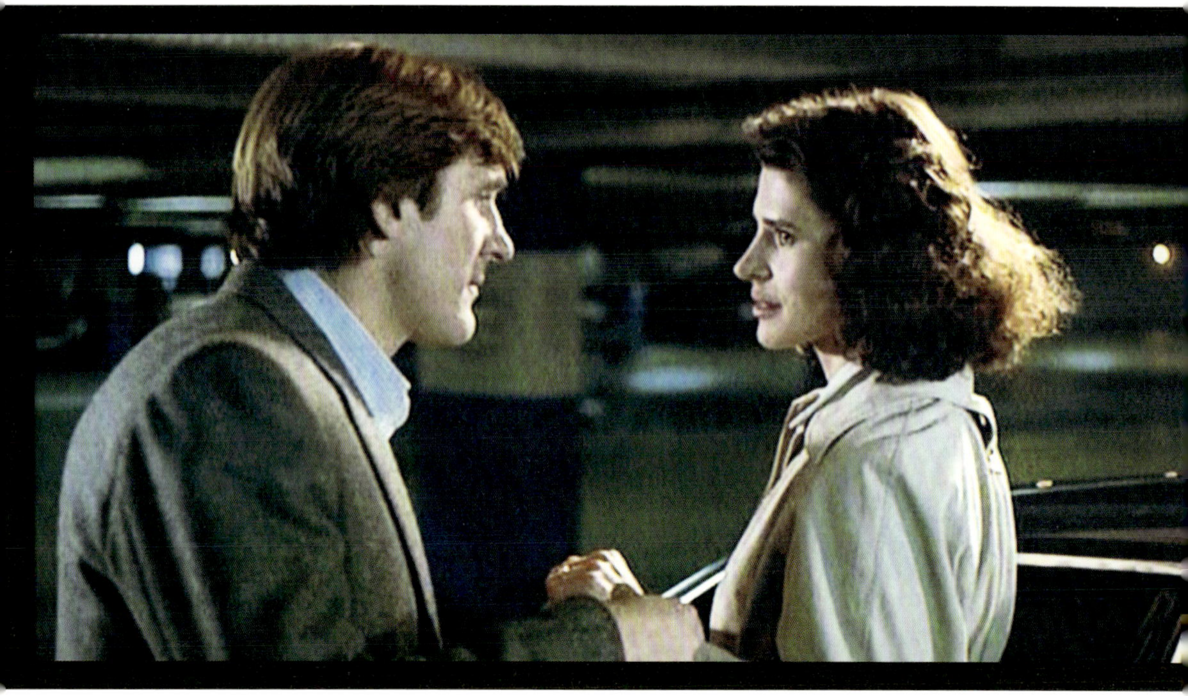

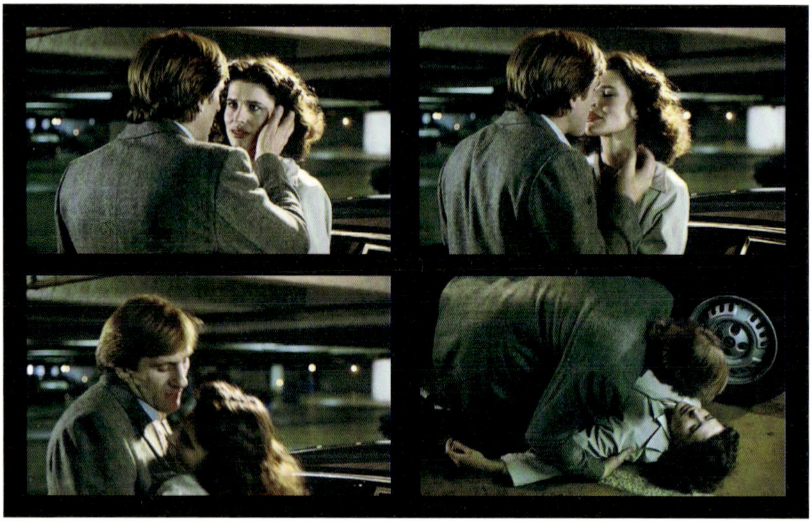

1981

隔墙花
LA FEMME D'À CÔTÉ

《隔墙花》建立在某种概念之上："苦涩"这个词

玛狄尔德：我还想请你做一件事……时不时地叫叫我的名字。从前，当你对我抱有敌对情绪时，我可以提前猜到，因为你会一整天不叫我玛狄尔德……你一定不记得了……

贝尔纳（他微笑着，然后绕过车门，伸手抚摸年轻女子的面颊）：玛狄尔德。

玛狄尔德抓住这只手，亲吻掌心，双眼紧闭。然后他们互相对视，忘我地拥吻在一起。爱抚中，玛狄尔德倒在地上，昏死过去。

贝尔纳：玛狄尔德！玛狄尔德！

玛狄尔德（法妮·阿尔当饰）在旧情人贝尔纳（热拉尔·德帕迪约饰）的激情拥吻下瘫软在地，昏迷过去。在这一场景中，特吕弗比以往任何时候都更接近他的导师希区柯克。

我们聊几句您的新片《隔墙花》？

在我看来，《隔墙花》建立在某种概念之上："苦涩"这个词。这是一个当它——比如说——被用于社会性主题时极其消极的词。人们说："这家伙，丢了位子之后他就很苦涩" 或者"某某不再那么走红之后很苦涩"。但是，在爱情领域，我认为苦涩是一种相当美妙、相当积极的东西。如果一段爱情结局不佳，那么会留下爱情的苦涩。但从另一种意义上说，这种苦涩是积极的，因为与通常爱人关系逐渐演变为同伴关系、归于冷漠甚至淡忘的情况相反。相较于此，苦涩更美，它带有一种很少能在电影中看到的几乎浪漫的气质。这是一个很难处理的问题，很可能因为分寸很难把握，需要很多场景来表现，而影片要求一定的速度。这种苦涩的概念显然在小说里更容易找到，不是被用作情节的某种推动力，而是作为一种气氛、色彩，故事的一种印刻。

这种苦涩只能在极少的影片中找到，例如《荒漠怪客》（*Johnny Guitare*）[1]。这一定是我很早便喜欢这部影片的原因之一。有时也能在某些演员身上发现苦涩。罗伯特·瑞安（Robert Ryan）[2]的苦涩长相我就非常喜欢。

我基于这个苦涩的概念拍了《隔墙花》，从积极角度看待、仿佛浪漫元

---

1. 尼古拉斯·雷（Nicholas Ray）导演的美国电影（1954），特吕弗评论为"假西部片［……］。一部梦幻般的西部片，仙境般的，能有多不真实就有多不真实，超乎想象"（《电影手册》第46期，1955年4月）。
2. 1909—1973，美国演员，尤其因在罗伯特·怀斯（Robert Wise）《我们赢了今夜》（*The Set-Up*, 1949）和弗里茨·朗（Fritz Lang）《夜间冲突》（*Clash by Night*, 1952）中的角色塑造而知名。

素的苦涩概念：曾经相爱的人的故事³。影片的主要材料不是在银幕上看见的现在，而是这两个人之间过去存在的东西。每个场景都是根据八年或者十年之前发生的事情而构建的。所有对话与行为都印刻着这种苦涩的感觉，它有时在男方身上出现，有时在女方身上出现，在一个真是简单得不能再简单的故事里头。

我想问您是否还准确记得您发现电影的那一天，以及您决定从事电影的那一天？

不记得，因为这种日子不是……发现电影的事情我已经讲过很多次了，是一场阿贝尔·冈斯（Abel Gance）的《失去的天堂》（*Paradis perdu*），在1939—1940年战争期间，和一些休假军人在电影院一起看的。⁴ 然而，这是一部战争题材的电影，里面有些年轻人即将出发去前线……我记得电影很长——超出了一般的常规——但我巴不得它永远别停。这对我来说是一场难忘的电影。

至于其他影片，有几部有灯塔意义：仍然是在战争期间看的《乌鸦》，战后看的《公民凯恩》，同样是战后在电影俱乐部看的《游戏规则》⁵……

---

3. 特吕弗创作该剧本的灵感来自他与卡特琳·德纳芙的关系。
4. 弗朗索瓦·特吕弗是1940年12月，由母亲陪着，在罗什舒阿尔电影院（巴黎十八区）看的这场《失去的天堂》。

至于拍电影、在电影行业工作的想法，它是分步逐渐形成的。一开始，我想我以后会去写剧本，因为我觉得自己更适合文学方面的工作。在为我看过的电影写评论时，我心说："瞧，我其实可以帮他们写故事，给电影写故事。"我真的是逐渐想要成为导演的……

您不记得您是从哪一刻起觉得这事能成的吗？

不记得，是随着信心逐渐坚定的。我很羞怯，我那时想的更多的是文学方面。与雅克·里维特这样想着干导演的人不同。是他第一个说："我们来拍电影！"[6]而我，我一直在思考故事结构。我说："不，这个故事本可以讲得更好。那里那一点本应该用另一种方式呈现。"事实上，当我不喜欢某部影片时，我会重写剧本，以自己的方式重新构建。我会思索它应该是怎样的，特别是在我开始写影评的那个时期。我怎么着也得在文章里写点东西吧！

如果有人找您，您今天会同意为其他导演写剧本吗？

会。我想我缺少时间，但在某些情形下，为什么不呢。这种合作有过几次。一切取决于和谁、为什么，当然，还有我是不是有感觉。

---

5. 特吕弗1943年9月在诺曼底电影院（巴黎，第八区）第一次看亨利-乔治·克鲁佐的《乌鸦》(1943)，1945年9月在皇家电影院（巴黎，第二区）第一次看让·雷诺阿的《游戏规则》(1939)，1946年7月在马尔伯夫电影院（巴黎，第八区）第一次看奥森·威尔斯的《公民凯恩》(1941)。

6. 雅克·里维特在1956导演了短片《棋差一招》，是第一批转向导演的《电影手册》影评人之一。

创意被别人实现不会让您感到沮丧吗？

哦，不会！其实新浪潮初期，我们就做过许多这样的事。[7]之后稍微少一点。但还是做，而且很愉快……

---

7. 早在1955年，夏尔·比奇（Charles Bitsch）、克劳德·夏布洛尔、雅克·里维特和弗朗索瓦·特吕弗就曾为里维特合写过一个剧本：《四个星期四》（*Les Quatre Jeudis*）。让-吕克·戈达尔《穷途末路》（*À bout de souffle*）的剧本则是根据弗朗索瓦·特吕弗的一个创意发展而成。

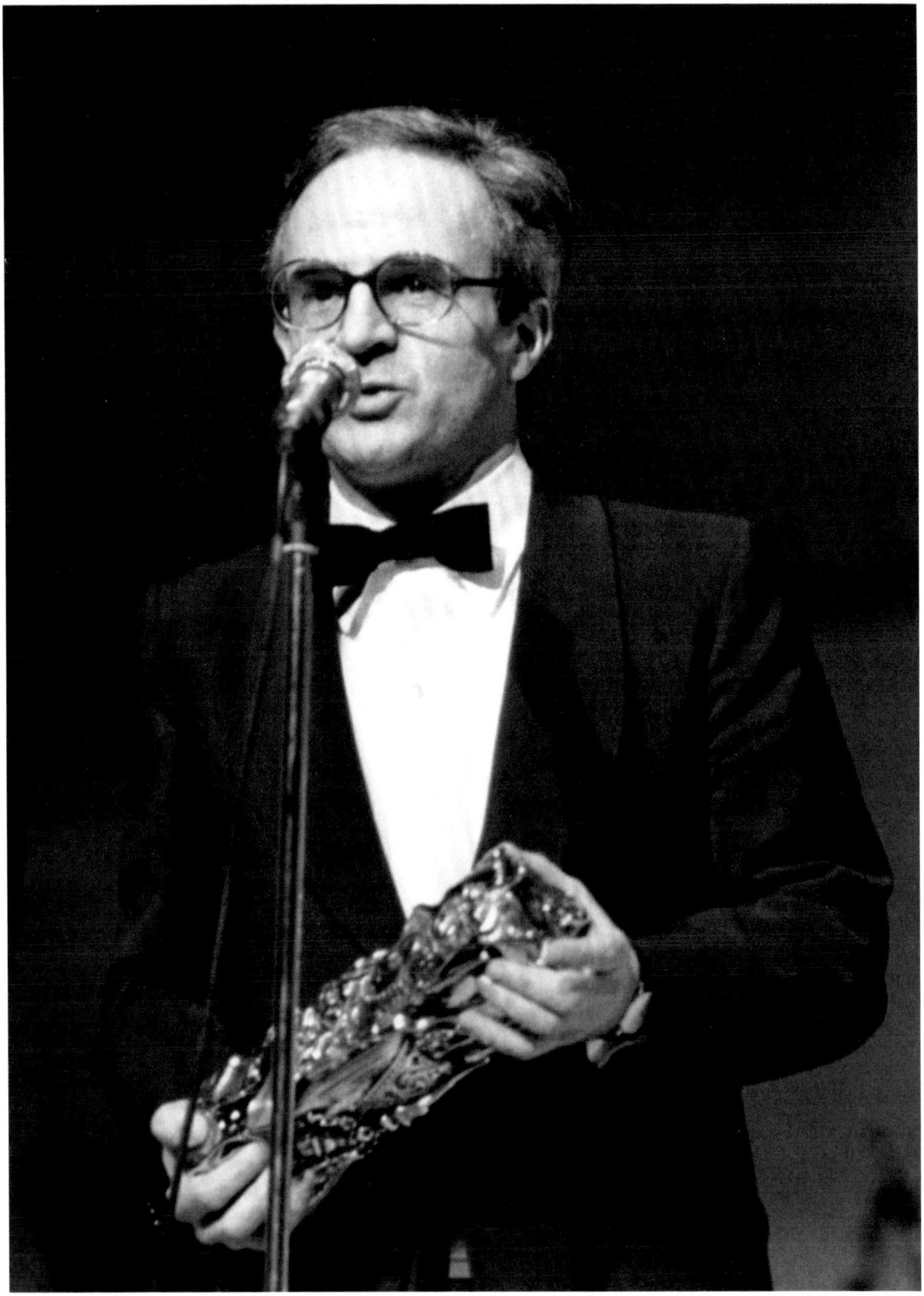

"办公室职员的日子"

您怎样看待您在法国电影中的明星地位？是否有些不适？

没有，淡然得很。我呢，我过着办公室职员的日子。每天早上去办公室——除了写剧本的时候是合作者来我家。我过着劳动者的生活，我无法把自己看作一个明星，除了在出国旅行的时候。比如说去芝加哥参加我的电影回顾展，这会一下子迫使我采取某种旁观者的视角。我自忖："哟，还真是，我工作了二十五年，拍了二十部电影"，而且我注意得到人们和我说话的方式。但我在巴黎的生活是一种非常有规律且低效的劳作的生活。之所以说低效，因为即便我很讨厌垃圾时间，但时间浪费得还是非常严重。我希望六周写完的剧本最后写了十二周。我于是不得不推迟预定的拍摄日期，我总是觉得被打搅、被拖后腿，没法完全照我希望的去做。我不贬低或者轻视自己，但我偏爱我的工作甚于自身。虽然我对自己的电影批评甚严——我刚才做的就是这个——但我一直希望人们依据我的工作来评价我，而不是依据我的谈话或者我所是的这个人。

1981年1月31日，在巴黎会议中心，弗朗索瓦·特吕弗凭借《最后一班地铁》获得凯撒奖最佳导演奖与最佳影片奖。该片共获得十项凯撒奖，包括最佳剧本奖（弗朗索瓦·特吕弗、苏珊娜·席夫曼）、最佳女主角（卡特琳·德纳芙）和最佳男主角（热拉尔·德帕迪约）。

依据您的工作成果？

如果有人对我说"某人想与您共进晚餐",我会回答我不与任何人共进晚餐。人们对一些片子感兴趣的时候会去看,然后想要谈论它们。电视出现之前,晚上在巴黎有很多饭局。但即使在那个时代,我也不知道我是否会外出赴宴。晚上,我待在家里看电视,更不用说现在有了录像机[1]还可以看片子。感觉自己是一个明星:那就必须参加实际上我并不从事的社交活动。除非是,就像我对您说的,在我出国的时候。即使在那些时候,也必然是与工作相关——介绍一部新片或者搞回顾展——因为我不旅游。

想到一个新片主题的时候,您怎么做?比如埃里克·侯麦会独自工作,用书写的方式……

我不像侯麦那样单打独斗。我总是和一名合作者一起工作:克劳德·德吉夫雷、贝尔纳·勒冯、苏珊娜·席夫曼,或者让·格吕奥。在飞机上或在阅读时冒出想法我会记下来,但接下去我不喜欢一个人工作。我需要坐到某人旁边,与他讨论。我一直是这么做的。

这会持续很长一段时间吗?

---

1. 第一批家用影视系统(VHS)录像机于1978年在法国上市。

是的，我会对我想与之合作的人说："这有个主题我已经考虑了很长时间了，我们是不是可以以它为出发点？"以《日以作夜》为例吧，那次的经过比较奇怪。我当时想和我的朋友让-路易·里夏尔（Jean-Louis Richard）[2]再次工作。因为是夏天，我们在昂蒂波附近租了一幢房子，工作的第一天，我告诉他我在两个主题之间犹豫不决：一个关于一个拍电影的电影团队，另一个关于一个独裁者，找夏尔·阿兹纳沃尔主演。他回答我说："这部和阿兹纳沃尔合作的关于独裁者的电影让我有些害怕，还是做那个拍电影的故事吧！"（笑）我们知道，显然电影拍摄场景会与真实生活场景交替出现，我们首先列出人物清单，然后就一头扎了进去。我们用两个月的时间完成了《日以作夜》的剧本。如果让-路易·里夏尔当时选择了另一个主题，我们也会以同样的方式工作。

有时，想法从出现到实现要花更长的时间。我跟您说过我是怎样得知戴高乐将军的死讯的，1970年11月，从芬兰旅行回来的时候。回程飞机上，我读了德诺埃尔（Denoël）出版社出的亨利·詹姆斯的《笔记》（*Les Carnets*），其中提到他的一篇短篇小说，当时还未译成法语，即《死亡祭坛》（*L'Autel des morts*）[3]。我托人把这个短篇翻了出来，从不同的角度研究了一番，然后开始和让·格吕奥谈论。最终直到1977年我

---

2. 1927—2012，法国演员、导演、编剧。他与特吕弗合作了四部剧本：《柔肤》（1964）、《华氏451》（1966）、《黑衣新娘》（1968）和《日以作夜》（1973），并且在他的多部影片中参演。
3. 法语首译出版于1974年（Stock, coll. « Le Cabinet cosmopolite »）。

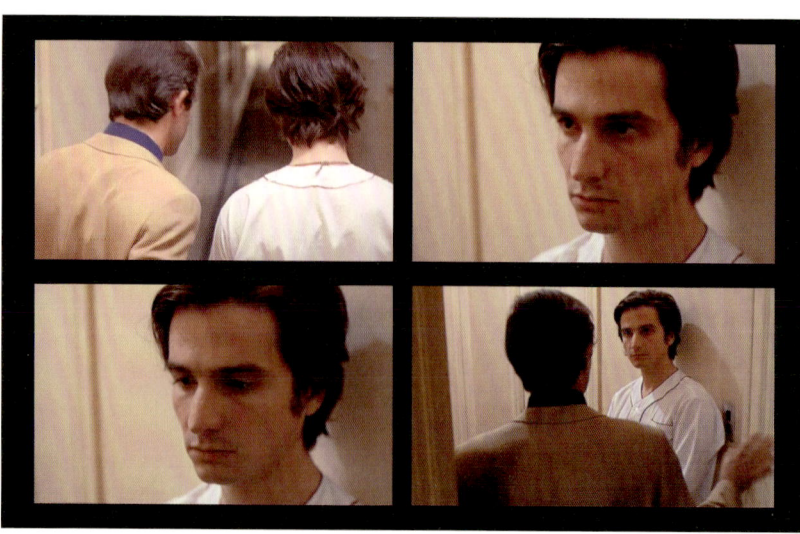

弗朗索瓦·特吕弗为《日以作夜》中导演费朗（弗朗索瓦·特吕弗饰）与情绪低迷的演员阿尔方斯（让-皮埃尔·莱奥饰）撰写的对话草稿。

— Écoute-moi Alphonse, rentre dans ta chambre, regarde un peu ton scénario et couche-toi.. c'est le film qui compte, tu comprends, tu es un très bon acteur, le travail marche bien ; la vie privée c'est la vie privée, elle est boiteuse pour tout le monde ;
les films sont plus harmonieux que la vie ; le film le plus artificiel donne une meilleure idée du déroulement de la vie que la vie elle-même...
Toi et moi, on est fait pour ça, pour être heureux à trouver le cinéma...
Salut... je compte sur toi...

il n'y a pas d'embouteillage dans les films, pas de temps mort, ça avance comme un train dans la nuit

才把它拍成电影,也就是发现小说七年后。这意味着有过五六版逐渐改进、多少都还比较长的改编。在此期间,我拍了其他电影……

《痴男怨女》的计划诞生于《零用钱》的剪辑阶段。我打电话给米歇尔·费尔莫,问他是否有兴趣与我一起就这个主题工作。我们俩刚开了个头,史蒂文·斯皮尔伯格(Steven Spielberg)打电话来邀请我参演《第三类接触》[4]。我对费尔莫说:"我们分头干。我在美国写几个场景,你在法国写几个场景,写好后寄给对方看。"于是,他在巴黎写了一些,我在阿拉巴马和怀俄明也写了一些。邮寄中丢了几封信,但我们还是勉强搭成了一个剧本,回到法国我就照它拍了。

那经常是些我已经思考了很久的主题。突然,出现一个新元素,遇到一个演员或者某个决定性的事物,促使我开工去做。

我的新片,《隔墙花》,这也是一个有年头的计划。我那时这样想:"总有一天,我要拍一部爱情片,一切都会发生在过去,人物只谈论八年或十年前他们还在一起时发生的事情。我会在这部电影里观察他们重逢时的行为举止。"这个主题在我脑海里已经有很长时间了[5]。因为在《最后一班地铁》中与热拉尔·德帕迪约的合作很愉快,而且觉得法妮·阿尔当(Fanny Ardant)很优秀——我在电视上观看尼娜·孔帕内

---

[4]. 弗朗索瓦·特吕弗在片中扮演法国科学家克劳德·拉孔博教授。
[5]. 特吕弗在《痴男怨女》中已经引入了一个表现该主题的片段:贝特朗·莫兰(夏尔·德内饰)在酒店大堂偶遇维拉(莱斯莉·卡隆饰),一个他曾经爱过的女人。

弗朗索瓦·特吕弗为《隔墙花》中一些关键场景写的笔记。

4) Mme Jarre sa main dessus Gérard
   ... il lui prend la main
   les 3 derniers pubs vitrée
   serraient la main
   main autour Bille
   allumage fenêtre
   jour retourne dos le vide (elle
   "aspirait") Gérard retourne de
   dos, fermeture noire.

5) Parking .... le baiser,
   chute ... hesitation ... au
   sol .. evanouissement
   relève
   regard hagard, demarrage
   seul.

6) télégraphiste bruit de balle
   dernière usine — accords
   entre la "Madam Jarre" —
   usine télégramme — lecture —

（Nina Companeez）[6]的《海岸女士》（*Les Dames de la côte*）发现了她，于是我稍稍加快了计划。我决定："好吧，干吧，留两个月时间——4月和5月——在格勒诺布尔，开始吧！"过了这个档期，他们又有其他安排，将有一两年无法同时抽出时间参演。对于这部影片，我和苏珊娜·席夫曼在巴黎花了几天搭完了故事，而对白则是在拍摄过程中撰写的，因为这是及时拍成这部影片的唯一办法。

另一些时候，剧本则非常成熟，一切准备充分。例如，《阿黛尔·雨果的故事》有八至十版长短不一的剧本。对于这部影片，要做的是去表及里，删繁就简。所以才一遍遍重写了那么多稿。

因此，很难总结出一种方法……

没有方法。我完全可以同时准备三部电影，然后在某一刻决定："我们先拍这一部，那部排第二，那部排第三……"

对于想从事电影的年轻人——甚至老年人——您有什么想说的？

我不知道……这取决于他们怎么看待电影。我对人物比对摄影机更感兴趣。反正摄影机会听指挥。可以到拍摄时再考虑如何处理场景。因此，我优先考虑人物，因为我不觉得可以说"情节优先！"这样的话。

---

6. 1937—2015，法国编剧、导演，电影，尤其是电视电影创作者。

在美国他们会说"情节优先！"。在那里，如果一个场景不能推进叙事或者不包含情节，他们会把它剪掉。我认为美国没有产出过好的爱情片；他们的特长真的在于情节。在欧洲，我们有点犹豫，因为对于这种不计一切追求情节的理念有所保留。我们经常有一些没多少起伏的故事，但比美国人更善于塑造真实或者有足够生命力的人物。我想我们应该在这方面多努力。十五年或二十年来，剧本的重要性被低估了。今天，所有人都同意必须恢复剧本的地位……

开拍前，您会准备好分镜很多、对白很多的剧本吗？

您知道不是这样的！我告诉您了，拍《隔墙花》时，对白是边拍边写的……

我感觉对您来说，首要的是讲述一个故事的欲望，不论故事来自哪里，书也好，社会新闻也好……

是的，但也可以是呈现某种内心状态的欲望。拍《两个英国女孩》，是因为我觉得呈现一种"那个年代的神经症抑郁"会比较有意思。我们总相信——可能对也可能错——自己在做一些事，谈不上革命性，但至少自己拍的东西以前从未呈现过。最好那样相信，因为有用，否则就少了许多热情。

对于《柔肤》，我那时这样想："这是一个我们见过成千上万的出轨故事。在那些故事中，合法妻子通常被牺牲掉，情妇被推到最显眼的位置。同样，性感也成了情妇专属，合法妻子则不具备。"我心想："我要反其道而行！我要展现与年轻姑娘的关系其实是智力上的，或者亲子般的——在人生的某一刻，男人梦想找到一个年轻女性，把她当女儿一样对待——而与他正在离开的女人则是情欲的关系。"

我觉得这个想法很独特，但我不确定把它成功移植到了银幕上。

在《儒尔和吉姆》中，我意欲展现一个女人游走在两个男人之间，同时阻止观众厚此薄彼。这个想法让我乐在其中，因为七十年来的美国电影里，当一个女人同时爱上两个男人，其中一个准是由加里·格兰特（Cary Grant）扮演……这导致观众禁不住要在两个男人之间选择，他必然希望女的最终和加里·格兰特在一起！（笑）

您从您对电影、影片的观察出发，走向新的领域……

是的，就是这样。这种质疑并不激进，它总是温和的，但这就是谚语"一面之词偏听则暗"所包含的理念。必须要能聆听别的声音，这正是我努力去做的。我们观察自己喜欢或不喜欢的电影。从喜欢的电影中自然能学到很多……但从不喜欢的影片中也能学到很多！

在电影这份创造性工作中，有无意识的东西和有意识的东西。无意识的东西是每个人自带的疯狂。我觉得影片里最有意思的是那些导演觉得正常但在所有观众看来疯狂至极的场景。这经常是建立在利用时间或空间实施的某种欺骗之上……

关于《最后一班地铁》，我们还可以谈一个具体话题，那就是在影棚里的拍摄。

《最后一班地铁》不是在一个真正的影棚拍的，但给人的印象是那样。事实上，影片是在克里希一个废弃的巧克力工厂[7]拍的。所以人行道是假的，不过它们发出的声音确实是影棚里人行道的声音！（笑）此外，我坚持让整个故事在夜间发生，以让它真实可信。电影用彩色胶片拍摄以来，我们并未充分思考颜色对感知造成的变化。颜色带来的改变是，观众有点不怎么相信我们为他们讲述的故事了。但没人愿意谈论、注意这一点，甚或往这方面考虑。人们不愿承认黑白片比彩色片更动人、更可信、更迷人。我不知道为什么人们不愿谈论，这本该引发讨论才是。从无声电影变为有声电影时有过持续不休的讨论，但从黑白转向彩色时没有任何讨论。人们表现得好像什么也没发生，而我，我能看出观众与电影拉开了距离。即使电视上有人让你觉得彩色片比黑白片更有价值，我仍然认为，彩色片要拍得极高明才能抵消不足。颜色被说得就像是涂抹面包片的果酱，我却觉得是障碍。而且我觉得能在彩色片上表现优异的电影人是这样思考的人："既然必须要有颜色，那就用上它，

---

7. 莫勒耶巧克力厂（La chocolaterie Moreuil），创建于1825年，位于克里希（上塞纳省）勒朗迪路。

但不能把它视作锦上添花，要把它当成一种必须要考虑到的因素来看待，比如在镜头数量方面。"

如果今天要拍一部彩色的《四百击》，我显然不会采取同样的方式。1958年的时候，甚至连巴黎那些墙壁的纹理都被拍进影片，成为镜头。拍彩色版，镜头就要更少，不能有那么多变化。如果你在一间有两堵不同颜色墙壁的房间里拍摄，你会这样考虑："我就展现一堵，因为如果在一个很长的场景中展现两堵墙，眼睛会疲劳，观众会以为那是不同的地方。"这个一致性的问题是一直要考虑的。

因此，颜色迫使电影艺术家和观众目视的游戏要比在其他电影里更讲究……

它迫使我们要提前考虑得更周详，要放弃更多的东西。颜色持续输出我们不想要、用不着的干扰信息。黑白时代，我会随便戴一条领带来做访谈。但现在是彩色电视，所以我戴了一条单色领带，以避免图案让观众分心。在电视上，我只看到领带，我只根据领带来评价所有这些男士。事实上，他们说的我一句都不要听！（笑）

恰恰这种让色彩接近实际的尝试一点不自然。彩色片里，一切都显假，而黑白片就协调得多。

奇怪的是，影片会随着时间的推移变得协调。我确信，《美女与野兽》(*La Belle et la Bête*)在它上映的那一年一定没有今天这样优美。当时，人们应该会觉得它不甚协调，因为有些场景效果不错，另一些则不然。而后，时间流逝，一切变得水乳交融，到了今天，《美女与野兽》真的是一部几乎各个方面都非常优美的影片。但是，它是黑白的。时间是否也能让彩色片变得更协调？那些二十年前因为色彩不协调而让我们觉得刺眼的彩色片，今天更加顺眼了吗？我还没有足够的距离来发觉这一点……

这里有一种化学现象，色彩也应该能变得更和谐……

有一种对每个人都成立的现象：在一部非常喜欢、谙熟于心的影片里，总有一些我们看不惯的镜头。也就是说，哪怕看到第八遍，我们仍然会说："啊，确实，我不喜欢这个镜头！"这是一个在相当圆满的整体中有些出格的镜头，因为别扭而被我们逐出记忆。

例如您有一次提到的让·雷诺阿《黄金马车》中的天空。那让您觉得别扭吗？

与阿尔弗雷德·希区柯克的《后窗》一样，《黄金马车》也是电影史上最封闭的电影之一。但是，尽管如此，当雷诺阿在影棚搭出的院子里展现马车到来尘土飞扬的景象时，他在建筑物的左右两侧留下了一点天空，这让我感到别扭。我长期拒绝这些镜头。我依旧不能接受，但现在我知道它们存在，而头十五次看片的时候，我能彻底忘记它们的存在。

您看过《黄金马车》多少次？

哦，我不知道……也许三四十次。这是一部我谙熟于心的影片！

您在好几部影片中使用了宽画幅格式。这是否给您造成了一些特别的问题？

没有，我都忘了宽画幅的事。没造成特别的问题，但赋予影片某种程式化效果。因为有意思的是，在方画幅电影中，我们对演员指示过多。我们对他们说"现在，您搁下烟头，去打开窗户"，等等。宽画幅中不再需要这样做：比如可以看见手臂，但是看不见手。不再需要手部动作，演员的移动更抽象。但说到底，宽画幅就是个笑话：当初发明它是为了与电视争夺观众，结果今天，居然荒谬到在电视上播放宽画幅影片！而且切成什么样了……[8]

有些书让您想拍某些影片。那是不是也有一些影片让您产生了拍某些影片的欲望呢？

哦，是的，当然。比如《痴男怨女》就诞生于一部我小时候看了不知多少遍、帮助我挺过来的片子：萨沙·吉特里的《骗子的故事》（*Le*

---

8. 在电视屏幕上播放宽画幅影片使用了一种称为Pan-Scan（摇摄–扫描）的方式，会将原始图像截去近40%。

Roman d'un tricheur）[9]。这是一部非常个人主义、非常无政府主义、非常不得体……而且非常滑稽的片子！一部对我产生重大影响的片子。这当然只是一例而已；还有许多别的片子。但其他片子的影响并没有那么直接。有时是一个演员，有时是一个主题……

在您自己开始拍电影之前，您受到了电影的滋养。您对影片的研究是从技术角度进行的——也就是说，从实施、制作的角度——还是仅仅从叙事角度？

我感觉我更多从剧本方面出发，而不是技术与制作方面。在我的文集《我生命中的电影》[10]中，我意识到，如果有什么事为我随后的职业阶段做了铺垫的话，那主要是对剧本的观察。当我观看诸如《宝贝儿》（*Baby Doll*）或者《伊甸园之东》（*À l'est d'Eden*）[11]这样的片子时，我尤其会注意到场景数量或一致性的问题。对于《阿卡丁先生》（*Mr. Arkadin*）[12]等几部影片，一致性是镜头。另一些影片，一致性则是进程或场景。我感兴趣的那类观察是美学范畴的，主要观察叙事如何实施，而不是风格问题。"摄影机在什么位置？"之类的问题后来才出现。后来当

---

9. 1945年，特吕弗在商博良电影院（le cinéma Champollion，巴黎，第五区）第一次看该片，当时他13岁。
10. 前引。
11. 美国电影人埃利亚·卡赞（Elia Kazan）的两部影片，分别于1956年和1955年上映。
12. 又名《秘密档案》（*Dossier secret*），奥森·威尔斯导演的法国-西班牙-瑞士合拍片（1955）。

我自己开始拍电影，让我欣赏的片子比以前少了，因为我批评它们的制作。某些情形下，我愈发推崇从前便欣赏的那些影片。我认为自己没当过导演的人要意识到摄影机的问题相当困难。安德烈·巴赞在这方面相当强大：摄影、角度、镜头。但他是影评人里的一个特例。一般来说，非专业人士更擅长评判意图而非制作。话虽如此，能够评判意图也已经很好了，因为它们也很复杂……

我感觉您相当一部分动力来自对陈见的抵抗。这种抵抗在您身上一直很强烈吗？

是的……即便陈见也可以为我所用！有时候，我并不讨厌从俗：这既赢得了时间，又能产生一种所需的讽刺。

我们讲述的故事有其内在张弛。有些时候需要说真话，有些时候需要分散注意力、推进故事或逗乐。同一场景既有摆明的真也有摆明的假，会让观众无法接受，中途放弃。我想这就是发生在《骗婚记》上的事情。事后，我想到只有真正的朋友、知音或纯粹的迷影者才能理解我。因为片子里玩了一个可能最终有害或者变态的把戏。我请观众相信这个爱情故事的真实性——那是影片里最真挚的东西，同时，为了推进这个侦探故事——我应该对此不太上心，因为只是一个借口——我使用了借自陈见、俗套、连环画等的方式。在这种情况下，我们只能指望被背景完全相同、走过同样的迷影之道的人所理解。我认为这是一条死胡同，最后我心想："我不该在这条道上走下去，因为收获的是有害的东西。"

另一方面，可以肯定的是，充当了职业生涯最初动机的一个镜头接一个镜头、一个场景接一个场景说出真相的欲望、意愿，不会成为一直的动机。我认为到后来，我们会发现关键不在于真相。或者更确切地说，真相是一种可以通过非常间接或者非常人工的方式达到的结果。只有真相并不够。否则那就拍一辈子纪录片好了，只记录真实的事情。我们拍下那些事情，希望结果大致可信，而即便这样，也必须操纵现实，在时长、垃圾时间等方面做文章。长期从事电影即是发现弄虚作假的重要性、乐趣与局限性。

观众对您意味着什么？一个抽象的实体还是完全不是那样？

观众是影片的最终目的。我无法拍一部没有观众的影片。在农村，或许有些人写了小说就把它们留在抽屉里。可我，如果我写一本小说，我是想着立刻找出版社投稿的。同样，我想象不出没有观众的影片。观众是影片的一部分，而且海报和采访也是一样。鉴于我在工作中比较依靠本能，采访会迫使我进行理性总结，解释我的意图。我认为一部影片彻底完成之时是我做完最后一次采访之时。观众是影片的一部分，他们是影片的共鸣。

《最后一班地铁》的成功给我个人带来了无关虚荣的满足感。我们越是工作，就越是形成一些理论。这些理论经常相当疯狂，很快被一记响亮的耳光否定！例如，《阿黛尔·雨果》这部影片就遵循了我有关时代电影的理论：不要呈现天空，把场景安排在夜里，不要呈现无用的角色，等等。

虽然我严格按照理论行事，但这部影片还是只吸引了相当有限的观众。

突然，随着《最后一班地铁》的上映，我得意地看到我的一些理论得到了证实。我看过一些关于沦陷时期的电影，我觉得不可信，因为听到了某个不属于那个时期的声音。因此，在《最后一班地铁》中，我一丝不苟地安排了一些当时可以在广播里听见的真正的沦陷时期的歌曲[14]。结果：成功了。观众的确相信那是战争时期。我还说："如果能看见天空和太阳就不会相信那是沦陷时期。"于是，在《最后一班地铁》里，整整三刻钟，我坚持只安排夜间场景。看见我的理论似乎见效，我终于隐约有些得意……我非常清楚，在我接下来的电影中，它们可能会被推翻！这些理论有局限性。诚然，它们帮助我们工作，但危险在于它们变得越来越具有约束力。因为在它们背后便是禁忌、禁令——永远不要做这个，永远不要拍那个——长此以往，我们的地盘说不定越缩越小。不过另一方面，我觉得我今天更大胆了，敢于揭露哪怕十年前还不敢呈现的事情……

---

14. 尤其是吕西安娜·德利勒（Lucienne Delyle）演唱的《圣约翰之夜的爱人》（*Mon amant de Saint-Jean*）和《向赞巴祈祷》（*Prière à Zumba*），以及丽娜·凯蒂（Rina Ketty）演唱的《阔边毡帽与头纱》（*Sombreros et mantilles*）。

参考资料

一. 弗朗索瓦·特吕弗著作

书籍：

−François Truffaut, Helen Scott（collab.）, *Hitchcock/Truffaut : édition définitive*, Gallimard, Paris, 1993［1re éd. : *Le Cinéma selon Hitchcock*, Robert Laffont, Paris, 1966］.（中文版：《希区柯克与特吕弗对话录》）

−François Truffaut, *Les Films de ma vie*, Flammarion, coll. «Champs arts», Paris, 2019［1re éd. : Flammarion, Paris, 1975］.（中文版：《我生命中的电影》）

−François Truffaut, Serge Toubiana（éd.）, *Le Plaisir des yeux*, Flammarion, coll. «Champs arts», Paris, 2008［1re éd. : Cahiers du cinéma, Paris, 1987］.（中文版：《眼之快感》）

−François Truffaut, Bernard Bastide（éd.）, *Chroniques d'Arts-spectacles 1954-1958*, Gallimard, Paris, 2019.

序言：

−Bernard Gheur, *Le Testament d'un cancre*, Albin Michel, Paris, 1970.

−André Bazin, *Jean Renoir*, Ivréa, Paris, 1989［1re éd. : Éditions Champ Libre, Paris, 1971］.（中文版：《让·雷诺阿》）

−André Bazin, Éric Rohmer, *Charlie Chaplin*, Ramsay, Paris, 1990［1re éd. : Éditions du Cerf, coll. «7e art», Paris, 1972］.（中文版：《巴赞论卓别林》）

−Jean Renoir, *La Grande Illusion*, Éditions Balland, Paris, 1974.

−André Bazin, *Le Cinéma de l'Occupation et de la Résistance*, UGE 10/18, Paris, 1975.

−André Bazin, *Le Cinéma de la cruauté*, Flammarion, coll. «Champs», Paris, 1987［1re éd. : Flammarion, Paris, 1975］.（中文版：《残酷电影》）

−Sacha Guitry, Claude Gauteur（éd.）, *Le Cinéma et moi*, Ramsay, coll. «Ramsay poche cinéma», Paris, 1990［1re éd. : Ramsay, Paris, 1977］.

−William Irish, *La Toile de l'araignée*, Belfond, coll.«Les portes de la nuit», Paris, 1980. Rééd. dans

François Truffaut, *Le Plaisir des yeux*, Cahiers du cinéma, Paris, 1987, pp. 133-137.（收入《眼之快感》）

—Nestor Almendros, *Un homme à la caméra*, Hatier, Paris, 1991 [1re éd. : Éditions 5 Continents/Hatier, coll. «Bibliothèque du cinéma», Paris, 1980].

—Tay Garnett, *Un siècle de cinéma*, TNVO, Paris, 2013 [1re éd. : 5 Continents/Hatier, coll. «Bibliothèque du cinéma», Paris, 1981].

—Andrew Dudley, *André Bazin*, Cahiers du cinéma/Cinémathèque française, Paris, 1983.（中文版：《巴赞传》）

—André Bazin, Jean Narboni (éd.), *Le Cinéma français de la Libération à la Nouvelle Vague (1945-1958)*, Cahiers du cinéma, coll. «Petits Cahiers», Paris, 1998 [1re éd. : Cahiers du cinéma, coll. «Essais», Paris, 1983].

—Tony Crawley, *L'Aventure Spielberg*, Éditions Pygmalion Gérard Watelet, Paris, 1997. [1re éd. : Éditions Pygmalion, Paris, 1984].

—Jean Vigo, Pierre Lherminier (éd.), *Œuvre de cinéma*, La Cinémathèque française/Lherminier, coll. «Cinéma classique», Paris, 1985.

—Richard Roud, *Henri Langlois, l'homme de la cinémathèque*, Belfond, Paris, 1985.

—Roger Viry-Babel, *Jean Renoir. Films, textes, références*, Presses universitaires de Nancy, 1989.

—Alain Garel, Dominique Maillet, Jacques Valot, *Philippe de Broca*, Henri Veyrier, Paris, 1990.

—Henri-Pierre Roché, *Carnets 1, 1920-1921 : les années Jules et Jim*, André Dimanche, Marseille, 1990.

—André Bazin, *Orson Welles*, Cahiers du cinéma, coll.«Petite bibliothèque des Cahiers du cinéma», Paris, 1998.（中文版：《奥逊·威尔斯论评》）

剧本与分镜本：

—Jean Gruault, *Histoire de Julien & Marguerite : scénario pour un film de François Truffaut*, Capricci, coll. «Première collection», Paris, 2011.

—Jean Gruault, François Truffaut, *Belle époque*, Gallimard, Paris, 1996.

—Marcel Moussy, *Les Quatre Cents Coups : récit d'après le film de François Truffaut*, Gallimard jeunesse, 2004 [1re éd. : Gallimard, Paris, 1959].

—Jean-François Pays, *L'Enfant sauvage : d'après le film de François Truffaut*, Éditions GP, coll. «Rouge et or», Paris, 1970.

—François Truffaut, *Les Mistons*, L'Avant-scène cinéma n°4, mai 1961.

—François Truffaut, Jean-Luc Godard, *Une histoire d'eau*, L'Avant-scène cinéma n°7, septembre 1961.

—François Truffaut, *Jules et Jim : découpage intégral*, Seuil, coll. «Points virgule», Paris,1995 [1re éd. : L'Avant-scène cinéma n°16, 15 juin 1962].

—François Truffaut, *La Peau douce*, L'Avant-scène cinéma n°48, mai 1965.

—François Truffaut, *Les Aventures d'Antoine Doinel*, Ramsay, coll. «Ramsay poche cinéma», Paris, 1987 [1re éd. : Mercure de France, Paris, 1970]. (中文版：《四百击》)

—François Truffaut, *L'Enfant sauvage*, L'Avant-scène cinéma n°107, octobre 1970.

—François Truffaut, *Les Deux Anglaises et le Continent*, L'Avant-scène cinéma n°121, janvier 1972.

—François Truffaut, *La Nuit américaine : scénario du film ; suivi de Journal de tournage de Fahrenheit 451*, Cahiers du cinéma, coll. «Petite bibliothèque des Cahiers du cinéma», Paris, 2000 [1re éd. : Seghers, coll. «Cinéma 2000», Paris, 1974].

—François Truffaut, Jean-Luc Godard, *À bout de souffle*, Balland, coll. «Bibliothèque des classiques du cinéma», Paris, 1974.

—François Truffaut, *L'Argent de poche : cinéroman*, Flammarion, Paris, 1992 [1re éd. : Flammarion, Paris, 1976].

—François Truffaut, *L'Histoire d'Adèle H.*, L'Avant-scène cinéma n°165, janvier 1976.

—François Truffaut, *L'Homme qui aimait les femmes : cinéroman*, Flammarion, Paris, 2015 [1re éd. : Flammarion, Paris, 1977].

—François Truffaut, *La Chambre verte*, L'Avant-scène cinéma n°215, 1er novembre 1978.

—François Truffaut, *L'Amour en fuite*, L'Avant-scène cinéma n°254, 15 octobre 1980.

—François Truffaut, Suzanne Schiffman, *Le Dernier Métro : scénario*, Cahiers du cinéma, coll. «Petite bibliothèque des Cahiers du cinéma», Paris, 2001 [1re éd. : L'Avant-scène cinéma n°303-304, 1er-15 mars 1983].

—François Truffaut, *Une visite*, L'Avant-scène cinéma n°303-304, 1er-15 mars 1983.

—François Truffaut, *Tirez sur le pianiste; Vivement dimanche!*, L'Avant-scène cinéma n°362-363, juillet-août 1987.

—François Truffaut, Claude de Givray, Claude Miller, *La Petite Voleuse*, Christian Bourgois, coll. «10/18», Paris, 1993, [1re éd. : Christian Bourgois, Paris, 1988].

—François Truffaut, *La Femme d'à côté*, L'Avant-scène cinéma n°389, 7 février 1990.

—François Truffaut, *Les Quatre Cents Coups*, L'Avant-scène cinéma n°216, [1re éd. : L'Avant-scène cinéma, 2004].

通信:

–Claude Gauteur, *François Truffaut en toutes lettres*, La Tour verte, coll. «La Muse Celluloïd», Mesnils-sur-Iton, 2014.

–François Truffaut, Gilles Jacob (éd.), Claude de Givray (éd.), Jean-Luc Godard (préf.), *Correspondance*, Le Livre de poche, Paris, 1993 [1re éd. : 5 Continents/Hatier, Paris, 1988].

–François Truffaut, Claude Jutra, «Correspondance de Claude Jutra et François Truffaut», *Nouvelles vues : revue sur les pratiques et les théories du cinéma au Québec*, sans date. http://www.nouvellesvues.ulaval.ca

–François Truffaut, Bernard Bastide (éd.), *Correspondance avec des écrivains*, Gallimard (à paraître).

访谈:

–*Aline Desjardins s'entretient avec François Truffaut*, Ramsay, coll. «Ramsay poche cinéma», Paris, 1987 [1re éd. : Éditions Léméac/Éditions Ici Radio-Cinéma, coll. «Les Beaux-arts», Ottawa, 1973].

–Anne Gillain, *Le Cinéma selon François Truffaut*, Flammarion, coll. «Cinémas», Paris, 1988.

–Dominique Rabourdin, *Truffaut par Truffaut*, Éditions du Chêne, coll. «Cinéma de toujours», Paris, 2004.

–Lillian Ross, *François Truffaut : textes issus de* The New Yorker, 1960-1976, Carlotta, Paris, 2019.

二. 关于弗朗索瓦·特吕弗的出版物

评论:

–Laurence Alfonsi, *Lectures asiatiques de l'œuvre de François Truffaut*, L'Harmattan, coll. «Cinéma et société», Paris, 2000.

–Laurence Alfonsi, *L'Aventure américaine de l'œuvre de François Truffaut*, L'Harmattan, coll. «Cinéma et société», Paris, 2000.

–Laurence Alfonsi, *François Truffaut : passions interdites en Europe de l'Est*, Séguier, coll. «Carré ciné», 2 vol., Paris, 2002.

–Dominique Auzel, *Truffaut : les mille et une nuits américaines*, Henri Veyrier, coll. «Cinéma», Paris, 1990.

–Dominique Auzel, *Paroles de François Truffaut*, Albin Michel, Paris, 2004.

–Dominique Auzel, *François Truffaut à l'affiche*, Séguier, Paris, 2005.

– Dominique Auzel, Sabine Beaufils-Fievez, *François Truffaut, l'homme-cinéma*, Milan, coll. «Les Essentiels», Toulouse, 2004.

– Dominique Auzel, Sabine Beaufils-Fievez, *François Truffaut : le cinéphile passionné*, Séguier, coll. «Ciné Séguier», Paris, 2004.

– Antoine de Baecque, Serge Toubiana, *François Truffaut*, Gallimard, coll. «Folio», Paris, 2001 [1re éd. : Gallimard, Paris, 1996].

– Antoine de Baecque (dir.), Arnaud Guigue (dir.), *Le Dictionnaire Truffaut*, La Marinière, Paris, 2004.

– Élisabeth Bonnaffons, François Truffaut, *la figure inachevée*, L'Âge d'homme, Lausanne, 1981.

– Élisabeth Butterfly, *François Truffaut, le journal d'Alphonse*, Gallimard, Paris, 2004.

– Gilles Cahoreau, *François Truffaut*, Julliard, Paris, 1989.

– Collectif, *Le Roman de François Truffaut*, Cahiers du cinéma, Paris, 2005 [1re éd. : Cahiers du cinéma, Paris, 1985].

– Collectif, *François Truffaut : bibliographie, discographie, filmographie*, Agence Culturelle de Paris, Paris, 1994.

– Jean Collet, *Le Cinéma de François Truffaut*, Lherminier, coll. «Cinéma permanent», Paris, 1977.

– Jean Collet, *François Truffaut*, Lherminier, coll. «Le cinéma et ses hommes», Paris, 1985.

– Jean Collet, *François Truffaut*, Gremese, coll. «Grands cinéastes de notre temps», Rome, 2004.

– Jean Collet, Oreste De Fornari, *Tout sur François Truffaut*, Gremese, coll. «Tout sur les grands du cinéma», Rome, 2020.

– Hervé Dalmais, *François Truffaut*, Rivages, coll. «Rivages cinéma», Paris, 1996 [1re éd. : Rivages, 1987].

– Paul Duncan, Robert Ingram, *François Truffaut : auteur de films, 1932-1984*, Taschen, Paris, 2013.

– Dominique Fanne, *L'Univers de François Truffaut*, Éditions du Cerf, coll. «7e art», Paris, 1972.

– Bernard Gheur, *Les Orphelins de François*, Weyrich, Neufchâteau, 2020.

– Anne Gillain, *François Truffaut, le secret perdu*, L'Harmattan, coll. «Champs visuels», Paris, 2014 [1re éd. : Hatier, coll. «Brèves cinéma», Paris, 1991].

– Anne Gillain, *Tout Truffaut : 23 films pour comprendre l'homme et le cinéaste*, Armand Colin, Paris, 2019.

– Elizabeth Gouslan, *Truffaut et les femmes*, Grasset, coll. «Documents français», Paris, 2017.

– François Guérif, *François Truffaut, Les 400 coups*, Montréal, 2003 [1re éd. : Edilig, coll. «Filmo», 1988].

– Arnaud Guigue, *François Truffaut, la culture et la vie*, L'Harmattan, coll. «Champs visuels», Paris,

2002.

—Arnaud Guigue, *Truffaut & Godard : la querelle des images*, CNRS, Paris, 2014.

—Annette Insdorf, *François Truffaut : le cinéma est-il magique?*, Ramsay, coll. «Ramsay cinéma», Paris, 1986.

—Annette Insdorf, *François Truffaut : les films de sa vie*, Gallimard, coll. «Découvertes arts», Paris, 1996.

—Carole Le Berre, *François Truffaut*, Cahiers du cinéma, coll. «Auteurs», Paris, 1993.

—Carole Le Berre, *François Truffaut au travail*, Cahiers du cinéma, Paris, 2014 [1re éd. : Cahiers du cinéma, Paris, 2004].

—Martin Lefebvre, *Truffaut et ses doubles*, Vrin, coll. «Philosophie et cinéma», Paris, 2013.

—Philippe Lombard, *Le Paris de François Truffaut*, Parigramme, coll. «Beaux-livres», Paris, 2018.

—Hélène Merrick, *François Truffaut*, J'ai Lu, coll. «Les Grands réalisateurs», Paris, 2001 [1re éd. : J'ai lu, Paris, 1989].

—Yannick Mouren, *François Truffaut : l'art du récit*, Lettres modernes, coll. «Études cinématographiques», Paris, 1997.

—Eric Neuhoff, *Lettre ouverte à François Truffaut*, Albin Michel, coll. «Lettre ouverte», Paris, 1987.

—Cyril Neyrat, *François Truffaut*, Le Monde/Cahiers du cinéma, coll. «Grands cinéastes», Paris, 2007.

—Claude-Jean Philippe, *François Truffaut*, Seghers, coll. «Le Club des stars ; Les noms du cinéma», Paris, 1999.

—Dominique Rabourdin, *Truffaut, le cinéma et la vie*, Mille et Une Nuits, coll. «Les Petits Libres», Paris, 1997.

—Noël Simsolo, Marek, *François Truffaut*, Glénat, coll. «Humour», Paris, 2020.

—Frédéric Sojcher, *Le Fantôme de Truffaut : une initiation au cinéma*, Les Impressions nouvelles, coll. «For Intérieur», Bruxelles, 2013.

—Jérôme Tonnerre, *Le Petit Voisin*, Gallimard, coll. «Folio», Paris, 2001 [1re éd. : Calmann-Lévy, Paris, 1999].

—Serge Toubiana (dir.), *François Truffaut : exposition*, Paris, Cinémathèque française, 8 octobre 2014-25 janvier 2015, Flammarion, Paris, 2014.

—Serge Toubiana, *L'Amie américaine*, Stock, coll. «La Bleue», Paris, 2020.

专刊与杂志：

—Collectif, «François Truffaut : les années Doinel», bulletin de liaison du Centre d'information

cinématographique de l'Institut français de Munich, 1982.
—Collectif, «Le Roman de François Truffaut», Cahiers du cinéma numéro spécial, décembre 1984.
—Collectif, «Spécial François Truffaut», *Cinéma 84* n°312, décembre 1984.
—Collectif, «François Truffaut», *Cinématographe* n°105, décembre 1984.
—Collectif, «Les 400 couples de François Truffaut», *Les Cahiers du 7ᵉ art* n°6, 3e trimestre 1988.
—Collectif, «François Truffaut : le retour»; supplément «François Truffaut : papiers volés», *Les Inrockuptibles* n°249, 27 juin-3 juillet 2000.
—Collectif, «François Truffaut : Le roman du cinéma», *Le Monde*, coll. «Une vie, une œuvre», Paris, 2014.
—Collectif, «Truffaut, l'homme qui aimait le cinéma», *Le Point* hors-série, octobre-novembre 2014.

电影研究：
—Cédric Anger, *L'Enfant sauvage, François Truffaut*, CNC, coll. «Collège au cinéma» n°138, Paris, 2004.
—Antoine de Baecque, *L'Histoire d'Adèle H. de François Truffaut*, Gallimard, coll. «Folio cinéma», Paris, 2009.
—Bernard Bastide (éd.), *François Truffaut : Les Mistons*, Ciné-Sud, Nîmes, 1987.
—Bernard Bastide, *Les Mistons de François Truffaut*, Atelier Baie, Nîmes, 2015.
—Alain Bergala, *L'Argent de poche*, Les Enfants de cinéma, coll. «Cahier de notes sur...», Paris, 2001.
—Édouard Bessière, *Deux Jules et Jim : analyse comparée des œuvres de Henri-Pierre Roché et François Truffaut*, CDDP de l'Eure, coll. «Un livre, un film», Évreux, 1998.
—Jean-François Buiré, Raphaëlle Pireyre, *L'Homme qui aimait les femmes, François Truffaut*, CNC, coll. «Lycéens et apprentis au cinéma», Paris, 2010 .
—Anne Gillain, *Les 400 coups : étude critique*, Armand Colin, coll. «Synopsis», Paris, 2005 [1ʳᵉ éd. : Armand Colin, Paris, 1999].
—Carole Le Berre, *Jules et Jim : étude critique*, Nathan, coll. «Synopsis» n°24, Paris, 1996.
—Jean-Louis Libois, *Truffaut : Vivement dimanche!*, Atlande, coll. «Clefs concours», Neuilly, 2013.
—Tibault Loucheux, *Le Tournage des Mistons, film de François Truffaut : la Nouvelle Vague à Nîmes*, Lacour, Nîmes, 2014.
—Joël Magny, Yvette Cazaux, *Les Quatre Cents Coups*, CNC, coll. «Collège au cinéma» n°119, Paris,

2001.

–Jean-François Pioud-Bert, *Baisers volés de François Truffaut*, Gremese, coll. «Les Meilleurs films de notre vie», Rome, 2018.

三. 关于弗朗索瓦·特吕弗的影片

–Jean-Pierre Chartier, *François Truffaut ou l'Esprit critique*, série Cinéastes de notre temps (1965). 1re diff. : 1re chaîne, 2 décembre 1965.

–Jean-Pierre Chartier, *François Truffaut, dix ans dix films*, série Cinéastes de notre temps (1970). 1re diff. : ORTF 1re chaîne, 26 janvier 1970.

–José Maria Berzosa, *La Leçon de cinéma de François Truffaut* (1981). 1re diff. : TF1, 5 et 12 mai 1983.

–Michèle Reiser, *François Truffaut : correspondance à une voix* (1988). 1re diff. : Antenne 2, 18 mai 1988.

–Serge Toubiana et Michel Pascal, *François Truffaut : portraits volés*. Sortie salles : 14 mai 1993.

–Anne Andreu, *François Truffaut, une autobiographie* (2004). 1re diff. : Arte, 1er octobre 2004.

–Emmanuel Laurent, *Deux de la vague*. Sortie salles : 12 janvier 2011.

–Alexandre Moix, *François Truffaut l'insoumis* (2014). 1re diff. : Arte, 2 novembre 2014.

–Grégory Draï et Jérôme Bermyn, *Les Secrets de François Truffaut* (2020). 1re diff. : France 5, 8 juillet 2020.

特吕弗电影目录

1954
访客（短片）
编剧：弗朗索瓦·特吕弗　　摄影：雅克·里维特

制作总监兼助理导演：罗贝尔·拉什奈

剪辑：阿兰·雷奈　　发行：Diaphana

时长：8分钟　　规格：16毫米黑白片

演员表：劳拉·莫里（饰女青年），弗朗西斯·科格纳尼（饰男青年），让-若泽·里谢（饰姐夫），弗洛伦丝·多尼奥尔-瓦尔克罗兹（饰小女孩）。

剧情：一个寻找出租屋的男青年搬进一个女青年的公寓，女青年的姐夫将女儿托付给她照顾。

摄制信息：1954年摄制于巴黎。

编者按：该片从未出版过DVD，现在不可见。

1958
淘气鬼（短片）
编剧：弗朗索瓦·特吕弗，根据莫里斯·庞斯的短篇小说《淘气鬼》改编，选自《贞洁集》。

改编与对白：弗朗索瓦·特吕弗，莫里斯·庞斯　　旁白：米歇尔·弗朗索瓦

助理导演：克劳德·德吉夫雷，阿兰·让内尔　　摄影：让·马里热

剪辑：塞西尔·德屈吉　　音乐：莫里斯·勒鲁　　制作总监、剧照：罗贝尔·拉什奈

出品：马车影业　　发行：Les Films de la Pléiade（1958），Diaphana（2014）

时长：23分钟（1958），18分钟（1967）　　规格：16毫米黑白片

演员表：热拉尔·布兰（饰热拉尔），伯纳黛特·拉冯（饰伯纳黛特），阿兰·巴尔迪、罗贝尔·布勒、亨利·德梅格特、迪米特里、莫雷迪、达尼埃尔·里柯（分饰淘气鬼），埃米尔·卡萨诺瓦，绰号"卡萨"（饰从不借火的人），克劳德·德吉夫雷（饰同意借火的人）

剧情：在尼姆的阳光下，五个孩子（淘气鬼）窥伺一对情侣，热拉尔与伯纳黛特，在古罗马竞技场、街巷、电影院、加尔河畔的乡村尾随他们。得知情侣即将订婚，他们给热拉尔去高山实习后落

单的伯纳黛特寄了一张"意味深长"的明信片。当地报纸登载了热拉尔不幸遇难的消息,他们的追逐就此结束。

摄制信息:1957年8月2日至9月6日,摄制于尼姆(加尔省)、博尔涅河谷圣安德烈(加尔省)、蒙彼利埃(埃罗省)。

法国公映:1958年11月6日。

编者按:参加1957年图尔电影节(非竞赛单元)、1958年布鲁塞尔世界电影节、1959年德国曼海姆电影节、1959年德国奥伯豪森电影节。荣获1958年布鲁塞尔世界电影节导演奖、青年观众奖,荣获曼海姆电影节电影金币奖。

1959
四百击

编剧:弗朗索瓦·特吕弗　改编与对白:弗朗索瓦·特吕弗,马塞尔·穆西

助理导演:菲利普·德布罗卡,阿兰·让内尔,弗朗西斯·科格纳尼,罗贝尔·博伯

摄影总监:亨利·德卡　摄影:让·拉比耶　摄影助理:阿兰·勒旺

录音:让-克劳德·马尔切提　场记:雅克琳·帕雷　剪辑:玛丽-约瑟芬·约约特

布景:贝尔纳·埃万　剧务:让·拉维,罗贝尔·拉什奈　音乐:让·康斯坦丁

剧照:安德烈·迪诺　制作总监:乔治·夏尔洛

出品:马车影业,意大利电影出品公司(SEDIF)　发行:北方电影商行(Cocinor)

时长:93分钟　规格:35毫米DyaliScope宽银幕黑白片

演员表:让-皮埃尔·莱奥(饰安托万·杜瓦内尔),克莱尔·莫里耶(饰吉尔贝特·杜瓦内尔,安托万之母),阿尔贝尔·雷米(饰朱利安·杜瓦内尔,安托万的继父),帕特里克·奥菲(饰勒内·比热),乔治·弗拉芒(饰比热先生,勒内之父),伊冯娜·克劳迪(饰比热夫人,勒内之母),罗贝尔·博韦(饰校长),皮埃尔·雷普(饰英语教师"蠢丫头"),吉·德孔布勒(饰语文教师"小叶子"),吕克·安德里厄(饰体育教师),塞尔热·莫阿蒂(饰学生西蒙诺),达尼埃尔·库迪里耶(饰学生莫里塞),理查德·卡纳扬(饰学生阿布),劳尔·帕耶特与路易丝·谢瓦耶旺(饰长舌妇),亨利·维尔洛热(饰夜班门卫),克里斯蒂安·布罗卡(饰嫖客),雅克·莫诺(饰警察局长),马里于斯·罗莱(饰卡巴内尔警探),克劳德·芒萨(少年法庭法官),弗朗索瓦·诺谢(饰罪犯),让·杜歇(饰吉尔贝特·杜瓦内尔的情人),让-克劳德·布里亚利(饰搭讪者),让娜·莫罗(饰追狗的女人),雅克·德米与夏尔·比奇(饰警署警察),赫迪·本·哈利法(饰警署里的北非人),菲利普·德布罗卡、弗朗索瓦·特吕弗(饰玩转桶的男子),克劳德·夏布洛尔(为神甫配音)。

剧情:12岁的安托万·杜瓦内尔生活在巴黎,有一个不太爱他的母亲和一个很少关心他的教育的

继父。与同学勒内一起，安托万逃学、撒谎，后来离家出走。因为盗窃打字机被捕，他被安置在少年犯监管中心。他逃出来，穿过乡村，一直跑到海边。

摄制信息：1958年11月10日至1959年1月3日摄制于巴黎、昂代（厄尔省）、滨海维里耶（卡尔瓦多斯）。

法国公映：1959年6月3日。

编者按：1959年第十二届戛纳电影节最佳导演奖；1959年纽约影评人协会奖最佳外语片；法国影评人工会1960年最佳影片。

1960
射杀钢琴师

编剧、改编与对白：弗朗索瓦·特吕弗，马塞尔·穆西，根据大卫·古迪斯小说《射杀钢琴师！》（Gallimard，英语原名 *Down There*）改编。

助理导演：弗朗西斯·科格纳尼，罗贝尔·波博　摄影总监：拉乌尔·库塔尔

摄影助理：克劳德·博索莱耶，雷蒙·科舍捷，让-路易·马里热　录音：雅克·加洛瓦

场记：苏珊娜·席夫曼　布景：雅克·梅利　剧务：塞尔热·科莫尔

剪辑：塞西尔·德屈吉，克洛迪娜·布歇　歌曲：博比·拉普安特，费利克斯·勒克莱尔

音乐：乔治·德勒鲁　剧照：罗贝尔·拉什奈

出品：皮埃尔·布劳恩贝尔热（Les Films de la Pléiade）　发行：北方电影商行

时长：85分钟　规格：35毫米DyaliScope宽银幕黑白片

演员表：夏尔·阿兹纳沃尔（饰查理·科勒/爱德华·萨罗扬），玛丽·杜布瓦（饰海莲娜，昵称莲娜），妮可·贝尔热（饰特蕾莎·萨罗扬），米雪儿·梅西耶（饰克拉丽斯，妓女），阿尔贝尔·雷米（饰希柯·萨罗扬），卡特琳·卢茨（饰妈咪），克劳德·芒萨（饰莫莫）、达尼埃尔·布朗热（饰埃内斯托），塞尔热·达夫里尔（饰普林），让-雅克·阿斯拉尼安（饰理查德），亚历克斯·若菲（饰路人），博比·拉普安特（饰歌手），克劳德·海曼（饰拉尔斯·施梅尔，经纪人），理查德·卡纳扬（饰菲度·萨罗扬），爱丽丝·萨普里奇（饰女门房），劳尔·帕耶特（饰母亲）。

剧情：查理是一个害羞的钢琴师，在一支并不出名的爵士乐队工作。他曾是一位出色的钢琴独奏家。他的妻子为了他成名而奉献了自己，之后陷入抑郁，自杀身亡。杀手追杀查理的两个哥哥，并且绑架了他的弟弟菲度。查理在正当防卫中杀死了一个袭击者。在莲娜的陪伴下，他去山中躲避。杀手追到，莲娜被害，成了这起复仇的无辜受害者。

摄制信息：1959年11月30日至1960年1月22日摄制于巴黎、勒瓦卢瓦-佩雷（上塞纳省）、沙尔特勒斯地区勒萨佩（伊泽尔省）。

法国公映：1960年11月25日。

1962
儒尔与吉姆

编剧、改编与对白：弗朗索瓦·特吕弗，让·格吕奥，根据亨利-皮埃尔·罗谢的小说（Gallimard）改编。

助理导演：罗贝尔·博伯，弗洛伦丝·马尔罗，乔治·佩莱格林

摄影总监：拉乌尔·库塔尔　摄影助理：克劳德·博索莱耶，让-路易·马里热

场记：苏珊娜·席夫曼　布景：弗雷德·卡佩尔　剧务：莫里斯·乌尔班

剪辑：克洛迪娜·布歇　歌曲：鲍里斯·巴西亚克（塞尔热·雷兹瓦尼）　音乐：乔治·德勒鲁

剧照：雷蒙·顾什蒂耶，皮埃尔·伯纳斯科尼　执行制片：马塞尔·贝尔贝

出品：马车影业，意大利电影出品公司　发行：电影发行所（Cinédis）

时长：105分钟　规格：35毫米Franscope宽银幕片

演员表：让娜·莫罗（饰卡特琳），奥斯卡·沃纳（饰儒尔），亨利·塞尔（饰吉姆），玛丽·杜布瓦（饰特蕾莎），西律斯·巴西亚克（饰阿尔贝尔），丹妮尔·巴西亚克（饰阿尔贝尔的伴侣），萨宾娜·奥德班（饰萨宾娜，卡特琳与儒尔的女儿），凡娜·乌尔比诺（饰吉尔贝特，吉姆的情人），安妮·内尔森（饰露西），米歇尔·叙波（旁白），埃伦·博伯（饰玛蒂尔德），让-路易·里夏尔（饰咖啡馆顾客），米歇尔·瓦雷萨诺（饰咖啡馆顾客），皮埃尔·法布尔（饰咖啡馆里的酒鬼）。

剧情：巴黎，1907年，两个大学生——奥地利人儒尔与法国人吉姆——结下了牢固的友谊。卡特琳成为他们散步的伙伴，爱上了两个小伙。她嫁给了儒尔，但也未疏远吉姆，依循着自己怪异的性格，在两人之间游走。两人都参加了战争。和平恢复后，儒尔与卡特琳生活在奥地利的一座山间小屋。吉姆去看望他们，卡特琳成了他的情人。不睦与和解轮番上演，但从未破坏两个男人之间的友谊。在一次法国之旅中，吉姆和卡特琳因事故丧生。儒尔陪伴他们的骨灰到拉雪兹神父公墓下葬。

摄制信息：1961年4月10日至6月28日摄制于瓦兹河畔博蒙（瓦兹河谷省）、埃尔默农维尔（瓦兹省）、巴黎、旺斯地区圣保罗（滨海阿尔卑斯省）、圣皮埃尔迪武弗雷（厄尔省）、斯特拉斯堡（下莱茵省）。

法国公映：1962年1月24日。

编者按：1962年法国电影学会大奖；1962年马德普拉塔电影节导演奖。

1962
安托万与科莱特（短片）

编剧与对白：弗朗索瓦·特吕弗　助理导演：乔治·佩莱格林

摄影总监：拉乌尔·库塔尔　摄影助理：克劳德·博索莱耶　场记：苏珊娜·席夫曼

剪辑：克洛迪娜·布歇　音乐：乔治·德勒鲁　剧照：雷蒙-顾什蒂耶　制作总监：菲利普·杜萨
出品：皮埃尔·鲁斯唐/尤利西斯艺术经纪公司　发行：20世纪福克斯电影公司
时长：29分钟　规格：35毫米CinemaScope宽银幕黑白片
演员表：让-皮埃尔·莱奥（饰安托万·杜瓦内尔），玛丽-法兰西·皮西耶（饰科莱特），露西·瓦尔特（饰科莱特之母），弗朗索瓦·达尔本（饰科莱特继父），帕特里克·奥菲（饰勒内·比热，安托万的朋友），让-弗朗索瓦·亚当（饰阿尔贝尔·塔齐），皮埃尔·谢弗（饰其本人），亨利·塞尔（旁白）。
剧情：安托万·杜瓦内尔17岁了，在一家唱片厂工作。在青年爱乐协会，他遇见并爱上了科莱特。但科莱特并不爱他，安托万在自己的陋室杜门不出。一天晚上，科莱特邀请他共进晚餐。但是，饭后，她与一个更成熟、更自信的年轻人阿尔贝尔出去了，这让安托万很气恼。科莱特的父母很失望，只能陪着安托万一起看电视……
摄制信息：1962年1月摄制于巴黎。
法国公映：1962年6月22日。
编者按：《安托万与科莱特》是安托万·杜瓦内尔系列的第二部，是弗朗索瓦·特吕弗（法国）、伦佐·罗塞里尼（意大利）、马塞尔·奥菲尔斯（德国）、安杰伊·瓦依达（波兰）、石原慎太郎（日本）集体导演的电影《二十岁之恋》五个短剧中的第一出。

1964

柔肤

编剧与对白：弗朗索瓦·特吕弗，让-路易·里夏尔
助理导演：让-弗朗索瓦·亚当，克劳德·奥特南-吉拉尔　摄影总监：拉乌尔·库塔尔
摄影：克劳德·博索莱耶　场记：苏珊娜·席夫曼　剪辑：克洛迪娜·布歇　剧务：热拉尔·波洛
音乐：乔治·德勒鲁，约瑟夫·海顿　剧照：雷蒙·顾什蒂耶　执行制片：马塞尔·贝尔贝
出品：马车影业，意大利电影出品公司　发行：阿托斯电影公司
时长：119分钟　规格：35毫米黑白片
演员表：让·德塞利（饰皮埃尔·拉什奈），弗朗索瓦丝·多莱亚克（饰妮可·乔梅特），内莉·贝内德迪（饰弗兰卡·拉什奈），让·拉尼耶（饰米歇尔），保拉·埃马努埃勒（饰奥迪尔），萨宾娜·奥德班（饰萨宾娜·拉什奈），达尼埃尔·塞卡迪（饰克莱蒙，皮埃尔的朋友），劳伦丝·巴迪（饰英格丽德，拉什奈家的保姆），热拉尔·波洛（饰弗朗克，飞行员），多米尼克·拉卡里耶尔（饰多米尼克，杂志秘书），卡内罗（饰里斯本的活动组织者），乔治·德吉夫雷（饰乔梅特先生，妮可的父亲），夏尔·拉维亚尔（饰酒店守夜者），哈尔洛女士（饰勒卢瓦女士），奥利维娅·波利（饰邦当夫人），莫里斯·加勒尔（饰邦当先生），卡特琳·杜波尔（饰克里斯蒂安娜·杜尚，年轻的女崇拜

者），菲利普·杜马（饰电影院经理），特蕾斯·雷努阿尔（饰雷蒙德女士，电影院收银员），皮埃尔·里什（饰议事司铎科特），让-路易·里夏尔（饰搭讪者），莫里斯·马加龙（饰餐厅服务员）。

剧情：巴尔扎克专家皮埃尔·拉什奈是一名成功的作家。他与妻子弗兰卡育有一女。一次去里斯本办讲座时，他与空中小姐妮可发生了关系。妻子怀疑他有婚外情，两人分居。弗兰卡最终发现证明丈夫出轨的照片，拿起武器将其射杀。

摄制信息：1963年10月21日至30日摄制于巴黎、奥利、苏雷恩（上塞纳省）、维龙韦（厄尔省）、里斯本（葡萄牙）。

法国公映：1964年5月20日。

编者按：1964年丹麦电影博迪尔奖最佳欧洲电影。

1966
华氏451

编剧：弗朗索瓦·特吕弗，让-路易·里夏尔，根据雷·布拉德伯里的同名小说（Denoël）改编。

对白增补：大卫·鲁德金，海伦·斯科特　助理导演：苏珊娜·席夫曼，布兰·科茨

摄影总监：尼古拉斯·罗格　摄影：亚历克斯·汤普森　录音：鲍勃·麦克菲

场记：凯·曼德　布景：希德·凯恩　剪辑：汤姆·诺布尔　特效：查尔斯·斯塔费尔

音乐：伯纳德·赫尔曼　制片：刘易斯·M.·艾伦，葡萄园电影有限公司

制片助理：米奇·德拉马，简·C.·努斯鲍姆

执行制片：米里亚姆·布里克曼　发行：环球电影公司

时长：112分钟　规格：35毫米Technicolor彩色影片

演员表：奥斯卡·沃纳（饰盖伊·蒙塔格），朱丽·克里斯迪（饰克拉丽斯/琳达·蒙塔格），西里尔·库萨克（饰贝迪，消防队长），安东·迪弗林（饰法比安），杰里米·斯宾塞（饰握着苹果的男子），安妮·贝尔（饰多丽丝），卡罗琳·亨特（饰海伦），吉莉安·刘易斯（饰节目主持人），诺埃尔·戴维斯（饰节目发言人甲），唐纳德·皮克林（饰节目发言人乙），亚瑟·考克斯（饰护士甲），埃里克·梅森（饰护士乙），安娜·帕尔克（饰杰基），罗马·米尔恩（饰克拉丽斯的邻居）、比·杜费尔（自焚的老太太），汤姆·沃特森（饰教官），亚历克斯·斯科特（饰司汤达的《亨利·布吕拉的生平》），丹尼斯·吉尔摩（饰雷·布拉德伯里的《火星编年史》），弗雷德·考克斯（饰傲慢），弗兰克·考克斯（饰偏见），朱迪思·德里南（饰柏拉图的《共和国》），大卫·格洛弗（饰查尔斯·狄更斯的《匹克威克外传》），约翰·雷（饰罗伯特·路易斯·史蒂文森的《赫米斯顿的魏尔》），伊冯娜·布莱克（饰让-保罗·萨特的《关于犹太人问题的思考》），迈克尔·巴尔福（饰马基雅维利的《君主论》）。

剧情：在一个未来社会里，消防员的任务不再是灭火，而是烧书。消防员蒙塔格遇见了克拉丽斯，

一个年轻的女孩，她将唤醒他对书籍的好奇心。他对周围世界的意识引起了他与妻子琳达的冲突。克拉丽斯被其他消防员注意到，被迫转入地下并潜逃。蒙塔格被逼烧毁自己的书籍之后，杀了他的队长，在森林里与克拉丽斯重聚，那里聚集着一些书人，他们每人记住一本书，以传给后代。蒙塔格选择记忆埃德加·坡的《神秘与想象的故事》。

摄制信息：1966年1月12日至4月22日摄制于英国松林制片厂、伦敦附近的外景地以及卢瓦尔河畔新堡（卢瓦雷省）。

法国公映：1966年9月16日。

编者按：1966年威尼斯电影节法国选送电影。

1968
黑衣新娘

编剧与对白：弗朗索瓦·特吕弗，让-路易·里夏尔，根据康奈尔·伍尔里奇的小说《黑衣新娘》（Presses de la Cité，英语原名 *The Bride Wore Black*）改编。

助理导演：让·谢鲁，罗朗·戴诺　　摄影总监：拉乌尔·库塔尔

摄影助理：乔治·利隆，让·加瑟诺　录音：勒内·勒维　布景：皮埃尔·古弗鲁瓦

场记：苏珊娜·席夫曼　　剧务：皮埃尔·科坦斯　　剪辑：克劳迪娜·布歇

音乐：伯纳德·赫尔曼　　剧照：玛丽卢·帕罗里尼

执行制片：马塞尔·贝尔贝，奥斯卡·莱温斯坦　　制作总监：乔治·夏尔洛

出品：马车影业，艺术家联盟制片公司（巴黎），迪诺·德劳伦蒂斯电影公司（罗马）

发行：艺术家联盟制片公司　　时长：107分钟　　规格：35毫米Eastmancolor彩色片

演员表：让娜·莫罗（饰朱丽·科勒，寡妇），克劳德·里奇（饰布利斯），米歇尔·布凯（饰罗贝尔·克拉尔），让-克劳德·布里亚利（饰科里），夏尔·德内（饰弗格斯，画家），迈克尔·朗斯代尔（饰克莱芒·莫拉纳，政客），达尼埃尔·布朗热（饰德尔沃，废铁商），塞尔热·鲁塞尔（饰大卫·科勒，朱丽的丈夫），亚历山德拉·斯图尔特（饰贝克尔小姐，小学教师），西尔维娜·德拉努瓦（饰莫拉纳夫人），克里斯托弗·布鲁诺（饰古奇·莫拉纳），露西·法比奥勒（饰朱丽的母亲），范·杜德（饰警官），吉尔·盖昂（饰法官），伊丽莎白·雷伊（饰幼年朱丽），让-皮埃尔·雷伊（饰幼年大卫），多米尼克·罗比耶（饰萨宾娜，朱丽的侄女），米雪儿·维博雷尔（饰吉尔贝特，布利斯的未婚妻），米雪儿·蒙福（饰弗格斯的模特），达尼埃尔·波默勒尔（饰弗格斯朋友），雅克·罗比奥尔（饰查理，门房），马塞尔·贝尔贝（饰来逮捕贝克尔小姐的警察）。

剧情：大卫与朱丽结婚那天，新郎在走出教堂时被枪杀。当时在附近的一个单身公寓，五个酩酊大醉的朋友拿枪试射。朱丽耐心调查，使用不同的计策，把他们一一铲除。

摄制信息：1967年5月16日至7月8日在戛纳（滨海阿尔卑斯省）、巴黎、森利斯（瓦兹省）、凡尔

赛和勒切斯奈（伊夫林省）、埃当普（埃松省）、什维利拉鲁（马恩河谷省）、勒布杜瓦桑、比维耶（伊泽尔省）拍摄。

法国公映：1968年4月17日。

1968
偷吻

编剧与对白：弗朗索瓦·特吕弗，克劳德·德吉夫雷，贝尔纳·勒冯

助理导演：让-若泽·里谢，阿兰·德尚　摄影总监：德尼·克莱瓦尔　摄影：让·夏博

录音：勒内·勒维　场记：苏珊娜·席夫曼　布景：克劳德·皮诺　剧务：罗朗·戴诺

剪辑：阿涅丝·吉耶默　歌曲：夏尔·特雷内　音乐：安托万·杜阿梅尔

出品：马车影业，艺术家联盟制片公司　执行制片：马塞尔·贝尔贝　发行：艺术家联盟

时长：90分钟　格式：35毫米Eastmancolor彩色片

演员表：让·皮埃尔·莱奥（饰安托万·杜瓦内尔），克罗德·雅德（饰克里斯蒂娜·达尔邦），德尔菲娜·塞里格（饰法比安娜·塔巴尔），迈克尔·朗斯代尔（饰乔治·塔巴尔），哈里-马克斯（饰亨利先生，私家侦探），安德烈·法尔孔（饰布拉迪先生，侦探事务所经理），达尼埃尔·塞卡迪（饰吕西安·达尔邦），克莱尔·杜阿梅尔（饰达尔邦夫人），卡特琳·卢茨（饰卡特琳女士），克里斯蒂娜·佩雷（饰伊达小姐，秘书），玛蒂娜·费里埃（饰迪尔干女士，鞋店销售领班），雅克·里帕尔（饰科林先生，安托万的邻居），玛蒂娜·布罗沙尔（饰科林夫人），罗贝尔·坎布拉基斯（饰科林夫人的情人），塞尔热·鲁塞尔（饰陌生人），弗朗索瓦·达尔邦（饰皮卡尔军士长），保罗·帕维尔（饰朱利安），阿尔贝尔·西蒙诺（饰阿尔巴尼先生，侦探事务所顾客），雅克·德洛尔（饰罗贝尔·埃斯帕内，魔术师），玛丽-法兰西·皮西耶（饰科莱特·塔齐），让-弗朗索瓦·亚当（饰阿尔贝尔·塔齐），雅克·罗比奥尔（饰电视上的失业者）。

剧情：24岁的安托万·杜瓦内尔被关在军事监狱，不久后退役。他爱着克里斯蒂娜·达尔邦，先是在一家旅馆前台值夜班，后来又干起了私家侦探。事务所经理派他去塔巴尔先生的鞋店执行一项任务。结果安托万疯狂地爱上了老板娘法比安娜·塔巴尔。行为曝光，他被事务所辞退，成为电视维修工。克里斯蒂娜利用父母不在家的机会，弄坏家里的电视机，寻求安托万的服务。他们走到一起。在一个陌生人向克里斯蒂娜表白自己对她怀抱"终身"之爱后，安托万与克里斯蒂娜在镜头中远去。

摄制时间：1968年2月5日至3月28日。

摄制地点：巴黎。

法国公映：1968年9月6日。

编者按：这部影片是安托万·杜瓦内尔系列的第三部。片名来自夏尔·特雷内的歌曲《我们的爱情

还剩下什么？》。荣获1968年路易·德吕克奖、1968年法国电影大奖、1968年梅里耶奖。

1969
骗婚记
编剧与对白：弗朗索瓦·特吕弗，根据威廉·伊里什小说（Gallimard）改编。

助理导演：让-若泽·里谢　摄影总监：德尼·克莱瓦尔　摄影：让·夏博　录音：勒内·勒维

场记：苏珊娜·席夫曼　布景：克劳德·皮诺　剧务：罗朗·戴诺　剪辑：阿涅丝·吉耶默

音乐：安托万·杜阿梅尔　剧照：莱昂纳尔·德拉米

出品：马车影业（巴黎），艺术家联盟制片公司（巴黎），德尔福斯艺术家联盟（罗马）

执行制片：马塞尔·贝尔贝　制作总监：克劳德·米勒　发行：艺术家联盟

时长：120分钟　规格：35毫米Eastmancolor、DyaliScope宽银幕彩色片

演员表：让-保罗·贝尔蒙多（饰路易·马埃），卡特琳·德纳芙（饰朱丽·鲁塞尔/玛丽昂·马埃），米歇尔·布凯（饰科莫利，私家侦探），内莉·博尔茹（饰贝尔特·鲁塞尔），马塞尔·贝尔贝（饰雅尔迪纳），玛蒂娜·费里埃（饰特拉维尔女士，房地产代理），罗朗·戴诺（饰理查德）。

剧情：路易·马埃，一位住在留尼旺岛的法国工业家，前去迎接乘船抵达的年轻女子朱丽，一个通过小广告认识的女孩，他将迎娶她。但是到达的女子不像信寄来的照片上的样子。路易没怎么介意，还是和她结婚了。很快，女子在清空路易的银行账户后消失了。路易发现妻子是个冒险家，十有八九杀害了真正的朱丽。他请了一个侦探来追踪她，找到了妻子。她叫玛丽昂，是一家夜总会的舞女。向他讲述了童年后，玛丽昂获得了路易的同情，继续与他生活在一起。逃亡中，他们被侦探抓住，侦探想把玛丽昂交给警察。为了阻止他，路易被迫杀死了侦探。这对恋人在一座山间小屋里暂时躲过了警察的追捕，随后重新踏上自己的命途。

摄制时间：1969年2月2日至5月7日。

摄制地点：留尼旺岛、尼斯、普罗旺斯艾克斯、昂蒂波、格勒诺布尔、里昂、巴黎。

法国公映：1969年6月18日。

编者按：这部电影是献给让·雷诺阿的。

1970
野孩子
编剧与对白：弗朗索瓦·特吕弗与让·格吕奥，根据让·伊塔尔《关于阿维隆的维克多的回忆和报告》（1806）改编。

助理导演：苏珊娜·席夫曼，让-弗朗索瓦·斯特弗南　摄影总监：内斯托·阿尔门德罗斯

摄影：菲利普·泰沃迪耶尔　录音：勒内·勒维　场记：克里斯蒂娜·佩莱

布景: 让·芒达鲁　剧务: 罗朗·泰诺　剪辑: 阿涅丝·吉耶默
音乐: 安东尼奥·维瓦尔第　音乐总监: 安托万·杜阿梅尔　剧照: 皮埃尔·祖卡
出品: 马车影业, 艺术家联盟　执行制片: 马塞尔·贝尔贝　发行: 艺术家联盟
时长: 83分钟　规格: 35毫米黑白片
这部电影题献给让-皮埃尔·莱奥。
演员表: 让-皮埃尔·卡戈尔(饰阿维隆的维克多), 弗朗索瓦·特吕弗(饰让·伊塔尔医生), 弗朗索瓦丝·塞涅(饰盖林夫人, 女管家), 让·达斯戴(饰菲利普·皮内尔教授), 保尔·维里耶(饰雷米, 老农), 皮埃尔·法布尔(饰护士), 安妮·米勒(饰莱默里夫人), 克劳德·米勒(饰莱默里先生), 纳坦·米勒(饰小莱默里), 勒内·勒维(饰警长), 让·芒达鲁(饰伊塔尔医生的医生), 让·格吕奥(饰访客), 罗贝尔·坎布拉基斯、吉特·马格里尼与让-弗朗索瓦·斯特弗南(饰偷鸡场景中的农民), 马修·席夫曼(饰马修), 爱娃·特吕弗、劳拉·特吕弗与纪尧姆·席夫曼(饰农场上的孩子)。

剧情: 1798年夏天, 在阿维隆的一片森林里, 抓获了一个十二岁左右浑身赤裸的野孩子。他被带到巴黎, 像集市上的怪胎一般暴露在公众好奇的眼光中。他奇怪的举止、野生动物般的嘶叫、对衣物的拒绝震惊了所有人。著名精神科医生皮内尔教授认为他是一个不可救药的白痴。但是, 聋哑人学校的医生让·伊塔尔认为维克多(他这样给他取名)可以成为一个正常的孩子。他把野孩子接到自己家, 教他穿衣, 教他坐下进餐, 教他字母。有一天, 孩子毫无征兆地失踪了。维克多出走了很长时间, 但最后自己回到了现在已是"他的家"的地方。

摄制时间: 1969年7月7日至9月1日。
摄制地点: 奥比亚特(多姆山省)与奥弗涅大区, 巴黎。
法国公映: 1970年2月26日。

1970

婚姻生活

编剧与对白: 弗朗索瓦·特吕弗, 克劳德·德吉夫雷, 贝尔纳·勒冯
助理导演: 苏珊娜·席夫曼, 让-弗朗索瓦·斯特弗南
摄影总监: 内斯托·阿尔门德罗斯　摄影: 埃曼纽尔·马舒埃尔　录音: 勒内·勒维
场记: 克里斯蒂娜·佩莱　布景: 让·芒达鲁　剧务: 罗朗·泰诺
剪辑: 阿涅丝·吉耶默　音乐: 安托万·杜阿梅尔　剧照: 皮埃尔·祖卡
执行制片: 马塞尔·贝尔贝　制作总监: 克劳德·米勒
出品: 马车影业(巴黎), 瓦洛里雅电影公司(巴黎), 菲达电影公司(罗马)
发行: 瓦洛里雅电影公司

时长：100分钟　规格：35毫米Eastmancolor彩色影片
演员表：让-皮埃尔·莱奥（饰安托万·杜瓦内尔），克罗德·雅德（饰克里斯蒂娜·杜瓦内尔），达尼埃尔·塞卡迪（饰吕西安·达尔邦），克莱尔·杜阿梅尔（饰达尔邦夫人），弘子·贝格豪尔（饰京子，安托万的情妇），芭芭拉·拉格（饰莫妮克，秘书），达尼埃尔·布朗热（饰男高音邻居），西尔瓦娜·布拉西（饰男高音妻子西尔瓦娜），克劳德·维加（饰勒死人的凶犯），比尔·基恩斯（饰马克斯先生，美国老板），伊冯·莱克（饰合同工），雅克·朱安诺（饰恺撒兰，小酒馆老板），皮埃尔·马格隆（饰小酒馆顾客），达妮埃尔·热拉尔（饰吉内特，小酒馆女招待），玛丽·伊拉坎（饰马丁夫人，门房），欧内斯特·门泽尔（饰小个子），雅克·里帕尔（饰戴布瓦先生，被囚者），盖伊·皮耶劳（饰电视修理工），马塞尔·梅西耶与约瑟夫·梅里攸（饰院子里的人），皮埃尔·法布尔（饰办公室嬉笑的职员），克里斯蒂安·德迪里耶（饰博梅尔，走后门的人），雅克·罗比奥尔（饰雅克，经常找人借钱的人），玛丽·德迪厄（饰玛丽，妓女）。
剧情：安托万·杜瓦内尔从事一项奇特的工作：他用化学染料改变花的颜色。他的妻子克里斯蒂娜一对一教授小提琴。安托万对一种新的配方感到失望，决定换一个职业；他成为油轮模型的操作者。不久，克里斯蒂娜生了一个小男孩，阿尔方斯。但婚姻的幸福是短暂的，因为安托万对一个年轻的日本女人一见钟情。克里斯蒂娜发现丈夫不忠，与他分手。安托万很快厌倦了异国女友，情绪低落。克里斯蒂娜原谅了他的出轨，他们重归于好，感情比任何时候都牢固。
摄制时间：1970年1月21日至3月18日。
摄制地点：巴黎。
法国公映：1970年9月9日。
编者按：安托万·杜瓦内尔系列的第四部。

1971
两个英国女孩与欧陆
编剧与对白：弗朗索瓦·特吕弗，让·格吕奥，根据亨利-皮埃尔·罗谢同名小说（Gallimard）改编
助理导演：苏珊娜·席夫曼，奥利维耶·梅尔高
摄影总监：内斯托·阿尔门德罗斯　摄影：让-克劳德·里维埃
录音：勒内·勒维　场记：克里斯蒂娜·佩莱　布景：米歇尔·德蒲安
剧务：罗朗·泰诺　剪辑：亚恩·德代（1971），马丁娜·巴拉凯（1984）
音乐：乔治·德勒鲁　服装：吉特·马格里尼　剧照：皮埃尔·祖卡
执行制片：马塞尔·贝尔贝　制作总监：克劳德·米勒
出品：马车影业，电影电视公司（Cinétel）　发行：瓦洛里雅电影公司
时长：118分钟（1971），132分钟（1984年）　规格：35毫米Eastmancolor彩色片

演员表：让-皮埃尔·莱奥（饰克劳德·罗克，绰号"欧陆"），基卡·马卡姆（饰安娜·布朗），斯泰西·坦德特（饰穆里尔·布朗），西尔维亚·马里奥特（饰布朗夫人），玛丽·芒萨（饰罗克夫人），菲利普·莱奥塔（饰迪尔卡），马克·彼得森（饰弗林特先生），乔治·德勒鲁（饰商人），伊莱娜·通克（饰鲁塔，摄影师、画家），玛丽·伊拉坎（饰罗克夫人的女仆），马塞尔·贝尔贝（饰画廊老板），安妮·米勒（饰莫妮克·德·蒙费朗），大卫·马卡姆（饰手相算命师），简·罗布雷（饰女门房），让-克劳德·多尔伯特（饰警察），克里斯蒂娜·佩莱（饰秘书），安娜·莱瓦斯洛（饰幼年穆里尔），索菲·让娜（饰穆里尔之友克拉丽斯），勒内·加亚尔（饰出租车司机），索菲·贝克（饰咖啡馆里的朋友），劳拉·特吕弗与爱娃·特吕弗、马修·席夫曼与纪尧姆·席夫曼（饰秋千前的孩子），弗朗索瓦·特吕弗（旁白声）。

剧情：巴黎，19世纪末。克劳德·罗克遇见了一个年轻的英国女人安娜·布朗，安娜邀请他去她英国的家。在那里，克劳德遇见了安娜的妹妹穆里尔；渐渐地，克劳德爱上了穆里尔，并向她求婚。克劳德的母亲要求两个人分开一年来考验他们的情感。克劳德回到巴黎，最终取消了婚约，穆里尔非常沮丧，随即病倒。时间流逝。安娜回到巴黎，与克劳德建立了一种和谐与现代的情人关系。有一天，穆里尔向克劳德追问解释，发现安娜是克劳德的情妇。恶心至极的穆里尔断绝了与克劳德的一切关系。两姐妹回到英国。患有肺结核的安娜在绝望中死去。穆里尔与克劳德重聚，在最终离开他之前委身于他。

摄制时间：1971年4月20日至7月9日。

摄制地点：科唐坦半岛，奥德维尔，瑟堡，勒瓦斯特（芒什省），伊莱湖（汝拉省），拉马斯特尔（阿尔代什省），巴黎。

法国公映：1971年11月26日。

1972
美女如我

编剧、改编与对白：弗朗索瓦·特吕弗，让-路易·达巴迪，根据亨利·法瑞尔原名为 *Such a Gorgeous Kid Like Me* 的小说（Gallimard）改编。

助理导演：苏珊娜·席夫曼　　摄影总监：皮埃尔-威廉·格伦　　摄影：沃尔特·巴尔

录音：勒内·勒维　　场记：克里斯蒂娜·佩莱　　布景：让-皮埃尔·克胡特-斯维尔科

剧照：皮埃尔·祖卡　　剪辑：亚恩·德代　　制片：克劳德·冈茨　　音乐：乔治·德勒鲁

执行制片：马塞尔·贝尔贝　　制作总监：克劳德·米勒

出品：马车影业（巴黎），哥伦比亚电影公司　　发行：哥伦比亚电影公司

时长：98分钟　　规格：35毫米Eastmancolor彩色片

演员表：伯纳黛特·拉冯（饰卡米尔·布里斯），安德烈·杜索利耶（饰斯坦尼斯拉斯·普雷文，社

会学家），克劳德·布拉瑟尔（饰穆雷恩律师），夏尔·德内（饰亚瑟，灭鼠人），盖伊·马尔尚（饰山姆·戈尔登，歌手），菲利普·莱奥塔（饰克洛维斯·布里斯，丈夫），安妮·克雷斯（饰海莲娜，普雷文的秘书），吉尔贝特·杰尼亚（饰伊索贝尔·布里斯，卡米尔的婆婆），达妮埃尔·热拉尔（饰弗洛朗丝·戈尔登，歌手的妻子），马丁娜·费里埃（饰监狱秘书），米歇尔·德莱（饰马尔沙尔律师，忠实的朋友），安妮克·福热里（饰小学教师），加斯东·乌弗拉尔（饰监狱看守），雅各布·魏茨布鲁思（饰阿尔方斯，夜总会的哑巴），让-弗朗索瓦·斯特弗南（饰报贩），杰罗姆·祖卡（饰儿童电影爱好者），马塞尔·贝尔贝（饰书商），让-卢·达巴迪（饰摄影师），弗朗索瓦·特吕弗（记者的声音）。

剧情：斯坦尼斯拉斯·普雷文为了撰写一篇关于犯罪女性的社会学论文，获得了在监狱采访被控谋杀的卡米尔·布里斯的许可。在一系列采访中，卡米尔并无纠结地讲述了她不平静的一生，她的目标只有一个：成为歌手，走红。斯坦尼斯拉斯痴迷于毫无道德感、从丈夫克洛维斯·布里斯的怀抱先后投入歌手山姆·戈尔登、欺诈律师穆雷恩、灭鼠人及天主教徒亚瑟怀抱的卡米尔。正是因为后者的死，卡米尔才被关进监狱，但她一直宣称自己无罪。不知不觉爱上这名年轻女子，斯坦尼斯拉斯成功证明卡米尔无罪，后者立刻一步登天成为唱片销量女王。至于斯坦尼斯拉斯，一天早上，他在狱中醒来，莫名其妙地成了他背信弃义的受保护人新犯罪行的替罪羊。

摄制时间：1972年2月14日至4月12日。
摄制地点：贝齐耶、卢内尔和塞特（埃罗省）。
法国公映：1972年12月13日。

1973
日以作夜

编剧与对白：弗朗索瓦·特吕弗，让-路易·里夏尔，苏珊娜·席夫曼
助理导演：苏珊娜·席夫曼，让-弗朗索瓦·斯特弗南　摄影总监：皮埃尔-威廉·格伦
摄影：沃尔特·巴尔　录音：勒内·勒维　场记：克里斯蒂娜·佩莱　剧务：罗朗·泰诺
剪辑：亚恩·德代　音乐：乔治·德勒鲁　剧照：皮埃尔·祖卡
执行制片：马塞尔·贝尔贝　制作总监：克劳德·米勒
出品：马车影业（巴黎），PECF（巴黎），PIC（罗马）　发行：华纳兄弟电影公司
时长：115分钟　规格：35毫米Eastmancolor彩色片
这部影片题献给多萝西和莉莲·吉什。
演员表：弗朗索瓦·特吕弗（饰费朗，导演），雅克琳·比塞（饰朱丽·贝克/帕梅拉），瓦伦蒂娜·格特斯（饰塞芙琳），让-皮埃尔·莱奥（饰阿尔方斯），让-皮埃尔·奥蒙（饰亚历山大），让·尚比翁（饰贝尔朗，片人），娜塔莉·贝耶（饰乔尔，女场记员），达妮（饰女场记实习

生),贝尔纳·梅内(饰贝尔纳,道具师),亚历山德拉·斯图尔特(饰斯泰西,怀孕的女演员),尼可·阿瑞吉(饰奥迪尔,化妆师),加斯顿·乔利(饰拉汝瓦,剧务),泽娜伊德·罗西(饰拉汝瓦太太,剧务之妻),大卫·马卡姆(饰尼尔森医生,朱丽的丈夫),莫里斯·塞维诺(饰电视记者),克里斯托弗·维尔克(饰拿手杖的小男孩),格雷厄姆·格林(饰英国保险师),马塞尔·贝尔贝(饰另一名保险师),格扎维耶·圣马卡里(饰克里斯蒂安,亚历山大的恋人),马克·博伊尔(饰英国特技演员),沃尔特·巴尔(饰沃尔特,摄影师),让-弗朗索瓦·斯特弗南(饰让-弗朗索瓦,助理导演),皮埃尔·祖卡(饰皮埃罗,剧照摄影师),马丁娜·巴拉凯(饰马丁娜,剪辑师),亚恩·德代(饰亚恩,剪辑师),欧内斯托·门泽尔(饰色情电影的捍卫者)。

剧情:《日以作夜》以一部电影的拍摄为主题,包含两个故事。首先是一个个人故事,讲述电影团队里发生的事:五个演员与摄制人员;他们的争吵,他们的和解,他们的隐私,一切都和一项在有限时间和空间中进行的共同工作交杂在一起,那项工作即是拍摄一部题为《我向你们介绍帕梅拉》的影片。其次则是所拍故事片的故事,这部"影片中的影片"取材于一则英国的社会新闻:一个年轻人最近娶了一个年轻的英国女人,他回到法国南部蓝色海岸的家里,将妻子介绍给父母。年轻人的父亲爱上了儿媳,与她私奔了。

摄制时间:1972年9月25日至11月15日。
摄制地点:尼斯,维克多里纳制片厂(滨海阿尔卑斯省)。
法国公映:1973年5月24日
编者按:本片荣获1973年奥斯卡最佳外语片奖。

1975
阿黛尔·雨果的故事

编剧与对白:弗朗索瓦·特吕弗,让·格吕奥,苏珊娜·席夫曼,根据弗朗西斯·弗诺·吉尔的《阿黛尔·雨果的日记》(Éd.Minard)改编
助理导演:苏珊娜·席夫曼,卡尔·哈思韦尔　摄影总监:内斯托·阿尔门德罗斯
摄影:让-克劳德·里维埃　录音:让-皮埃尔·吕　布景:让-皮埃尔·科胡特-斯维尔科
剧务:帕特里克·米勒　剪辑:亚恩·德代　音乐:莫里斯·若贝尔　服装:雅克琳·居佑
剧照:贝尔纳·普里姆　执行制片:马塞尔·贝尔贝　制作总监:克劳德·米勒
出品:马车影业,艺术家联盟　发行:艺术家联盟
时长:94分钟　规格;35毫米Eastmancolor彩色片
演员表:伊莎贝尔·阿佳妮(饰路易小姐/阿黛尔·雨果),布鲁斯·罗宾逊(饰阿尔伯特·平森中尉),西尔维亚·马里奥特(饰桑德斯太太,女房东),鲁宾·多莱(饰桑德斯先生),约瑟夫·布拉奇利(饰惠斯勒先生,书商),卡尔·哈瑟韦尔(饰平森的勤务兵),路易丝·布尔代(饰维克多·雨

果的仆人），让-皮埃尔·勒斯（饰黑人抄写员），奥雷莉亚·曼森（饰养狗的寡妇），M.·怀特（饰怀特上校），艾弗里·吉特里斯（饰催眠魔术师），阮氏奕（饰蒂莉小姐，魔术师助手），雷蒙·法拉爵士（饰约翰斯通法官），乔弗莱·克鲁克（饰乔治，约翰斯通家的男仆），塞西尔·德·索斯马雷斯爵士（饰勒努瓦先生，公证人），罗杰·马丁（饰默多克医生），雅克·弗雷贾布（饰细木工），大卫·富特（饰大卫，小男孩），爱德华·J.·杰克逊（饰奥布兰），尚塔尔·迪尔普瓦（饰年轻妓女），拉尔夫·威廉姆斯（饰加拿大人），克莱夫·吉林厄姆（饰基顿，银行职员），路易斯夫人（饰巴阿夫人），弗朗索瓦·特吕弗（饰一个军官）。

剧情：1863年，维克多·雨果的幼女阿黛尔化名追随阿尔伯特·平森中尉一路来到哈利法克斯，她狂热地爱上了他。通过房东的丈夫，阿黛尔试图联系小伙子。但后者明确拒绝了阿黛尔的求爱。被爱情冲昏头脑的阿黛尔不顾一切地去找平森，帮他还清债务，帮他支付召妓的费用，搅黄他与一个富家千金的订婚计划，并刊登和他的结婚广告。资财用尽，阿黛尔被迫离开家庭旅舍，住进收容院。在执念的驱使下，她跟随平森的部队来到巴巴多斯。病疴缠身，流浪街头，她成为孩子们嘲笑的对象，甚至见了平森也不再认得。一位有色人种妇女把她收留下来，将她送回自己家。

摄制时间：1975年1月8日至3月21日。

摄制地点：根西岛圣彼得港；戈雷岛（塞内加尔）。

法国公映：1975年10月8日。

1976

零用钱

编剧：弗朗索瓦·特吕弗，苏珊娜·席夫曼　助理导演：苏珊娜·席夫曼，阿兰·马利纳

摄影总监：皮埃尔-威廉·格伦　摄影：让-弗朗索瓦·龚德尔　录音：米歇尔·洛朗

场记：克里斯蒂娜·佩莱　布景：让-皮埃尔·克胡特-斯维尔科　剪辑：亚恩·德代

歌曲：夏尔·特雷内　音乐：莫里斯·若贝尔　剧照：海莲娜·让布罗

执行制片：马塞尔·贝尔贝　制作总监：罗朗·泰诺

出品：马车影业，艺术家联盟　发行：艺术家联盟

时长：104分钟　格式：35毫米Eastmancolor彩色片

演员表：乔利·德穆索（饰帕特里克·德穆索），菲利普·戈德曼（饰朱利安·勒克卢，受虐待的孩子），让-弗朗索瓦·斯特弗南（饰让-弗朗索瓦·里谢，教师），维吉妮·特弗内（饰莉绝·里谢，教师之妻），尚塔尔·梅西耶（饰尚塔尔·佩迪特，女教师），塔妮娅·托伦斯（饰纳迪娜·里弗尔），弗朗西斯·德夫拉曼克（饰里弗尔先生，理发师），洛朗·德夫拉曼克（饰洛朗·里弗尔），妮可·费利克斯（饰格雷戈里之母），马塞尔·贝尔贝（饰小学校长），文森特·图里（饰门房），勒内·巴内

里亚(饰德穆索先生,帕特里克之父),科琳·布卡尔(饰科琳,受邀去看电影的女孩),爱娃·特吕弗(饰帕特里夏,受邀去看电影的女孩),帕斯卡尔·布吕雄(饰马迪娜,乔利的女友),克劳迪奥·德卢卡与弗兰克·德卢卡(饰马修·德卢卡与弗兰克·德卢卡),保尔·埃罗(饰德卢卡先生),米雪儿·埃罗(饰德卢卡夫人),里夏尔·戈尔菲耶(饰里夏尔·戈尔菲耶),克里斯蒂安·朗特尔蒂安(饰里夏尔的父亲),塞巴斯迪安·马克(饰奥斯卡·杜瓦内尔),伊冯·布蒂纳(饰成年奥斯卡),简·洛布尔(饰朱利安的外婆),西尔维·格雷泽尔(饰西尔维),让-米歇尔·卡拉永(饰西尔维的父亲,警察),劳拉·特吕弗(饰玛德莱娜·杜瓦内尔,奥斯卡之母),布鲁诺·德斯塔本拉特(饰布鲁诺·鲁雅尔),安妮·舍瓦尔多内(饰护士),米歇尔·迪萨尔(饰洛梅先生,宪兵)。

剧情:梯也尔,学年结束与假期头上的几天。每天发生的事件把孩子们的生活与教师佩迪特小姐和里谢先生的生活交织在一起。课堂上,布鲁诺拒绝像演戏那样背诵,帕特里克则背不出课文。幼年丧母,他爱上了朋友洛朗的母亲里弗尔夫人。里夏尔是个乖孩子,有时会受马修和弗兰克两兄弟支使。至于两岁的格雷戈里,他的母亲受不了独身生活,对他疏于照顾。任性的西尔维因为不听话而被剥夺了去餐厅的权利,她用扩音器煽动邻居。还有朱利安,他非常孤僻:受家人虐待,他只能自力更生。在这个人人低头不见抬头见的小城,他的母亲和外婆入狱成了一个轰动性的事件。7月来临,帕特里克终于在夏令营遇见了一个和他同龄的"灵魂伴侣"。

摄制时间:1975年7月21日至9月9日。

摄制地点:梯也尔及周边地区、克莱蒙费朗(多姆山省),维希(阿列省)。

法国公映:1976年3月17日。

1977

痴男怨女

编剧与对白:弗朗索瓦·特吕弗,米歇尔·费尔莫,苏珊娜·席夫曼

助理导演:苏珊娜·席夫曼,阿兰·马利纳

摄影总监:内斯托·阿尔门德罗斯　摄影:安娜·特里高

录音:米歇尔·洛朗　布景:让-皮埃尔·克胡特-斯维尔科

场记:克里斯蒂娜·佩莱　剧务:菲利普·列夫尔　剪辑:马丁娜·巴拉凯

音乐:莫里斯·若贝尔　剧照:多米尼克·勒里戈勒尔

出品:马车影业,艺术家联盟　发行:艺术家联盟

时长:118分钟　规格:35毫米Eastmancolor彩色片

演员表:夏尔·德内(饰贝特朗·莫兰),布里吉特·福塞(饰热纳维耶芙·比热,女编辑),内莉·博里若(饰德尔菲娜·格雷泽尔),热纳维耶芙·丰塔内尔(饰海莲娜,内衣女商人),莱斯莉·卡隆(饰维拉,断联已久的女友),娜塔莉·贝耶(饰玛蒂娜·德多瓦/"曙光",叫早服务员),

萨宾娜·格拉泽(饰贝纳黛特,南部租车公司员工),露丝·斯泰白恩(饰南部租车公司员工),瓦莱丽·博尼耶(饰法比安娜,门缝中看到的女人),马迪娜·沙桑(饰丹尼丝,流体力学研究所工程师),让·达斯特(饰比卡尔医生),罗斯琳·普约(饰妮可,电影院领座员),安娜·佩里耶(饰乌塔,保姆),莫妮克·杜里(饰迪泰伊夫人,打字员),内拉·巴尔比耶(饰莉莉亚娜,练空手道的女招待),弗雷德里克·雅梅(饰朱丽叶特),玛丽-让娜·蒙菲永(饰克里斯蒂娜·莫兰,贝特朗的母亲),罗杰·伦哈特(饰贝塔尼先生,出版商),亨利·阿杰尔与亨利-让·塞尔瓦(饰审读委员会成员),米歇尔·马迪(饰少年时期的贝特朗),克里斯蒂安·朗特尔蒂安(饰警察),马塞尔·贝尔贝(饰外科医生,德尔菲娜的丈夫),弗朗索瓦·特吕弗(饰葬礼上的男人)。

剧情:刚刚去世的贝特朗在他所有女人的簇拥下落葬。他喜欢过租车公司员工贝纳黛特、电影院聋哑领座员妮可、他给予过快乐的乌塔和他带去过痛苦的法比安娜那样的女人。他与每天清晨七点打电话用温柔的嗓音把他叫醒的"曙光"经历了神秘的爱,与练习空手道的女招待莉莉亚娜经历了友情之爱,与内衣和青年男性专家海莲娜经历了失败的爱。他甚至与德尔菲娜——除掉自己碍事丈夫的古怪女杀人犯经历了疯狂之爱。面对这些成堆的名字,贝特朗决定写一本关于他一生中所有女性的见证之书。在贝塔尼出版社,热纳维耶芙以题材独特为由说服了同事,定下书名:《痴男怨女》。贝特朗来到巴黎,偶然遇见了维拉,他唯一想忘记的人。热纳维耶芙和其他人一样,成为他的俘虏。但在一个跨年夜,为了追逐一双隐约见到的秀腿,贝特朗被一辆汽车撞倒了……

摄制时间:1976年10月19日至1977年1月5日。
摄制地点:蒙彼利埃(埃罗省)。
法国公映:1977年4月27日。

1978
绿屋
编剧与对白:弗朗索瓦·特吕弗,让·格吕奥,根据亨利·詹姆斯有关主题改编。
助理导演:苏珊娜·席夫曼,埃曼纽尔·克洛 摄影总监:内斯托·阿尔门德罗斯
摄影:安娜·特里高 录音:米歇尔·洛朗 场记:克里斯蒂娜·佩莱
布景:让-皮埃尔·克胡特-斯维尔科 剪辑:马丁娜·巴拉凯
服装:莫妮克·杜里,克里斯蒂安·加斯克 音乐:莫里斯·若贝尔
剧照:多米尼克·勒里戈勒尔 执行制片:马塞尔·贝尔贝 制作总监:罗朗·泰诺
出品:马车影业,艺术家联盟 发行:艺术家联盟
时长:94分钟 规格:35毫米Eastmancolor彩色片
演员表:弗朗索瓦·特吕弗(饰朱利安·达文),娜塔莉·贝耶(饰塞西莉亚·曼德尔),让·达斯特

（饰贝尔纳·亨伯特，《环球报》主编），让-皮埃尔·穆兰(饰热拉尔·马泽，鳏夫)，安托万·维泰(饰主教秘书)，简·洛布雷(饰朗波夫人，女管家)，帕特里克·马莱翁(饰小乔治)，让-皮埃尔·杜科(饰灵堂里的牧师)，莫妮克·杜里(饰莫妮克，《环球报》秘书)，安妮·米勒(饰热纳维耶芙·马泽，已故妻子)，纳当·米勒(饰热纳维耶芙·马泽之子)，玛丽·雅乌尔·德·蓬什维尔(饰伊冯娜·马泽，新妻子)，洛朗丝·拉贡(饰朱丽·达文)，马塞尔·贝尔贝(饰雅尔丹尼医生)，吉·德阿布隆(饰蜡像师)，阮氏奕(饰蜡像师助理)，亨利·比安弗尼(饰古斯塔夫，拍卖行执事)，克里斯蒂安·朗特尔蒂安(饰墓地致辞者)，阿尔方斯·西蒙(饰《环球报》单腿办事员)，安娜·帕尼耶(饰安娜，钢琴学生)，塞尔热·卢梭(饰保罗·马西尼)，卡门·萨尔达-卡诺瓦(饰灵堂里祈祷的女人)，让-克劳德·加榭(饰警察)，让-皮埃尔·克胡特-斯维尔科(饰拍卖行里坐轮椅的残废军人)，罗朗·泰诺(饰公墓里坐轮椅的残废军人)，马丁娜·巴拉凯(饰拍卖行里的护士)，若西亚娜·库埃代尔(饰公墓里的护士)，热拉尔·布让(饰公墓管理员)。

剧情：法国东部某小城，1914—1918年的战争结束十年后，一个普通的记者朱利安·达文生活在对妻子朱丽的回忆之中，朱丽在结婚一年后去世。朱利安与老管家和一个聋哑孩子同住一座房子，其中一个房间被他专门用来悼念朱丽，他经常把自己关在那里。一个暴风雨之夜，房间被闪电击中后起火。朱利安觉得那是命运的兆示，联系了宗教机构，很快获得了修复一座废弃小教堂的许可，不仅用来纪念朱丽，还纪念他生命中的所有死者。为了让这一使命在自己死后延续，朱利安利用了年轻的塞西莉亚对他的爱，并加以改造；他让塞西莉亚成为圣殿新的守护者，继续祭祀他逝去的亲人。

摄制时间：1977年10月11日至11月25日。
摄制地点：卡昂、昂弗勒(卡尔瓦多斯省)，菲克弗勒-埃坎维尔(厄尔省)。
法国公映：1978年4月5日。

1979
爱情狂奔
编剧与对白：弗朗索瓦·特吕弗，玛丽-法兰西·皮西耶，让·奥莱尔，苏珊娜·席夫曼
助理导演：苏珊娜·席夫曼，埃曼纽尔·克洛
摄影总监：内斯托·阿尔门德罗斯 摄影：弗洛朗·巴赞 录音：米歇尔·洛朗
场记：克里斯蒂娜·佩莱 布景：让-皮埃尔·克胡特-斯维尔科
剧务：热纳维耶芙·列斐伏尔 剪辑：马丁娜·巴拉凯 歌曲：阿兰·苏雄，洛朗·伏尔齐
音乐：乔治·德勒鲁 剧照：多米尼克·勒里戈勒尔
执行制片：马塞尔·贝尔贝 制作总监：罗朗·泰诺
出品：马车影业 发行：地中海影片租赁事务所(AMLF)

时长：94分钟　规格：35毫米Eastmancolor彩色、黑白片，Pyral磁带录音

演员表：让-皮埃尔·莱奥（饰安托万·杜瓦内尔），玛丽-法兰西·皮西耶（饰科莱特·塔齐），克罗德·雅德（饰克里斯蒂娜·杜瓦内尔），达妮（饰莉莉亚娜，插图师），多萝茜（饰萨宾娜·巴内里亚），露西·瓦尔特（饰科莱特之母），玛丽·亨利欧（饰离婚法官），达尼埃尔·梅基奇（饰泽维尔·巴内里亚，书商），朱利安·贝尔托（饰吕西安先生，安托万的岳父），让-皮埃尔·杜科（饰克里斯蒂娜的律师），朱利安·迪布瓦（饰阿尔方斯·杜瓦内尔），阿兰·奥利维尔（饰普罗旺斯艾克斯的法官），皮埃尔·迪奥（饰勒纳律师），莫妮克·杜里（饰伊达夫人，书店收银员），埃曼纽尔·克洛（饰埃曼纽尔，印刷工朋友），克里斯蒂安·朗特尔蒂安（饰火车上的调情者），罗朗·泰诺（饰打电话的愤怒男人），亚历山大·杨森（饰餐车上的孩子），理查德·卡纳扬（饰音乐商店的顾客）。

剧情：分居几年后，安托万·杜瓦内尔和克里斯蒂娜·杜瓦内尔离婚了。走出法院时，沉默的安托万回想起最近的一些场景。几米外，一位名叫科莱特的女律师认出曾经追求过她的安托万。在她的书商泽维尔那里，她买下安托万的书《爱情沙拉》，在去法国南部的夜班火车上阅读起来。安托万去车站送儿子阿尔方斯，看到科莱特，冲上车厢找她。科莱特倒也随遇而安，两人从安托万的"忏悔"中轮流回忆起自己的少年时代。但是一场争吵下来，重聚之夜结束了。回到巴黎，安托万去找现下的女友萨宾娜，后者指责他自私、心猿意马，最后把他赶了出去。安托万终于开始反应。但只是在几次巧合之后，他才因为萨宾娜一张被撕碎、重拼、失又复得的照片而选择了自己的道路。

摄制时间：1978年5月29日至7月5日。

摄制地点：巴黎。

法国公映：1979年1月24日。

编者按：安托万·杜瓦内尔系列的第五部，也是最后一部。

1980

最后一班地铁

编剧与对白：弗朗索瓦·特吕弗，苏珊娜·席夫曼，让-克罗德·格伦伯格

助理导演：苏珊娜·席夫曼，埃曼纽尔·克洛，阿兰·塔斯马

摄影总监：内斯托·阿尔门德罗斯　摄影：弗洛朗·巴赞　录音：米歇尔·洛朗

场记：克里斯蒂娜·佩莱　布景：让-皮埃尔·克胡特-斯维尔科　剧务：罗朗·泰诺

剪辑：马丁娜·巴拉凯　服装：利塞尔·罗斯　音乐：乔治·德勒鲁

剧照：让-皮埃尔·菲泽　制作总监：让-若泽·里谢

出品：马车影业，SEDIF，法国电视一台，法国制作公司　发行：高蒙电影公司

时长：128分钟　规格：35毫米富士彩色片，Pyral磁带录音
演员表：卡特琳·德纳芙（饰玛丽昂·施泰纳），热拉尔·德帕迪约（饰贝尔纳·格兰杰），让·布瓦雷（饰让-路易·科坦斯，导演），海因茨·本南特（饰卢卡·施泰纳），安德蕾·费雷奥尔（饰阿尔莱特·纪尧姆，服装师），萨宾娜·奥德班（饰纳迪娜·马萨克），莫里斯·里希（饰雷蒙·布尔希耶，总务），波莱特·杜博斯特（饰日耳曼妮·法布尔，服装员），让-路易·里夏尔（饰达克夏，剧评家），马塞尔·贝尔贝（饰梅林先生，剧院管理人），里夏尔·博兰热（饰教堂中的盖世太保），让-皮埃尔·克莱恩（饰克里斯蒂安·莱格利斯，贝尔纳的抵抗运动朋友），玛蒂娜·西蒙内（饰玛蒂娜·塞内沙尔，女贼），雷娜塔·弗洛雷斯（饰格雷塔·博格，夜总会里的德国歌女），赫妮娅·齐夫（饰伊冯娜，女佣），让-若泽·里谢（饰勒内·贝纳迪尼，玛丽昂的崇拜者），阿兰·塔斯马（饰马克，助理导演/猎场看守人），杰西卡·祖克曼（饰罗塞特·戈德斯滕，犹太女孩），勒内·杜普雷（饰瓦伦丁先生，剧作家），皮埃尔·贝洛（饰玛丽昂所住旅馆的前台），克里斯蒂安·巴尔托斯（饰吕西安·巴拉尔，贝尔纳的接替者），罗丝·蒂里里（饰蒂耶里夫人，门房/雅戈之母），弗兰克·帕斯基耶（饰小雅戈/埃里克），拉兹洛·萨博（饰卑尔根中尉）。
剧情：德寇占领了法国的半壁江山，但玛丽昂·施泰纳满脑子只有要在蒙马特尔剧院上演的新剧的排练，自从丈夫、德国犹太人卢卡流亡后，她一直担任该剧院的经理。但实际上，卢卡躲在剧院的地下室。每天晚上，玛丽昂都去看他，并与他一起评论演员的表现，特别是剧团新来的年轻主演贝尔纳·格兰杰。卢卡的老朋友让-路易·科坦斯负责导演的工作。在亲纳粹剧评家达克夏的持续监视下，玛丽昂必须加倍谨慎，因为贝尔纳还是个地下抵抗组织的成员，对敌斗争十分积极。彩排之后，贝尔纳对达克夏的挑衅性评论怒不可遏，引发了一场骚乱，导致他只能公开站队。他放弃了戏剧，但救了卢卡的命，向玛丽昂表白自己的爱慕之情后，他出发投奔抵抗组织。法国光复后，玛丽昂去医院探望受伤的贝尔纳……此时幕落，原来这是卢卡·施泰纳的新剧，战后恢复地位的他受到观众的热情鼓掌。
摄制时间：1980年1月28日至4月21日。
摄制地点：克里希（上塞纳省），巴黎。
法国公映：1980年9月17日。
编者按：1980年荣获包括最佳电影与最佳导演奖在内的法国电影凯撒奖十项大奖。

1981
隔墙花
编剧与对白：弗朗索瓦·特吕弗，苏珊娜·席夫曼，让·奥雷尔
助理导演：苏珊娜·席夫曼，阿兰·塔斯马　摄影总监：威廉·卢布尚斯基
摄影：卡洛琳·尚普蒂耶　录音：米歇尔·洛朗　场记：克里斯蒂娜·佩莱

布景：让-皮埃尔·克胡特-斯维尔科　剧务：罗朗·泰诺　剪辑：马丁娜·巴拉凯
服装：米雪儿·塞尔夫　音乐：乔治·德勒鲁　剧照：阿兰·维尼斯　制作总监：阿尔芒·巴尔博
出品：马车影业，法国电视一台电影制作公司　发行：高蒙电影公司
时长：106分钟　规格：35毫米富士彩色片，Pyral磁带录音
演员表：热拉尔·德帕迪约（饰贝尔纳·库德雷），法妮·阿尔当（饰玛狄尔德·鲍沙尔），亨利·嘉辛（饰菲利普·鲍沙尔），米雪儿·鲍姆加特内（饰阿莱特·库德雷），奥利维尔·贝卡埃尔（饰托马斯·库德雷，贝尔纳的儿子），维罗妮卡·希尔维（饰奥迪尔·儒弗），罗杰·范悟勒（饰罗朗·杜盖），菲利普·莫里耶-热努（饰精神分析师），让-吕克·戈德弗兰（饰罗朗的朋友），妮可·沃蒂耶（饰妮可，旅店前台），穆里叶·贡布（饰护士），卢卡佐夫人（饰旅店老板），雅克·卡斯塔尔多（饰调酒师），罗朗·戴诺（饰房地产经纪人），雅克·普雷萨克和卡特琳·克拉萨克（饰楼梯上的夫妇）。

剧情：贝尔纳和阿莱特是一对幸福的夫妇。他们有一个孩子，六岁的托马斯，另有一个即将出生。一天，菲利普·鲍沙尔和玛狄尔德·鲍沙尔夫妇在隔壁的房子里安顿下来。贝尔纳立刻认出了她。他心中依然留存着七年前经历的爱情风暴，但是现在他拒绝被打扰。他找各种借口避开那个见到他就激动不安的人。奥迪尔·儒弗得知贝尔纳的隐情，想到了自己结局极为不幸的过往经历。虽然玛狄尔德希望以朋友的身份见贝尔纳，但他们最终还是在一家旅店的房间里重聚。他们旧情复燃，但因为无法完全同频而彼此苛求、难以满足。夹杂着嫉妒、谎言。在鲍沙尔家的一次聚会中，两人爆发争执。菲利普和阿莱特得知了一切。菲利普和玛狄尔德按计划去旅行。回来时，玛狄尔德陷入抑郁。在菲利普的要求下，贝尔纳去医院看她。随后，鲍沙尔夫妇搬离那里。一天夜里，玛狄尔德和贝尔纳重聚在一起，终结了他们的人生。他们的遗体在第二天清晨被发现……

摄制时间：1981年4月1日至5月15日。
摄制地点：伯宁、格勒诺布尔、科朗克和蓬德克莱克斯（伊泽尔省）。
法国公映：1981年9月30日。

1983
情杀案中案

编剧、改编与对白：弗朗索瓦·特吕弗，苏珊娜·席夫曼，让·奥雷尔，根据查尔斯·威廉姆斯小说《情杀案中案》(Gallimard, 英语原名 *The Long Saturday Night*) 改编。
助理导演：苏珊娜·席夫曼，露辛娜·罗比奥尔　摄影总监：内斯托·阿尔门德罗斯
摄影：弗洛朗·巴赞　录音：皮埃尔·伽梅　布景：希尔顿·麦康尼科
剪辑：马丁娜·巴拉凯　服装：米雪儿·塞夫　音乐：乔治·德勒鲁

剧照：阿兰·维尼斯　制作总监：阿尔芒·巴尔博

出品：马车影业，A2电影公司，索普罗菲尔电影公司　发行：A.A.A.

时长：110分钟　规格：35毫米柯达、爱克发黑白片，Pyral磁带录音

演员表：法妮·阿尔当（饰巴巴拉·贝克尔，韦塞尔的秘书），让-路易·特兰提尼昂（饰朱利安·韦塞尔，房地产经纪人），菲利普·劳德巴赫（饰克莱芒先生，韦塞尔的律师），卡罗琳·西罗尔（饰玛丽-克里斯婷·韦塞尔，朱利安的妻子），菲利普·莫里耶-热努（饰桑泰利警长），格扎维耶·圣马卡里（饰贝特朗·法布尔，摄影师），让-皮埃尔·卡尔丰（饰雅克·马苏利耶，牧师），让-路易·里夏尔（饰路易松，"红色天使"的老板），阿尼克·贝鲁布尔（饰保拉·戴尔贝克，"伊甸园"的收银员），亚恩·德代（饰天使脸），妮可·费利克斯（饰刀疤脸，毁容的妓女），乔治·库卢里斯（饰拉布拉什侦探），罗朗·戴诺（饰警察让布鲁），皮埃尔·加尔（饰普瓦维尔探长），让-皮埃尔·克胡特-斯维尔科（饰花天酒地的斯拉夫人），帕斯卡尔·佩莱格林（饰秘书应征者），雅克·维达尔（饰国王），阿兰·冈班（饰剧院导演），帕斯卡·杜（饰桑泰利警长的助理），弗兰基·迪亚戈（饰侦探事务所雇员），伊莎贝尔·比奈和若西安娜·库埃戴尔（饰克莱芒律师的秘书），希尔顿·麦康尼科（饰妓女的客户），爱娃·特吕弗（饰一名秘书）。

剧情：朱利安·韦塞尔，瓦尔省某小城房地产事务所经理，涉嫌一起双重谋杀：他的妻子玛丽-克里斯婷与她的情人克劳德·马苏利耶。情势对他不利，朱利安·韦塞尔决定亲自调查取证，还自己清白。他的秘书巴巴拉·贝克尔是一位活泼、坚毅的女青年，认为自己扮演侦探、代替经理调查更保险。于是朱利安躲在事务所里间，巴巴拉则奔走调查，定期回来把她的推断告诉朱利安。巴巴拉相继遇见一个心烦意乱的电影院收银员、一个行为可疑的怪异客户、一个声称是朱利安最好的朋友的热心律师、一个过于好奇的摄影师、一位固执的警长与一个夜总会网络的老板。调查途中接连有人被害，但是巴巴拉很勇敢，她的坚定和她对经理的一往情深不无关联。历尽波折，巴巴拉终于发现了罪犯的身份。而朱利安也认识此人……

摄制时间：1982年11月4日至12月31日。

摄制地点：耶雷斯（瓦尔省）。

法国公映：1983年8月10日。

合著者简介

贝尔纳·巴斯迪德是电影史教师、研究者，著有《弗朗索瓦·特吕弗的〈淘气鬼〉》（*Les Mistons de François Truffaut*，Atelier Baie，2015）一书，并编订了另两本关于特吕弗的学术研究资料：《〈艺术·演出〉评论集，1954—1958》（*Chroniques d'Arts-spectacles 1954-1958*，Gallimard，2019）和《与作家的通信》（*Correspondance avec des écrivains*，Gallimard，即将出版）。

让·科莱（1932—2020）是电影教授、作家和影评人，曾为包括《电影电视》（*Téléciné*）、《电视广播电影周刊》与《研究》（*Études*）在内的多家媒体撰稿。他发表过多部有关让-吕克·戈达尔、弗朗索瓦·特吕弗与费德里科·费里尼的研究。他的《弗朗索瓦·特吕弗的电影》一书是该领域标杆之作。

杰罗姆·普里尔是作家、电影人。他生于1951年，原为《新法兰西杂志》影评人。他为其崇拜的作家——其中包括马塞尔·普鲁斯特——写过20部左右的评论。他执导过多部纪录片，包括与热拉尔·莫尔迪亚（Gérard Mordillat）合作的《基督圣体》（*Corpus Christi*）系列。他近年的作品有：《电影快来吧》（*Vivement le cinéma*）、《海莲娜·贝尔，沦陷巴黎的一个年轻女孩》（*Hélène Berr une jeune fille dans Paris occupé*）、《我在希特勒德国的生活》（*Ma vie dans l'Allemagne d'Hitler*）等。

若泽·玛丽亚·贝尔佐萨（1928—2018）是西班牙裔电视导演。他执导过许多关于绘画与文学的电影。他是著名的四集系列纪录片《智利印象》（1976）的作者。

致谢

贝尔纳·巴斯迪德衷心感谢杰罗姆·普里尔提议出版本书,
并耐心而慷慨地全程陪伴书稿成形。

感谢劳拉、爱娃与约瑟芬·特吕弗,弗朗索瓦·特吕弗的三个女儿,
感谢她们毫不动摇的信任。

感谢法国电影资料馆卡里娜·莫迪与贝特朗·盖拉埃尔向我们开放了
弗朗索瓦·特吕弗的手稿与电影剧照。

感谢德诺埃尔出版社多罗黛·居内欧与玛格丽特·德班吉。

还要感谢罗伯特·菲舍尔、埃莉安·弗洛伦丁-科莱、
克劳德·德吉夫雷和克劳德·吉萨。

附：部分手迹与打字稿释文

四百击

P26

十四点，安托万来到学校操场向老师报到

他结结巴巴："我母亲，我母亲……"

"说啊，您母亲又怎么了？"

"她死了！"

P32

④⑤

III性等等

* 你晚上经常做梦吗？给我讲一个你的梦吧

* 你和女孩子睡过吗？你晚上手淫吗？

* 你父母说你没主见，说你总撒谎

儒尔与吉姆

P63

68木屋走廊—日

吉姆和卡特琳在走廊相遇。卡特琳从吉姆嘴里摘下香烟，吻他；他们靠着墙，相互爱抚一阵，然后亲吻脖子。最后，他们分开，卡特琳吉姆把抽的烟给吉姆卡特琳，两人各走各道

P65

1224

外—日—拉雪兹神父公墓

拉雪兹神父公墓火化处

旁白：
人们找到了两人的遗体，卡在一个被洪水淹没的小岛的灌木丛里。
儒尔扶灵直至公墓。

旁白：葬礼过程
a) 灵车驶抵火化炉
b) 儒尔进入告别厅
c) 两具棺材焚为灰烬
d) 拉出铁质推车——卡特琳的遗骨呈白色骨灰状
e) 骨灰收入骨灰瓮后被封印
一切相当迅速。（动作连贯）

旁白：
他又看到了当初的卡特琳，还没有尝过血腥味的卡特琳。快乐的卡特琳，才数到"二！"就抢跑取胜的卡特琳。慷慨的卡特琳，无法抗拒的卡特琳。严厉的卡特琳，不败的卡特琳。卡特琳-亚历山大。卡特琳，地图指向标

电影画面上不时叠映卡特琳的面容。或者萨宾娜的面容，像她母亲一样眨眼睛。

旁白：
骨灰收集在骨灰瓮里，存入骨灰墙后砌死。
没有旁人在场的话，儒尔会把他们的骨灰倒在一起。
卡特琳一直希望死后骨灰能从某个山头撒向空中。
但这是禁止的。

剧终

柔肤

P76
166 餐厅内景
弗兰卡走进餐厅。一名服务员认出她："您好，拉什奈夫人。"
- 她向前走，我们在她身前拍她的大特写——后移镜头；她笔直看向前方。
- 她看见：皮埃尔在看书，抽着烟。

- 前移主观镜头，对着皮埃尔
- 镜头回到弗兰卡，她向前走
- 皮埃尔抬起头，看见她弗兰卡。他吃了一惊
- 弗兰卡看着他，敞开雨衣把手伸进雨衣的右边口袋。

华氏451
P78
消防队进退两难，法比安注意到蒙塔格对任务心不在焉。队员们叫来队长，他徒劳地用手枪指着老太太，要逼令她离开走出离开屋子。

黑衣新娘
P95
弗格斯：您很美……您很美……总之，和大家一样……

———

他：这使您腻烦吗？
她：不，不。
他：如果这使您腻烦，您就告诉我？
她：不，我不会告诉您，但是我并不腻烦。

P98
"为了避免《黑衣新娘》的剧情在上映前遭泄漏，我们请你们不要向外透露剧情，不要让他人阅读这一剧本，它只是用于工作的一件工具而已。"
因为我们认为关于"五男女杀手"让娜·莫罗的消息或者报道，文字报道或图像报道，会严重削弱影片的新鲜感。因此在拍摄阶段，对媒体介绍时，本片通常会被介绍为一场由让娜·莫罗进行的案件"追查"，"以找到导致她丈夫在婚礼当天被害的凶手"。我们将拍摄这多起谋杀与最后的结局

偷吻
P102
一张唱片，安托万浮想联翩。
法比安娜：安托万，您喜欢音乐吗？
安托万：是的，先生。
两人交换了两三个眼神，法比安娜只是惊讶，安托万则惊慌失措。
他逃跑了。

骗婚记

P108

码头。轮船密西西比号靠岸。舷梯。乘客下船。路易焦急等待：不见朱丽。最后一批乘客下船……依然没有朱丽的身影。路易询问上岸处的警官："乘客都下船了吗？""是的，都下船了。"

路易不知所措，很是失望。他的身后响起一个声音："您是路易·杜朗先生吧？"他转过身来，看到一名年轻的金发女子，发育成熟，极为美丽。与照片上的朱丽小姐的照片完全不同：褐色的头发，辫子盘在头顶，薄嘴唇，漂亮但透着外省气息，像个老姑娘。那个朱丽虽然优雅，但干巴巴的，而这个女子是真正的神仙显灵。她们两人之间的差别就像南瓜之于马车。

她仙女解释说：是的，她就是朱丽·鲁塞尔，但她当时给路易寄了她姐姐贝尔特的照片，以免撞士引来一个仅仅因为她的外貌而娶她的男人……她显出担心的样子：路易

P111
74

康复，必须逃离，首先逃离，然后康复，这不重要，因为他们之间有了爱，比任何时候都更牢固的爱，无法毁灭，终身之爱！

剧终

野孩子

P117

观众会注意到，在自己书房和在维克多卧室的场景中，伊塔尔的行为截然不同。在他的书房，伊塔尔是教师、医生，是一个有时不耐烦的实验者。在维克多卧室，他是一个慈爱与快乐的养父。

P122

——猎人惊愕地看着野孩子。这是他们第一次——趁着他停下的机会——可以清晰地看到他。他头发蓬乱，嘴上沾满他捕获的猎物的血迹，他自己胳膊受伤了，胸部随着急促的呼吸剧烈起伏。

——猎人垂下视线，看见：

婚姻生活

P124

<u>《婚姻生活》</u>

剧本大纲初稿，由克劳德·德吉夫雷、贝尔纳·勒冯、弗朗索瓦·特吕弗在两三次对话后写就。

第一幕："他们结婚啦！"

1 夫妻**公寓**。"不是小姐，是夫人。"

2 **他**安托万在院子里**给花上色**（总有一朵花保留着之前的颜色）。

两个英国女孩与欧陆
P130
现在不要说任何严肃的话……
克劳德拿起穆里尔的包，他们走远了。

旁白（画外音）（临时文本）
我们他们寻回了一切。八六年，不再算什么。这是一两年前和从前我们他们共度的时刻的延续，将这些时刻分开的一切就仿佛是一场不真实的梦。他们的相遇就仿佛一场推迟多次的约会……
穆里尔保持着处女之身，或许是为了克劳德，或许不是，但是这一次，他们之间不再有任何屏障，穆里尔已经下定决心委身于克劳德，毫无条件毫无保留地献身于他。她将他带到下榻的客房，他们不需交谈，外面的世界对他们已不再存在。

美女如我
P137
社会学教授斯坦尼斯拉斯·普雷文利用大学假期**着手进行一系列**在监狱的采访，他要撰写一篇关于"女性罪犯"的研究。

为了这件事，他在此期间暂时**住到了**关押被控谋杀的**卡米尔·布里斯（他的第一个采访对象）**因被控谋杀而被关押的监狱所在的外省城市。

斯坦尼斯拉斯的朋友约瑟夫·马尔沙尔律师帮助他获得了必要的许可。

斯坦尼斯拉斯每天去监狱录下卡米尔（伯纳黛特·拉冯）**激情讲述的人生，但她用的是一种比喻极度丰富的语言，以致斯坦尼斯拉斯有时很难听懂。**

说实话，斯坦尼斯拉斯是一个书呆子气的年轻学者，不了解生活的现实，而这种现实正是卡米尔自青少年时期以来一直要面对的。

斯坦尼斯拉斯的"有教养"与卡米尔的粗俗、大白话形成喜剧性的对比。

阿黛尔·雨果的故事
P155

（＊）必须花些工夫做以下安排：路易小姐每次谈到她的表兄，说词都有些不一样，有些矛盾，有些不协调，这会使观众明白她在撒谎：

比如：

1）一次她说他们在一起被抚养长大。

2）另一次她说：他是我表兄，但我从未见过他，我来找他因为我现在父母双亡了

3）另一次她说：他是我表兄，但我躲着他，因为他爱上了我，而我不想鼓励他（她可以对书商这样说）
＊ 这样处理会有意思得多。

4）他是我表兄，但我们不和；我找他只是为了让他签一份与继承有关的文件……

P158

    阿黛尔：　　　　　　　　　　　　　　　－阿黛尔

    　　　　　　　　　　　　　　　　　　　－平森

＊必须对搬家进行加工　　　　　　　　　　　　－杰西先生

＊部队抢先离开的计划被破坏了　　　　　　　　－桑德斯

＊也没有怀孕（在某处遇见桑德斯太太，她藏起孕肚）　－桑德斯太太

＊我想加一个场景：传令兵把洗完送回的衣服拿给平森；每个　－艾伦·莫敦

口袋里都有阿黛尔的小纸条：接受我的爱吧……诸如此类。　－奥布兰

＊强化嫉妒成份：　　　　　　　　　　　　　　－巴阿夫人

1）嫉妒她姐姐

2）嫉妒平森

＊或许在他去幽会时跟踪他

＊分配七宗罪：［列一张人物表］

－暴食＝平森＋艾伦·莫敦？桑德斯太太？

－懒惰＝平森

－淫欲＝平森

—暴怒＝平森发火,冲着……
—嫉妒＝桑德斯太太
—贪婪＝
—傲慢——阿黛尔(您顺从的情妇)
＊噩梦：她的教母……(事后将噩梦讲给艾伦听)
＊标记时间,阿黛尔老去。

零用钱
P163
—你好,帕特里克,没有到洛朗吗？他刚刚出去。
—我不是来找洛朗的,我来找您,夫人。
—找我？
—是的,我想,就是,我想……这是给您的。
—噢,好美的玫瑰啊,它们漂亮极了,真的要替我好好谢谢你爸爸,小帕特里克。

痴男怨女
P168
母亲习惯于在我面前半裸着走来走去,当然不是要诱惑我,而是,我这样想,是为了向她自己证明我不存在。出于同样理由,我被禁止出声,禁止离开指定的座椅。因此得归功于母亲,让我很早爱上了书籍与阅读。
她通过把情书交给我去寄,她由此给予我一种过度的信任,因为她的信很少抵达目的地：
"我的爱人,我的爱人……我不明白你的沉默……我已经有两个星期没有收到你的信了,我在想你是否收到了我的信……有时候我真觉得邮政的奥秘高深莫测……高深莫测！"

绿屋
P179
达文
拿着,工钱给您……但砸了它！

女大蜡像师**放下帘子,她的丈夫拒绝了支票**他推开钱。

<u>蜡像师</u>
不,钱我不能拿……产品没能让您满意……

达文（粗暴地）

别说了！把钱拿着！砸了这……东西，就现在……在我面前。

镜头继续陪着达文，销毁假人的过程看不太清（但能听见）。

P191
达文：等等，我想确认一下我没有理解错：**您纪念的所有死者只有一个？**

她犹豫了一下，仿佛向他吐露一个秘密似的，答道：

塞西莉亚：是的，只有一个。

达文迟疑了一会儿，继续问：

达文：这个唯一的死者……是您父亲？

她看着他，仿佛想要回答，随后改了主意，迅速从车上下来，走进了她居住的那条街。

爱情狂奔
P203
"我对她说：莉莉亚娜，如果你离开他，安托万会发疯的。她回答我："可他天天都在发疯！""

最后一班地铁
P216
1）贝尔纳进来，从孩子们身后穿过，消失，出现在柱廊后面，看表，然后战战兢兢向我们走来，倒跟拍摄，直至使眼色的时候。
2）他看见克里斯蒂安：克里斯蒂安冲他使眼色，马上，里夏尔闯入镜头，跟在克里斯蒂安身后。
3）切回贝尔纳，倒跟 + 特写（孩子们模糊），克里斯蒂安视若不见地从他身边走过，+ 里夏尔，镜头带着贝尔纳直到一个藏身处，然后观察（and look）。
4）他看见：克里斯蒂安从孩子们身后经过，绕过他们，以甩掉里夏尔，他走向出口，被堵截并带走，要么在A门，要么在B门。
5）贝尔纳从另一个出口离开。

"办公室职员的日子"

P227

听我说,阿尔方斯,回你房间去,读一会儿剧本,然后睡觉……重要的是片子,你明白吗,你是一个优秀的演员,工作方面很顺利;私生活是私生活,所有人的私生活都是千疮百孔;

电影比生活更和谐;电影里没有堵车,没有垃圾时间,它像一列火车冲进黑夜;人工痕迹最重的电影给予我们一种有关生活进程的理念,它比生活本身更美好……

你和我,我们就是为此而生,为了在电影中获得幸福……回头见……别让我失望……

P233

4)儒弗夫人 她的手伸在贝尔纳面前

……他握住她的手

三人在玻璃门后面

握手

手搂着腰

窗户亮起灯

转到空地("期待"效应③)里的热拉尔

他背对镜头,关门,淡出。

5)停车场……吻,

倒下 昏迷……犹豫……躺在地上

……扶起

目光呆滞,汽车发动

独自一人。

6)送电报的邮递员 网球声

背景音乐 —— 和弦夹在找"儒弗夫人"的询问之间

音乐 电报 —— 阅读

图书在版编目（CIP）数据

特吕弗的电影课 /（法）让·科莱，（法）杰罗姆·普里尔，（法）若泽·玛丽亚·贝尔佐萨采访；（法）贝尔纳·巴斯迪德编订；夏燕译. -- 上海：上海文艺出版社，2025. -- ISBN 978-7-5321-9086-7

I . K835.655.78

中国国家版本馆CIP数据核字第20248YW895号

La leçon de cinéma de François Truffaut
Entretiens avec Jean Collet, Jérôme Prieur et José Maria Berzosa
Edition établie par Bernard Bastide
Copyright © Éditions Denoël, 2021
Simplified Chinese edition arranged through Dakai L'Agence
Simplified Chinese edition copyright © 2025 SHANGHAI LITERATURE & ART PUBLISHING HOUSE
All rights reserved.
著作权合同登记图字 09-2022-0379

发 行 人：毕　胜
责任编辑：赵一凡
中文排版：朱云雁

书　　名：特吕弗的电影课
采　　访：[法] 让·科莱 [法] 杰罗姆·普里尔 [法] 若泽·玛丽亚·贝尔佐萨
编　　订：[法] 贝尔纳·巴斯迪德
译　　者：夏　燕
出　　版：上海世纪出版集团 上海文艺出版社
地　　址：上海市闵行区号景路159弄A座2楼 201101
发　　行：上海文艺出版社发行中心
　　　　　上海市闵行区号景路159弄A座2楼206室 201101 www.ewen.co
印　　刷：浙江中恒世纪印务有限公司
开　　本：720×1000 1/16
印　　张：18.5
字　　数：120,000
印　　次：2025年1月第1版 2025年1月第1次印刷
ISBN：978-7-5321-9086-7/J.630
定　　价：118.00元

告 读 者：如发现本书有质量问题请与印刷厂质量科联系 T：0571-88855633

图片版权说明

弗朗索瓦·特吕弗影片剧照 © MK2 films et Arte films

所有文献资料 © Succession François Truffaut, coll. Cinémathèque française

其他照片：© Hervé Collignon，pp.19，22；© Keystone-France/Gamma-Rapho via Getty Images，p.48；© Christian SIMONPIETRI/Sygma via Getty Images，p.187；© Patrice Picot/Gamma-Rapho via Getty Images，p.226。

图文版面、书封设计

Héloïse Jouanard